Beck-Rechtsberater

Vereine gründen und erfolgreich führen

dtv

Beck-Rechtsberater

Vereine gründen und erfolgreich führen

Satzung · Versammlung
Haftung · Gemeinnützigkeit · Steuern

Von Wolfgang Pfeffer und Michael Röcken

13., neu bearbeitete Auflage
des von Sieghart Ott (†) begründeten
und bis zur 12. Auflage von Christof Wörle-Himmel
fortgeführten Werkes

dtv

www.dtv.de
www.beck.de

Originalausgabe

dtv Verlagsgesellschaft mbH & Co. KG,
Tumblingerstraße 21, 80337 München

Druck und Bindung: Druckerei C.H. Beck, Nördlingen
(Adresse der Druckerei: Wilhelmstraße 9, 80801 München)
Satz: ottomedien, Darmstadt
Umschlaggestaltung: Design Concept Krön, Puchheim
unter Verwendung eines Fotos von © Christiane Landeck – Fotolia.com
ISBN 978-3-423-50789-9 (dtv)
ISBN 978-3-406-68064-9 (C. H. Beck)
9 783406 680649

Vorwort

Seit über 30 Jahren begleitet dieses Buch, welches von Sieghart Ott begründet und von Christof Wörle-Himmel fortgeführt wurde, bürgerschaftlich Engagierte und Vereinsvorstände bei ihrer Arbeit. Sieben Jahre nach der letzten Auflage haben nun wir diese Aufgabe übernommen, das Buch auf den aktuellen Stand der Gesetzgebung und Rechtsprechung zu bringen.

Die Vereinsarbeit wird immer anspruchsvoller, da gerade der Vereinsbereich immer stärker Lücken füllt, welche durch den Staat geschaffen werden. Dabei sind die Vereine nicht nur im Freizeitbereich aktiv, wo sie z. B. Kinder und Jugendliche betreuen, sondern auch im sozialen Bereich, wo sie Menschen Unterstützung bieten, welche durch den Staat nicht mehr geleistet wird. Der Gesetzgeber fördert diese Bemühungen, zuletzt durch das Ehrenamtsstärkungsgesetz von 2013, welches in diesem Buch Eingang gefunden hat.

Ein Buch dieser Art lebt von Anregungen aus der Praxis. Die Autoren freuen sich über Lob und Kritik, aber auch über Anregungen, damit dieses Buch auch weiter künftigen Generationen von Ehrenamtlichen eine Hilfe sein kann.

Drefahl/Bonn, im Juli 2016

Wolfgang Pfeffer
Michael Röcken

Inhaltsübersicht

Inhaltsverzeichnis

Abkürzungsverzeichnis

Abs.	Absatz
AG	Aktiengesellschaft
AGB	Allgemeine Geschäftsbedingungen
AktG	Aktiengesetz
Alt.	Alternative
a. M.	anderer Meinung
AO	Abgabenordnung 1977
ArbGG	Arbeitsgerichtsgesetz
Art.	Artikel
BAG	Bundesarbeitsgericht
BayObLGZ	Entscheidungen des Bayerischen Obersten Landesgerichts in Zivilsachen (Band und Seite)
BayVBl.	Bayerische Verwaltungsblätter (Zeitschrift, Jahrgang und Seite)
BB	Betriebs-Berater (Zeitschrift, Jahrgang und Seite)
BerHG	Beratungshilfegesetz
Betrieb	Der Betrieb (Zeitschrift, Jahrgang und Seite)
BetrVG	Betriebsverfassungsgesetz
BFH	Bundesfinanzhof
BGB	Bürgerliches Gesetzbuch
BGBl.	Bundesgesetzblatt
BGH	Bundesgerichtshof
BGHZ	Entscheidungen des Bundesgerichtshofs in Zivilsachen (Band und Seite)
BMF	Bundesminister der Finanzen
BStBl.	Bundessteuerblatt (Teil, Jahrgang, Seite)
BVerfGE	Entscheidungen des Bundesverfassungsgerichts (Band und Seite)
DL-InfoV	Dienstleistungs-Informationspflichten-Verordnung
DNotZ	Deutsche Notar-Zeitschrift (Jahrgang und Seite)

DtZ...................... Deutsch-deutsche Rechtszeitschrift (Jahrgang und Seite)
EBE...................... Eildienst: Bundesgerichtliche Entscheidungen (Zeitschrift, Jahrgang und Seite)
e. V....................... eingetragener Verein
EG .... Europäische Gemeinschaft
EGBGB................ Einführungsgesetz zum BGB (enthält das deutsche Internationale Privatrecht und Überleitungsvorschriften für neue Gesetze)
ErbStG .... Erbschaftsteuer- und Schenkungsteuergesetz
EStG .... Einkommensteuergesetz
EU .... Europäische Union
EU-Vertrag........... Vertrag über die Europäische Union
f........................... folgende
ff.......................... folgende
FamFG .... Gesetz in Verfahren über Familiensachen und in den Angelegenheiten der freiwilligen Gerichtsbarkeit, in Kraft ab 1.9.2009
FGG..................... Gesetz über die Angelegenheiten der freiwilligen Gerichtsbarkeit
FGO..................... Finanzgerichtsordnung, außer Kraft ab 1.9.2009
FGPrax................ Praxis der Freiwilligen Gerichtsbarkeit (Zeitschrift, Jahrgang und Seite)
Fn........................ Fußnote
GBO .... Grundbuchordnung
GbR..................... Gesellschaft bürgerlichen Rechts
GenG .... Genossenschaftsgesetz
GG...................... Grundgesetz
GmbH................. Gesellschaft mit beschränkter Haftung
GmbHG .... Gesetz betreffend die Gesellschaften mit beschränkter Haftung
GNotKG .... Gerichts- und Notarkostengesetz
GrEStG................ Grunderwerbsteuergesetz
GrStG.................. Grundsteuergesetz
HGB .... Handelsgesetzbuch
InsO..................... Insolvenzordnung

JuMiG	Justizmitteilungsgesetz und Gesetz zur Änderung kostenrechtlicher Vorschriften und anderer Gesetze vom 18.6.1997, BGBl. I S. 1430
KG	Kammergericht
KG	Kommanditgesellschaft
KO	Konkursordnung
KostO	Kostenordnung
KStG	Körperschaftsteuergesetz
KV	Kostenverzeichnis
LFGG	Landesgesetz über die freiwillige Gerichtsbarkeit Baden-Württemberg
MarkenG	Markengesetz
MDR	Monatsschrift für Deutsches Recht (Zeitschrift, Jahrgang und Seite)
NJW	Neue Juristische Wochenschrift (Zeitschrift, Jahrgang und Seite)
NJWE-MietR	NJW-Entscheidungsdienst Mietrecht
NJW-RR	NJW-Rechtsprechungs-Report (Zeitschrift, Jahrgang und Seite)
npoR	Zeitschrift für das Recht der Non Profit Organisationen (Zeitschrift, Jahrgang und Seite)
Nr.	Nummer
NVwZ	Neue Zeitschrift für Verwaltungsrecht (Zeitschrift, Jahrgang und Seite)
NVwZ-RR	Neue Zeitschrift für Verwaltungsrecht Rechtsprechungs-Report (Zeitschrift, Jahrgang und Seite)
NZA	Neue Zeitschrift für Arbeitsrecht (Jahrgang und Seite)
OFD	Oberfinanzdirektion
OHG	Offene Handelsgesellschaft
OLG	Oberlandesgericht
OLG-Report	Schnelldienst zur gesamten Zivilrechtsprechung einzelner OLGe (Jahrgang und Seite)
OLGZ	Entscheidungen der Oberlandesgerichte in Zivilsachen (Band und Seite)
OrtsGG	Ortsgerichtsgesetz Hessen

OWiG	Gesetz über Ordnungswidrigkeiten
PartG	Gesetz über die politischen Parteien (ParteienG)
Rn.	Randnummer
Recht	Das Recht (Zeitschrift, Jahrgang und Entscheidungsnummer)
Rechtspfleger	Der deutsche Rechtspfleger (Zeitschrift, Jahrgang und Seite)
RGZ	Entscheidungen des Reichsgerichts in Zivilsachen (Band und Seite)
RPflG	Rechtspflegergesetz
RVG	Rechtsanwaltsvergütungsgesetz
S.	Satz, Seite
SGG	Sozialgerichtsgesetz
s. o.	siehe oben
StPO	Strafprozessordnung
s. u.	siehe unten
TVG	Tarifvertragsgesetz
u. Ä.	und Ähnliches
UKlaG	Unterlassungsklagengesetz
UmwG	Umwandlungsgesetz
Urt.	Urteil
UStG	Umsatzsteuergesetz
usw.	und so weiter
UWG	Gesetz gegen den unlauteren Wettbewerb
VA	VA-Verwaltungsrecht für die Anwaltspraxis (Zeitschrift, Jahrgang und Seite)
VAG	Gesetz über die Beaufsichtigung der privaten Versicherungsunternehmen und Bausparkassen (Versicherungsaufsichtsgesetz)
VereinsG	Gesetz zur Regelung des öffentlichen Vereinsrechts (Vereinsgesetz)
VerglO	Vergleichsordnung
VersammlG	Gesetz über Versammlungen und Aufzüge (Versammlungsgesetz)
VGH	Verwaltungsgerichtshof
vgl.	vergleiche

VRV	Vereinsregisterverordnung
VStG	Vermögensteuergesetz
VV	Vergütungsverzeichnis
VwGO	Verwaltungsgerichtsordnung
VwVfG	Verwaltungsverfahrensgesetz
VZ	Veranlagungszeitraum
WRV	Weimarer Reichs-Verfassung
ZPO	Zivilprozessordnung
ZStV	Zeitschrift für das Stiftungs- und Vereinswesen (Zeitschrift, Jahrgang, Seite)

Hinweis: Das Bundesministerium der Justiz bietet im Internet unter der Adresse www.gesetze-im-internet.de die jeweils aktuellen Fassungen der geltenden Gesetze zur Einsicht und zum Download an.

Literaturverzeichnis

Das Verzeichnis enthält Hinweise auf weiterführende vereinsrechtliche und steuerrechtliche Literatur.

Buchna, Johannes/Leichinger, Carina/Seeger, Andreas/Brox, Wilhelm, Gemeinnützigkeit im Steuerrecht, 11. Auflage 2015

Burhoff, Detlef, Vereinsrecht, 9. Auflage 2014

Geckle, Gerhard, Der Verein, Loseblattsammlung, erschienen 2001

Hardtwig, Wolfgang, Genossenschaft, Sekte, Verein in Deutschland. Vom Spätmittelalter bis zur Französischen Revolution, 1997

Katschinski, Ralf Joachim, Die Verschmelzung von Vereinen, 1999

Lutter, Marcus/Winter, Martin (Hrsg.), Umwandlungsgesetz, 5. Auflage 2014

Märkle, Rudi/Alber, Matthias, Der Verein im Zivil- und Steuerrecht, 13. Auflage 2016

Paschen, Joachim, Demokratische Vereine und preußischer Staat, 1977

Rebmann, Kurt/Säcker, Jürgen/Rixecker, Roland, Münchener Kommentar zum BGB, Band 1/1, 7. Auflage 2015

RGRK/Steffen (Reichsgerichtsräte-Kommentar), hrsg. von Mitgliedern des BGH, Band I, 12. Auflage 1982

Reichert, Bernhard/Dauernheim, Jörg/Schimke, Martin, Handbuch des Vereins- und Verbandsrechts, 13. Auflage 2016

Röcken, Michael, Vereinssatzungen, 2. Auflage 2015

Sauer, Otto/Luger, Franz, Vereine und Steuern, 6. Auflage 2009

Sauter, Eugen/Schweyer, Gerhard/Waldner, Wolfram, Der eingetragene Verein, 20. Auflage 2016 (mit einführenden Hinweisen zum Steuerrecht)

Schauhoff, Stephan, Handbuch der Gemeinnützigkeit, 3. Auflage 2010

Schleder, Herbert, Steuerrecht der Vereine, 11. Auflage 2015

Schmidt, Karsten, Gesellschaftsrecht, 5. Auflage 2016

Schmidt, Karsten, Verbandszweck und Rechtsfähigkeit im Vereinsrecht, 1984

Schmitt, Joachim/Hörtnagl, Robert/Stratz, Rolf-Christian, Umwandlungsgesetz, Umwandlungssteuergesetz, 7. Auflage 2016

Soergel, Theodor/Siebert, Wolfgang, Bürgerliches Gesetzbuch mit Einführungsgesetz und Nebengesetzen. Kommentar. Allgemeiner Teil 1 (§§ 1–103 BGB), 13. Auflage 2000

Staudinger, Kommentar zum Bürgerlichen Gesetzbuch, Allgemeiner Teil, 15. Auflage 2011

Stöber, Kurt/Otto, Dirk-Ulrich, Handbuch zum Vereinsrecht, 11. Auflage 2016

Wallenhorst, Rolf/Halaczinsky, Raymond, Die Besteuerung gemeinnütziger Vereine, Stiftungen und der juristischen Personen des öffentlichen Rechts, 6. Auflage 2009

Wörle-Himmel, Christof, Vereinsrecht, 132 Tipps für die Vereinsarbeit, 2009

Einleitung

Umfragen zufolge ist die weitaus überwiegende Mehrheit der volljährigen Bürger im Bundesgebiet Mitglied in mindestens einem Verein. Mitgliedschaften in mehreren Vereinen sind keine Seltenheit. Das Interesse für ein Engagement in einem Verein ist ungebrochen. Das gilt nicht nur für Beitritte in bestehende Organisationen, sondern auch für Neugründungen.

Die Ursachen für die Zunahme des Vereinswesens sind vielfältig. Wachsendes politisches (gerade auch regional- und umweltpolitisches) Engagement (z. B. in Bürgerinitiativen), der Wunsch nach gesellschaftlichen Kontakten in einer sich mehr und mehr in Kleingruppen isolierenden Gesellschaft (etwa in Freizeit-Clubs) mögen ebenso maßgebend sein wie die Wahrnehmung materieller Vorteile (beispielsweise durch Beitritt zu einer Buchgemeinschaft) und der beruflich gebotene Zusammenschluss in Berufsverbänden (etwa Gewerkschaften, Arbeitgeberverbände). Die Rechtsform des Vereins ist so flexibel, dass er sich zur Erreichung der unterschiedlichsten Ziele eignet. Es kann (nach dem Prinzip der Gleichberechtigung und des freien Zugangs) egalitär oder (nach einem Ausleseprinzip) elitär strukturiert werden. Der Verein eignet sich zur Befriedigung rein geselliger, privater Bedürfnisse ebenso wie als Instrument öffentlicher Einflussnahme.

In Vereinsform bestehen üblicherweise Sport- und Turnvereinigungen, Gewerkschaften, Verbände und sonstige berufsständische Vereinigungen, politische Parteien, religiöse und mildtätige Vereinigungen, gemeinnützige Einrichtungen (etwa zur Förderung von Kunst, Wissenschaft und Forschung, Bildung und Erziehung, Jugendpflege, Altenhilfe, Wohlfahrtswesen, Entwicklungshilfe, Umwelt-, Landschafts- und Denkmalschutz, Fremdenverkehr, Völkerverständigung, Tier- und Naturschutz, Feuerwehr), Bürgerinitiativen, gesellige Vereinigungen aller Art (Schützen- und Kegelvereine, Faschings- oder Karnevalgesellschaften, Clubs zur Freizeitgestaltung), Interessengemeinschaften (wie Gartenbau- und Kleintierzüchtervereine, Laienspielgruppen) sowie eine Vielzahl von Zusammenschlüssen zur Verfolgung sonstiger spezieller Zwecke. Vereine können als internationale Einrichtungen tätig sein oder sich auf örtliche Aktivitäten beschränken, sie können 10, 10.000 oder 10 Millionen Mitglieder haben. Für sie alle stellt das Vereinsrecht des Bürgerlichen Gesetzbuchs (BGB) grundsätzlich eine geeignete, praktikable Rechtsform zur Verfügung, die vielfältigste Gestaltungsmöglichkeiten zulässt. Daneben gelten für Vereinigungen bestimmter Art Sondergesetze (z. B. das Parteiengesetz für die politischen Parteien). Besonderheiten ergeben sich, wenn der Verein sich wirtschaftlich betätigen möchte. Wenn hier gewisse Grenzen überschritten werden (sog. „Nebenzweckprivileg"), ist die Eintragung im Vereinsregister nicht möglich.

Jeder dieser Vereine benötigt eine nach seinen individuellen Bedürfnissen ausgerichtete Organisation, die in einer Satzung, der Verfassung des Vereins, niedergelegt wird. Jedes Mitglied eines Vereins – auch wenn es vorwiegend passiv teilnimmt – sollte seine Rechte und Pflichten kennen, jeder Funktionsträger (etwa als Vorstandsmitglied, Delegierter, Revisor usw.) hat bestimmte Förmlichkeiten zu beachten und öffentlich-rechtliche Pflichten zu erfüllen (Anmeldungen zum Vereinsregister etwa oder die Abgabe von Steuererklärungen). Dieses Buch möchte dazu beitragen, im Einzelfall die geeignete Form des Zusammenschlusses, die zweckmäßige Gestaltung der Satzung zu finden und über Rechte und Pflichten der Vereinsmitglieder einschließlich der Funktionsträger zu unterrichten.

In Beispielen verwendete Personen- und Vereinsnamen sind erfunden. Etwaige Ähnlichkeiten mit existierenden (natürlichen oder juristischen) Personen sind zufällig.

1. Kapitel

Grundlagen des Vereinsrechts

Das Recht, sich freiwillig auf eine gewisse Dauer zur Verfolgung gemeinsamer Zwecke in einem privatrechtlichen Verein zusammenzuschließen, gehört zu den elementaren, individuellen und sozialen, vorstaatlichen Menschenrechten. Die Möglichkeit des Zusammenschlusses in Vereinen ist vielfältige Grundlage unseres sozialen Lebens. Sie ist auch die Grundlage jeden demokratischen Staates. Daher unterwarf der Polizeistaat des 18. und 19. Jahrhunderts das Assoziationsrecht – wie man damals sagte – weitgehenden Beschränkungen. Insbesondere „politische" und „geheime" Vereine waren verboten: als politisch aber sah man jegliche Forderung nach Reform der Verfassung oder Verwaltung des Staates an, später auch arbeits- und sozialpolitische Themen. Als geheim galten alle nicht registrierten Vereine, zum Teil wurden sie auch der Pflicht ausdrücklicher landesherrlicher Bestätigung unterworfen. Bis zur zweiten Hälfte des 19. Jahrhunderts war das Konzessionssystem – die staatliche Verleihung des Korporationsrechts nach Ermessen der Verwaltung – allgemein herrschend. Auch bei den Beratungen zum Entwurf des BGB wurde dies noch ernsthaft diskutiert. So standen die Fragen der Staatsaufsicht, also öffentlich-rechtliche Grundentscheidungen, im Vordergrund der Beratungen über das privatrechtliche Vereinsrecht. Hieraus sind manche Ungereimtheiten der auch heute noch geltenden vereinsrechtlichen Vorschriften des BGB zu erklären. Hier ist insbesondere die mehr als hundert Jahre währende rechtliche Benachteiligung des nicht eingetragenen Vereins und seiner Mitglieder in § 54 BGB zu nennen, die von der Gründung solcher als nicht rechtsfähig angesehener Organisationen, die sich dadurch auch der staatlichen Kontrolle entzogen, abschrecken sollte. Diese noch unverändert bestehende Gesetzeslage wird jedoch zunehmend durch die Rechtsprechung korrigiert. So wird auch der nicht eingetragene Verein weitestgehend als rechtsfähig angesehen.[1]

Das NS-Regime beseitigte mit der Außerkraftsetzung der Grundrechte auch das Vereins- und Versammlungsrecht. Eine Vielzahl von Vereinen wurde aufgelöst, andere wurden „gleichgeschaltet".

Im Grundgesetz für die Bundesrepublik Deutschland wurde daher in Art. 9 auch das Grundrecht der Vereinigungsfreiheit – wie alle übrigen Grundrechte – mit besonderem Schutz ausgestattet. Die allgemeine Grundrechtsgewährleistung der Vereinigungsfreiheit schützt jeden Verein, seine Gründer und Mitglieder. Sie gilt für den Kegelklub ebenso wie für politische Zusammenschlüsse aller Art. Man spricht in diesem Zusammenhang von der sog. **„Vereinsautonomie"**. Damit werden auch die allgemeinen vereinsrechtlichen Vorschriften des BGB auf den nicht eingetragenen Verein angewandt, soweit sie nicht die Eintragung in das Vereinsregister voraussetzen.

Ein aktives Vereinswesen ist zwar noch nicht Gewähr, aber jedenfalls Grundlage für eine demokratisch verfasste Gesellschaft, auch wenn eine Vielzahl von Vereinen sich mit scheinbar unpolitischen Gegenständen befassen mag. Denn der Verein und sein satzungsmäßiges Leben ist praktizierte Demokratie im Kleinen. Daher sollte auch jeder, der sich für Vereinsrecht interessiert, sich der Quellen des Vereinsrechts und dessen bewusst sein, dass es eines jahrhundertelangen Ringens um die Vereinigungsfreiheit bedurfte. Die vorstehenden Hinweise können nur Stichworte sein, für weiterführende Literatur wird auf das Literaturverzeichnis verwiesen.

I. Verfassungsrechtliche Grundlagen

Das Grundgesetz garantiert in Art. 9 Abs. 1 die allgemeine Vereinigungsfreiheit (Vereinsfreiheit), die den Schranken des Art. 9 Abs. 2 GG unterliegt. In Art. 9 Abs. 3 GG wird das Koalitionsrecht (für Arbeitnehmer- und Arbeitgeberorganisationen) gewährleistet, Art. 21 GG garantiert das Recht der politischen Parteien.

1. Allgemeine Vereinigungsfreiheit

Nach Art. 9 Abs. 1 GG haben alle Deutschen das Recht, „Vereine und Gesellschaften zu bilden“. Dieses Grundrecht gewährleistet den Bürgern die Freiheit, sich zu Vereinigungen des privaten Rechts zusammenzuschließen, zu rechtsfähigen ebenso wie zu nicht rechtsfähigen. Der von Art. 9 Abs. 1 GG verwendete Begriff „Vereine und Gesellschaften“ bezieht sich auf privatrechtliche Vereinigungen aller Art, ohne Rücksicht auf die Rechtsform. Es handelt sich um einen Sammelbegriff, der den BGB-Verein mit umfasst, jedoch darüber hinaus auch weitere Zusammenschlüsse schützt. Der verfassungsrechtliche Begriff der „Vereinigung“ (und die Legaldefinition in § 2 VereinsG) ist daher auf die Begriffsbestimmung des BGB-Vereins (hierzu S. 14 ff.) nicht ohne weiteres übertragbar. Der Schutzzweck der allgemeinen Vereinigungsfreiheit (Art. 9 Abs. 1 GG) ist der der Persönlichkeitsverwirklichung in Gruppenform. Ähnlich wie das Grundrecht der Versammlungsfreiheit (Art. 8 GG) ist das der allgemeinen Vereinigungsfreiheit ein politisches (im allgemeinen Sinn des Wortes) und ein Kommunikationsgrundrecht. Es gewährleistet – wie das Bundesverfassungsgericht festgestellt hat – „ein konstituierendes Prinzip der demokratischen und rechtsstaatlichen Ordnung des Grundgesetzes: das Prinzip freier sozialer Gruppenbildung“.[2] Die Vereinigungsfreiheit ist daher sowohl Abwehrrecht gegen den Staat als auch soziales und privates Grundrecht auf Persönlichkeitsverwirklichung zusammen mit anderen, in der Gruppe, speziell auch im Verein.

Art. 9 Abs. 1 GG gewährleistet das allgemeine Vereinigungsrecht (im Gegensatz zur Koalitionsfreiheit) nur Deutschen. Nichtdeutsche (Ausländer und Staatenlose) können sich daher nicht auf den Grundrechtsschutz berufen. Sie sind allerdings weitgehend geschützt durch einfaches Recht. Das Vereinsgesetz statuiert die Freiheit der Bildung von Vereinen allgemein und für jedermann, unterwirft allerdings Ausländervereine und ausländische Vereine weitergehenden Verbotsnormen und Auflagen als Art. 9 Abs. 2 GG für Deutsche zulässt. Ferner garantieren auch eine Reihe von internationalen Verträgen, denen die Bundesrepublik Deutschland beigetreten ist, auch Nichtdeutschen das Recht der Vereinsfreiheit (vgl. S. 12 f.).

Träger des Grundrechts der Vereinigungsfreiheit sind sowohl die Bürger als auch die Vereine selbst. Art. 9 Abs. 1 GG verbürgt nicht nur dem einzelnen Staatsbürger das Recht zum Zusammenschluss in Vereinen und Gesellschaften, sondern gewährleistet auch diesen Vereinigungen, unbeschadet der Frage ihrer Rechtsfähigkeit, das Recht auf Entstehen und Bestehen.[3] Auch der nicht eingetragene Verein ist also insoweit Rechtsträger. Näheres hierzu vgl. S. 63 ff.

Der Umfang des Grundrechtsschutzes der Vereinigungsfreiheit erstreckt sich vor allem auf die Gründung und den Bestand des Vereins, die Vereinstätigkeit als solche, die Vereinsautonomie, das Recht zur Mitgliederwerbung und den Namensschutz. Geschützt ist allerdings jeweils nur der Kernbereich. So umfasst der Schutz des Grundrechts sowohl für die Mitglieder als auch für die Vereinigung die Selbstbestimmung über die eigene Organisation, das Verfahren ihrer Willensbildung und die Führung ihrer Geschäfte, denn ohne solche Selbstbestimmung könnte von einem freien Vereinigungswesen keine Rede sein, wie das Bundesverfassungsgericht festgestellt hat. Andererseits ist Vereinen, die ja der kollektiven Grundrechtsausübung dienen, nicht mehr gestattet, als ihren Mitgliedern als natürlichen Personen nach der Verfassung erlaubt ist. Insbesondere kann das Grundrecht der Vereinigungsfreiheit einem gemeinsam verfolgten Zweck keinen weitergehenden Schutz vermitteln als einem individuell verfolgten. Der Grundrechtsschutz der Vereinigung bezieht sich also auf das Recht zur Vereinigung und alle die zur

Gründung, zum Bestand und zur Funktion einer Vereinigung erforderlichen Aktivitäten.

Art. 9 Abs. 1 GG gewährleistet auch das Recht der „negativen Vereinigungsfreiheit", also das Recht, einer privatrechtlichen Vereinigung fernzubleiben, ihr nicht zwangsweise angeschlossen zu werden (dagegen ist nach der Rechtsprechung des Bundesverfassungsgerichts Zwangsmitgliedschaft in öffentlich-rechtlichen Verbänden zulässig, soweit diese der Wahrnehmung legitimer öffentlicher Aufgaben dienen). Dies findet sich auch in § 39 BGB bestätigt, aus welchem sich der Grundsatz der Austrittsfreiheit[4] ergibt.

Die Vereinigungsfreiheit ist nicht schrankenlos gewährleistet. Nach Art. 9 Abs. 2 GG sind Vereinigungen, deren Zweck oder deren Tätigkeit den Strafgesetzen zuwiderlaufen oder die sich gegen die verfassungsmäßige Ordnung oder gegen den Gedanken der Völkerverständigung richten, verboten. Die Aufzählung der Verbotsgründe ist abschließend. Umstritten ist, ob das Verbot bei Vorliegen der genannten Gründe zwingend aus der Verfassung folgt und die Verbotsverfügung nach § 3 Abs. 1 VereinsG nur ein feststellender Verwaltungsakt ist, oder ob er konstitutiv wirkt und Art. 9 Abs. 2 GG lediglich die Rechtsgrundlage für die Verbotsverfügung darstellt. In der Rechtsprechung und in der Rechtsliteratur hat sich die letztgenannte Ansicht durchgesetzt, wonach die Verbotsverfügung rechtsgestaltend wirkt, wenngleich die Stellungnahme des Bundesverfassungsgerichts nicht eindeutig ist. Es sieht in seinem Beschluss vom 15.6.1989 in Art. 9 Abs. 2 GG ein „Instrument des präventiven Verfassungsschutzes" und einen Ausdruck des Bekenntnisses des Grundgesetzes zu einer „streitbaren Demokratie" und sieht infolgedessen in § 3 VereinsG ein adäquates Mittel zur Ausgestaltung des Vereinsverbotes.

Stimmt man dem zu, so muss es auch zulässig, ja geboten sein, anstelle eines Vereinsverbotes als „milderes Mittel" ein Tätigkeitsverbot auszusprechen, wenn dieses genügt, die vom Verein ausgehenden Gefahren zu bannen. Dieses Tätigkeitsverbot kann sich auf bestimmte Handlungen beziehen oder auf bestimmte Personen, sich also gegen bestimmte Vereins- oder Organmitglieder richten.

2. Koalitionsfreiheit

Besonderen Grundrechtsschutz genießt das Koalitionsrecht. Nach Art. 9 Abs. 3 GG ist das Recht, zur Wahrung und Förderung der Arbeits- und Wirtschaftsbedingungen Vereinigungen zu bilden, für jedermann und für alle Berufe gewährleistet. Das Koalitionsrecht steht also auch Nichtdeutschen als Grundrecht zu. Abreden, die dieses Recht einschränken oder zu behindern suchen, sind nichtig, hierauf gerichtete Maßnahmen rechtswidrig. In Art. 9 Abs. 3 S. 3 GG näher bezeichnete Maßnahmen im Fall des „inneren Notstands" und im Verteidigungsfall dürfen sich nicht gegen Arbeitskämpfe richten, die zur Wahrung und Förderung der Arbeits- und Wirtschaftsbedingungen von Vereinigungen geführt werden, die durch die Koalitionsfreiheit geschützt werden.

Gegenüber der Vereinigungsfreiheit des Art. 9 Abs. 1 GG ist die Koalitionsfreiheit des Art. 9 Abs. 3 GG ein eigenständiges Grundrecht. Es schützt insbesondere die Tätigkeit der Gewerkschaften und Arbeitgebervereinigungen. Koalitionen sind jedoch nur solche Vereinigungen, die unabhängig und gegnerfrei (Grundsatz der Koalitionsreinheit) sind. Das Erfordernis der Gegnerfreiheit ist jedoch nicht formalistisch zu verstehen, materielle Unabhängigkeitsgarantie genügt. Es schadet deshalb nicht, wenn einer Gewerkschaft Mitglieder angehören, die nicht oder nicht mehr Arbeitnehmer oder die der Gegenseite zuzurechnen sind. Gleiches gilt für Unternehmerverbände. Wesentlich ist, dass die Koalition sich nach ihrer eigenen mitgliedschaftlichen Struktur so zusammensetzt, dass sie von ihre Unabhängigkeit gefährdenden Einflüssen der Gegenseite frei bleibt. Art. 9 Abs. 3 GG will nach Sinn und Zweck solche frei gebildeten Vereinigungen schützen, die nach ihrer Gesamtstruktur unabhängig genug sind, um die Interessen ihrer Mitglieder auf arbeits- und sozialrechtlichem Gebiet wirksam und nachhaltig zu vertreten. Besondere Regelungen gelten für Beamte, da sie von der tariflichen Lohngestaltung ausgenommen sind.

Art. 9 Abs. 3 GG sichert sowohl den Mitgliedern einer Koalition das Recht, an der verfassungsrechtlich geschützten Tätigkeit ihrer Koalition teilzunehmen, er schützt auch die Koalition als solche (wie aus dem Bekenntnis des Grundgesetzes zum sozialen Rechtsstaat folgt). Die Koalitionsfreiheit, die im Element des „Sich-Vereinigens" die gleiche Bedeutung hat wie die allgemeine Vereinigungsfreiheit, schützt die Koalitionstätigkeit im Außenverhältnis wie auch im Innenbereich: sie schützt auch die Selbstbestimmung der Koalition über ihre eigene Organisation, das Verfahren ihrer Willensbildung und die Führung ihrer Geschäfte. Zur ebenfalls geschützten Verteidigung der inneren Ordnung einer Koalition gehört auch die Abgrenzung gegenüber gegnerischen Organisationen, auch durch Ausschluss eines Mitglieds.[5] Eine fachberufliche Organisation des Verbandes ist für die Anerkennung als Koalition nicht erforderlich.

Umstritten ist, ob der Verbotstatbestand des Art. 9 Abs. 2 GG auch für die von der Koalitionsfreiheit begünstigten Vereinigungen gilt. Die Frage wird überwiegend bejaht. Versteht man – wie hier – Art. 9 Abs. 2 GG als zusätzlichen Garanten der Freiheitsverbürgung, bestehen jedenfalls keine Bedenken, Art. 9 Abs. 2 GG auch auf Koalitionen anzuwenden.

3. Politische Parteien

Traditionellerweise sind politische Parteien in Deutschland als nicht in das Vereinsregister eingetragene Vereine, nur selten als eingetragene Vereine organisiert. Der historische Grund hierfür ist, dass auch nach Inkrafttreten des BGB am 1.1.1900 die Rechtsfähigkeit nur durch Eintragung in das Vereinsregister erlangt werden konnte. Der damit verbundenen mittelbaren Staatsaufsicht wollten sich insbesondere die oppositionellen Parteien entziehen. Sie wählten daher die Rechtsform des nicht eingetragenen Vereins, deren Flexibilität sich offenbar auch trotz mancher damit verbundener Unwägbarkeiten bewährt hat. So sind auch die großen politischen Parteien der Bundesrepublik Deutschland nicht eingetragene Vereine: die Bundesparteien CDU, FDP, SPD, ferner die meisten ihrer Untergliederungen; eingetragene Vereine hingegen sind beispielsweise die CSU, sowie einige Landesverbände der CDU und FDP.

Das Parteiengesetz trägt dieser Tatsache Rechnung, indem es in § 2 den Begriff der Partei so fasst, dass er auch für den privatrechtlichen

Verein passt. In § 37 ParteienG wird ausdrücklich die Unanwendbarkeit von § 54 S. 2 BGB (persönliche Haftung des handelnden Vereinsmitglieds gegenüber Dritten) bestimmt, um die Unabhängigkeit der politischen Parteien zu gewährleisten.

Im Übrigen unterliegen auch die politischen Parteien den – weitgehend dispositiven und daher durch Satzungsrecht verdrängbaren – Vorschriften des BGB über das Vereinsrecht, soweit nicht Art. 21 GG und die strengeren und zwingenden Vorschriften des Parteiengesetzes vorgehen.

Nach Art. 21 Abs. 1 GG wirken die politischen Parteien bei der politischen Willensbildung des Volkes mit. Ihre Gründung ist frei und ihre innere Ordnung muss demokratischen Grundsätzen entsprechen. Über die Herkunft ihrer Mittel müssen sie öffentlich Rechenschaft geben. In Art. 21 Abs. 2 GG ist bestimmt, dass Parteien, die nach ihren Zielen oder nach dem Verhalten ihrer Anhänger darauf ausgehen, die freiheitliche demokratische Grundordnung zu beeinträchtigen oder zu beseitigen oder den Bestand der Bundesrepublik Deutschland zu gefährden, verfassungswidrig sind. Über die Frage der Verfassungswidrigkeit entscheidet das Bundesverfassungsgericht („Parteienprivileg", Art. 21 Abs. 2 GG).

Die politischen Parteien unterliegen daher – auch als privatrechtliche Vereine – nicht dem Schutz des Art. 9 Abs. 1 GG, sondern ausschließlich dem stärkeren Schutz des Art. 21 GG.

Streit besteht darüber, ob zu den politischen Parteien im Sinne dieser Verfassungsvorschrift auch die Wählervereinigungen („Rathausparteien") zählen. Die herrschende Meinung in Rechtsprechung und Rechtslehre verneint dies. Auch das Bundesverfassungsgericht hat ihnen den Schutz des Art. 21 GG abgesprochen. Die Gründe hierfür überzeugen nicht. Ob diese Meinung im Hinblick auf die zunehmende Bedeutung der Wählervereinigungen bei Kommunalwahlen aufrechterhalten werden kann, mag dahinstehen. Soweit diese Wählervereinigungen nicht den Schutz des Art. 21 GG genießen, sind sie selbstverständlich nach Art. 9 Abs. 1 GG geschützt.

Fraktionen sind (wohl auch nach dem Urteil des BGH vom 29.1.2001)[6] weiterhin nicht rechtsfähige, nicht wirtschaftliche Vereine, für deren Verbindlichkeiten nur sie selbst, nicht ihre Mitglieder persönlich haften.[7]

4. Versammlungsfreiheit

Als weiteres für den Verein bedeutsames Grundrecht kommt der Schutz der Versammlungsfreiheit nach Art. 8 GG in Betracht. Danach haben alle Deutschen das Recht, sich ohne Anmeldung oder Erlaubnis friedlich und ohne Waffen zu versammeln. Für Versammlungen unter freiem Himmel kann dieses Recht durch Gesetz oder auf Grund eines Gesetzes beschränkt werden (das ist geschehen durch das Versammlungsgesetz und die Bannmeilengesetze).

Für den BGB-Verein typisch ist, dass ein Teil des Vereinslebens in Versammlungen abläuft, seien es Mitgliederversammlungen, Delegiertenversammlungen oder öffentliche Veranstaltungen.

Das Grundrecht der Versammlungsfreiheit nach Art. 8 GG gilt für alle Versammlungen, sowohl für öffentliche wie auch für nichtöffentliche (geschlossene). Das Versammlungsgesetz jedoch gilt nur für öffentliche Versammlungen; einzige Ausnahme ist § 3 VersammlG, der verbietet, öffentlich oder in einer Versammlung (also auch einer geschlossenen) Uniformen, Uniformteile, oder gleichartige Kleidungsstücke als Ausdruck einer gemeinsamen politischen Gesinnung zu tragen. Von diesem Uniformverbot kann Jugendverbänden, die sich vorwiegend der Jugendpflege widmen, für ihre Mitglieder eine Ausnahmegenehmigung erteilt werden.

Auch Mitgliederversammlungen von Vereinen sind nicht selten öffentlich, indem Gästen der Zutritt gestattet wird. Häufig werden auch generell für die Öffentlichkeit bestimmte Veranstaltungen abgehalten. Soweit es sich hier um Versammlungen im Sinn des Versammlungsgesetzes handelt, sind dessen Bestimmungen zu beachten.

Eine Versammlung im Sinn des Versammlungsgesetzes liegt vor bei der Zusammenkunft einer zahlenmäßig nicht bestimmten Mehrheit von Menschen an einem gemeinsamen Ort zu dem gemeinsamen Zweck, bestimmte Angelegenheiten gemeinsam zu erörtern, zu beraten oder kundzugeben. Rein kulturelle Veranstaltungen zählen also nicht hierzu.

BEISPIELE:

- Ein Orchesterverein veranstaltet ein Konzert mit Werken von Bach, Händel und Schubert. Die Laienspielgruppe „Bunter Hund e. V." führt im Theatersaal des Kulturzentrums von A. Bert Brechts Stück „Der kaukasische Kreidekreis" auf, 300 Zuschauer besuchen die Aufführung. In beiden Fällen liegt keine Versammlung im Sinn des Versammlungsgesetzes vor, weil Musiker bzw. Schauspieler und Besucher nicht zu dem gemeinsamen Zweck der Kundgabe einer bestimmten Meinung zusammengekommen sind.
- Findet am Ende des Brecht-Stücks jedoch eine Diskussion zwischen dem Regisseur, den Schauspielern und dem Publikum über die Rolle der Justiz in der Gesellschaft statt, kann diese anschließende Diskussion Versammlung sein, wenn sie nicht nur abstrakt die Parabel Bert Brechts behandelt, sondern konkrete Aussagen, etwa in Anknüpfung an einen konkreten Fall, zum Ziel und Gegenstand hat.
- Hat die Orchestervereinigung zu einem „Friedenskonzert" eingeladen mit entsprechendem musikalischem Programm und Kundgebungscharakter, liegt eine Versammlung im Sinn des Versammlungsgesetzes vor, selbst wenn keine Ansprache gehalten wird, keine Diskussion stattfindet.

Wird eine Versammlung unter freiem Himmel oder ein Aufzug durchgeführt, ist insbesondere die Anmeldepflicht des § 14 VersammlG zu beachten, wonach ein Veranstalter, der beabsichtigt, eine öffentliche Versammlung unter freiem Himmel oder einen Aufzug zu veranstalten, dies spätestens 48 Stunden vor der Bekanntgabe der zuständigen Behörde unter Angabe des Gegenstandes der Versammlung oder des Aufzuges anzumelden hat. Auch der Leiter einer solchen Veranstaltung sollte sich, da auch er im Falle der Unterlassung strafrechtlich zur Verantwortung gezogen werden kann, vergewissern, ob die Anmeldung erfolgt ist.

5. Exkurs: Garantien der Vereinigungsfreiheit in internationalen Verträgen

Die Vereinigungsfreiheit wird auch in einigen internationalen Verträgen, denen die Bundesrepublik Deutschland beigetreten ist, garantiert. Diese Garantien sind insbesondere für Nichtdeutsche von Bedeutung. Zwar gelten die Bestimmungen ebenfalls nur als einfaches Bundesrecht, doch können sie – anders als § 1 Abs. 1 VereinsG – nicht ohne weiteres aufgehoben, oder zum Nachteil der Betroffenen abgeändert werden. Deutsche hingegen sind durch Art. 79 Abs. 3 GG gegen eine Verschlechterung des Grundrechtsschutzes der Vereinigungsfreiheit weitgehend geschützt, weil danach eine Änderung des Grundgesetzes unzulässig ist, durch welche die in den Art. 1 und 20 GG niedergelegten Grundsätzen berührt werden. Eine Einschränkung der vom Grundgesetz garantierten Vereinigungsfreiheit aber würde das in Art. 20 Abs. 1 GG niedergelegte Prinzip der Demokratie im Kern treffen.

In Art. 11 Abs. 1 der Europäischen Konvention zum Schutze der Menschenrechte und Grundfreiheiten ist „allen Menschen“ (mit Vorbehalten) das Recht garantiert, sich frei mit anderen zusammenzuschließen, einschließlich des Rechts, zum Schutze ihrer Interessen Gewerkschaften zu bilden und diesen beizutreten. Fast wörtlich gleich lautet Art. 22 Abs. 1 des Internationalen Pakts der bürgerlichen und politischen Rechte vom 19.12.1966, für die Bundesrepublik Deutschland in Kraft getreten am 23.3.1976. Art. 13 der Erklärung der Grundrechte und Grundfreiheiten des Europäischen Parlaments vom 12.4.1989 statuiert das unbeschränkte Recht zur Gründung von Vereinen, Gewerkschaften und politischen Parteien.

Schließlich ist noch auf die Art. 49 ff. des Vertrags über die Arbeitsweise der Europäischen Union (AEUV) hinzuweisen, wo bestimmt ist, dass als Gesellschaften, deren Niederlassungsrecht liberalisiert werden soll, auch alle „sonstigen juristischen Personen des öffentlichen und privaten Rechts mit Ausnahme derjenigen, die keinen Erwerbszweck verfolgen“ gelten. Die Entwicklungen im Zusammenhang mit Kapitalgesellschaften – insbesondere der englischen Limited – sind daher auf einen nicht wirtschaftlichen Verein nur insoweit übertragbar, als er für seinen nicht wirtschaftlichen Zweck Mittel durch wirtschaftliche Aktivitäten erzielt und damit zumindest mittelbar einem Erwerbszweck dient.

II. Bürgerlich-rechtliche Grundlagen

1. Begriff des Vereins nach BGB

Im BGB wird der Begriff des Vereins nicht definiert, sondern als bekannt vorausgesetzt. Im Anschluss an gemeinrechtliche Vorstellungen wird der Verein im Sinn des BGB definiert als

> freiwilliger, auf eine gewisse Dauer angelegter, körperschaftlich organisierter und vom Wechsel seiner Mitglieder unabhängiger Zusammenschluss mehrerer Personen unter einem Gesamtnamen (Vereinsnamen) zur Verfolgung gemeinsamer Zwecke.

So hat das Reichsgericht in einer Entscheidung vom 2.2.1905 den Verein angesehen als „eine dauernde Verbindung einer größeren Anzahl von Personen zur Erreichung eines ihnen gemeinsamen Zwecks …, die sich eine die wesentlichen Merkmale korporativer Organisation enthaltende Gestaltung gegeben hat, einen Gesamtnamen führt, und bei welcher ein Wechsel in dem Mitgliederbestande, und zwar nicht vermöge besonderen Ausnahmerechts, sondern naturgemäß, infolge des Wesens der Vereinigung, stattfindet“.[8] In einer Entscheidung von 1934 heißt es, ein Verein sei „eine auf die Dauer berechnete Verbindung einer größeren Anzahl von Personen zur Erreichung eines gemeinsamen Zwecks, die nach ihrer Satzung körperschaftlich organisiert ist, einen Gesamtnamen führt und auf einen wechselnden Mitgliederbestand angelegt ist“.[9]

Die Rechtsfähigkeit hingegen ist kein typisches Vereinsmerkmal, weshalb auch der nicht eingetragene Verein, wenn er nach seiner Satzung körperschaftlich organisiert ist und die übrigen genannten Merkmale aufweist, Verein im Sinn des BGB ist. Er wird jedoch nicht als „juristische Person“ verstanden.

Zivilrechtlich unbrauchbar ist die Legaldefinition des Vereins in § 2 Abs. 1 VereinsG.

> Verein im Sinne dieses Gesetzes ist ohne Rücksicht auf die Rechtsform jede Vereinigung, zu der sich eine Mehrheit natürlicher oder juristischer Personen für längere Zeit zu einem gemeinsamen Zweck freiwillig zusammengeschlossen und einer organisierten Willensbildung unterworfen hat.

Diese dient nach bürgerlich-rechtlich nicht relevanten Kriterien des öffentlichen Rechts dazu, die Verbotsnorm des Art. 9 Abs. 2 GG gegenüber Vereinigungen jeglicher Art (nicht nur Vereinen im Sinn des BGB) durchzusetzen.

Für den **Begriff** des Vereins ist unerheblich, ob der Zweck des Vereins auf einen wirtschaftlichen Geschäftsbetrieb gerichtet ist oder nicht. Das ist dem Verein grundsätzlich nicht verwehrt. Der verfolgte Zweck entscheidet jedoch über die Eintragungsfähigkeit in das Vereinsregister. Nach § 21 BGB kann nur der Verein in das Vereinsregister eingetragen werden, dessen Zweck nicht auf einen wirtschaftlichen Geschäftsbetrieb gerichtet ist (man spricht dann vom sog. „Idealverein“). Er erlangt die Rechtsfähigkeit durch Eintragung in das Vereinsregister. Ein Verein, dessen Zweck auf einen wirtschaftlichen Geschäftsbetrieb gerichtet ist, erlangt die Rechtsfähigkeit nur durch staatliche Verleihung (man spricht hier auch vom „wirtschaftlichen Verein“). Dies, soweit der die Rechtsfähigkeit nicht durch besondere Rechtsvorschriften erhält. Solche besonderen bundesgesetzlichen Vorschriften im Sinn von § 22 BGB sind insbesondere: das Aktiengesetz, das GmbH-Gesetz, das Gesetz betreffend die Erwerbs- und Wirtschaftsgenossenschaften sowie das Versicherungsaufsichtsgesetz (für die Versicherungsvereine auf Gegenseitigkeit), nicht dagegen die Europäische wirtschaftliche Interessenvereinigung (EWIV), die nach deutschem Recht weitgehend dem Recht der offenen Handelsgesellschaft (OHG) untersteht. Zu den wirtschaftlichen Vereinen, die ihre Rechtsfähigkeit durch staatliche Verleihung erlangen, vgl. nachstehend S. 16 f. und S. 58 ff.

Aber auch dem Idealverein ist die wirtschaftliche Tätigkeit nicht schlechthin verwehrt. Sie darf nur nicht Hauptzweck sein. Über das Nebenzweckprivileg kann auch dem Idealverein eine nicht unbedeutende wirtschaftliche Betätigung gestattet sein. Hierzu, sowie zur Abgrenzung zwischen Idealverein und wirtschaftlichem Verein – die im konkreten Einzelfall schwierig sein kann und in der Rechtsprechung auch nicht immer konsequent durchgeführt wird – vgl. nachstehend S. 54.

2. Abgrenzung des BGB-Vereins zu anderen Vereinigungsformen

Der Verein des BGB ist einerseits abgegrenzt von den wirtschaftlichen Vereinen besonderen Rechts (der Aktiengesellschaft, der GmbH, der Genossenschaft und dem Versicherungsverein auf Gegenseitigkeit); er unterscheidet sich typologisch mit diesen ferner von den Gesellschaften (des bürgerlichen Rechts, der OHG, der KG und der stillen Gesellschaft), ferner von den Stiftungen und Anstalten des öffentlichen und privaten Rechts und den sonstigen öffentlich-rechtlichen Körperschaften. Unabhängig von diesen rechtssystematischen Unterschieden gibt es jedoch einige Gemeinsamkeiten: Grundprinzipien und Formalien, die auf vor allem im Vereinsrecht ausgebildete Regeln zurückgehen, wie Minderheitenschutz, Grundsätze des Ablaufs von Mitgliedsversammlungen, Behandlungen von dort eingebrachten Anträgen usw.

Es kann in diesem Zusammenhang keine Typologie des Gesellschaftsrechts (zu dem im allgemeinen Sinn auch das Vereinsrecht gezählt wird) entwickelt werden. Die Entscheidung, welche Rechtsform im konkreten Fall des Zusammenschlusses mehrerer Personen zur Erreichung eines bestimmten Zwecks die zweckmäßigste ist, erfordert jedoch auch die Prüfung der übrigen von der Rechtsordnung zur Verfügung gestellten Vereinigungsformen. Sie werden daher kurz mit ihren wesentlichen Unterschieden zum Verein des BGB vorgestellt.

a) Die wirtschaftlichen Vereine kraft Sonderrechts

Hierunter zählen vor allem die Aktiengesellschaft, die GmbH, die Genossenschaft und der Versicherungsverein auf Gegenseitigkeit. Sie sind – wie der eingetragene Verein des BGB – juristische Personen des Privatrechts, also Organisationen, denen Rechtsfähigkeit verliehen ist, die wie natürliche Personen Subjekt von Rechtsbeziehungen, Rechten und Verbindlichkeiten sein können. Sie sind – im Unterschied zum Idealverein des BGB – vor allem „Kapitalvereine“, so die Aktiengesellschaft, die GmbH (besonders ausgeprägt bei der „kapitalistisch“ verfassten) und je nach rechtlicher Ausgestaltung auch die Genossenschaft. Der Unterschied zum Personenverein – auch zum wirtschaftlichen Verein des BGB – ist vor allem der Einfluss der kapitalistischen Beteiligung: sie entscheidet beim Stimmrecht, bei Verteilung von Gewinn und Verlust. Man muss sich allerdings stets vor Augen halten, dass hier nur „prinzipielle“ Unterschiede dargestellt werden können. Aufgrund der Vertragsfreiheit unserer Rechtsordnung können Mischgebilde entstehen, wie beispielsweise die „GmbH & Co. KG“. Auch ein BGB-Verein mit wirtschaftlicher Betätigung (also nicht nur der wirtschaftliche Verein des BGB, sondern auch der Idealverein mit einem bedeutenden wirtschaftlichen Nebenzweck) kann, etwa durch Ausstattung von Mitgliedern mit Sonderrechten, bis zu einem gewissen Grad „kapitalistisch“ strukturiert werden. Ein Zwitter in diesem Sinn ist auch die GmbH, die vom persönlichen Einfluss der (meist wenigen) Gesellschafter her stark personenbezogen und individuell geprägt ist, gleichwohl aber durch Satzungsgestaltung „kapitalistisch“ geprägt werden kann. Eine Zwischenstellung anderer Art nimmt die (in der Praxis seltene) Kommanditgesellschaft auf Aktien ein, die körperschaftliche und personalgesellschaftliche Elemente kumuliert.

Die Aktiengesellschaft ist personenunabhängig und als Publikumsgesellschaft mit nur wenig dispositivem Recht konzipiert (doch gibt es in der Praxis wirtschaftlich bedeutende Aktiengesellschaften, deren Anteile sich in der Hand einer oder weniger Personen befinden). Der Nennbetrag der Aktien, die ein Aktionär hält, ist maßgebend für die Bemessung der Mitgliedschaftsrechte, während beim Verein des BGB grundsätzlich – mit Ausnahme von Sonderrechten und außerordentlichen Mitgliedschaften – jedes Vereinsmitglied gleiche Mitgliedschaftsrechte hat.[10]

Die eingetragene Genossenschaft weist eine körperschaftliche Struktur mit personellen Elementen auf. Im Zusammenhang mit der Einführung einer europäischen Genossenschaft sind nunmehr die gesetzlichen Vorgaben auch für die deutsche Genossenschaft durch den Gesetzgeber überarbeitet. Ebenso wie der Verein des BGB hat auch die eingetragene Genossenschaft keine geschlossene Mitgliederzahl; im Unterschied zum BGB-Verein können Mitglieder des Vorstands und Aufsichtsrats jedoch nur Genossen sein. Im Übrigen war bisher die Tätigkeit der Genossenschaften beschränkt; sie durften nur der Förderung des Erwerbes oder der Wirtschaft ihrer Mitglieder mittels gemeinschaftlichen Geschäftsbetriebes dienen. Im Rahmen der Genossenschaftsreform v. 16.10.2006[11] wurde die Rechtsform der Genossenschaft auch für soziale und kulturelle Zwecke geöffnet. Zugleich wurde die Zahl der notwendigen Gründungsmitglieder von sieben auf drei herabgesetzt (§ 4 GenG). Bei kleineren Genossenschaften, welche nicht mehr als 20 Mitglieder haben (§ 9 Abs. 1 GenG), ist ein Aufsichtsrat nicht mehr zwingend. Auch Kapitalbeschaffung und -erhaltung sind wesentlich erleichtert. Die Genossenschaft kann damit möglicherweise eine neue alternative Rechtsform neben dem Verein bilden.

Der Versicherungsverein auf Gegenseitigkeit schließlich ist nach der Legaldefinition in § 171 VAG ein rechtsfähiger Verein, „der die Versicherung seiner Mitglieder nach dem Grundsatz der Gegenseitigkeit betreibt". Die Mitglieder sind zugleich die Versicherten, doch kann die Satzung auch die Versicherung von Nichtmitgliedern zulassen.

b) Personengesellschaften

Vom Verein des BGB (unabhängig davon, ob er rechtsfähig ist) und den wirtschaftlichen Vereinen kraft Sonderrechts zu unterscheiden sind die Personengesellschaften des bürgerlichen und Handelsrechts: die Gesellschaft nach §§ 705 ff. BGB, die offene Handelsgesellschaft, die Kommanditgesellschaft und die stille Gesellschaft.

Sie unterscheiden sich nach der Rechtsprechung des BGH (Fn. 6) von den Vereinen allerdings nicht mehr entscheidend dadurch, dass ihre Existenz „im Prinzip" abhängig vom ursprünglichen Mitgliederbestand ist, weil auch für den Fall des Ausscheidens eines Gesellschafters das Recht zur Fortsetzung der Gesellschaft unter den – mindestens zwei – verbleibenden Gesellschaftern vertraglich vereinbart werden kann und in der Regel auch vereinbart wird, für die

Vertretung nach außen in der Regel alle persönlich haftenden Gesellschafter zuständig sind (wenn auch die Geschäftsführung und Vertretung vertraglich geregelt werden kann). Allerdings sind die Gesellschafter der Personengesellschaften am Gesellschaftsvermögen („Gesamthandvermögen") anteilig beteiligt (während das Vermögen der juristischen Personen in deren Eigentum übergeht). Das gilt im Übrigen auch für den nicht eingetragenen Verein, obwohl dieser keine juristische Person ist. Auch er kann Vermögen bilden (S. 63 ff.). Das ausscheidende Mitglied hat keinen (anteiligen) Anspruch hierauf oder gegen die verbleibenden Mitglieder.[12]

Personengesellschaften eignen sich nur für einen zahlenmäßig begrenzten Gesellschafterkreis; ausgenommen hiervon ist die Kommanditgesellschaft, die insbesondere bei Familiengesellschaften und bei den Publikums-Kommanditgesellschaften (wie den „Abschreibungsgesellschaften") eine große Zahl von Kommanditisten haben können. Eine Sonderstellung nimmt hier – wie überhaupt – die stille Gesellschaft ein; auch an ihr können sich unbegrenzt viele „Stille" beteiligen, ohne dass Komplikationen befürchtet werden müssen (sie sind in der Regel nur Darlehensgeber mit Beteiligung am Gewinn und Verlust, oder nur am Gewinn, regelmäßig ohne nennenswerte Mitwirkungsrechte und treten nach außen nicht in Erscheinung). Der Verein des BGB, sowie die wirtschaftlichen Vereine kraft Sonderrechts sind (mit Ausnahme der GmbH) hingegen auf eine unbegrenzte Mitgliederzahl angelegt, der Verein des BGB kann aber auch für geringe Mitgliederzahlen[13] sinnvoll und geeignet sein.

c) Öffentlich-rechtliche Körperschaften

Sie sind zahlreich und können unterschiedlichste Organisationsstrukturen haben. Auch ihre Entstehung kann unterschiedlich sein. Die Bundesrepublik, die Bundesstaaten, die Gemeinden sind ebenso Körperschaften des öffentlichen Rechts wie die sozialen Versicherungsträger, einige Kirchen und Religionsgesellschaften, sowie zahlreiche Verbände. Es gäbe keinen Sinn, für sie einen gemeinsamen Begriff zu entwickeln. Im Zusammenhang mit dem privaten Vereinsrecht interessieren nur zwei Aspekte.

Körperschaften des öffentlichen Rechts können mitgliedschaftlich verfasst sein und – insbesondere im Falle berufsständischer Zusammenschlüsse – der äußeren Form und Organisation nach Vereinen des BGB recht nahe kommen, so etwa die Rechtsanwaltskammern, die Notarkammern, die Handwerkskammern. Sie haben als Organe die Vollversammlung und den aus deren Mitte gewählten ehrenamtlichen mehrgliedrigen Vorstand. Die Kammerversammlung fasst im Rahmen der den Kammern gesetzlich zugewiesenen Aufgaben Beschlüsse, über die zuvor eine Aussprache geführt werden kann. Für die Einberufung und den Ablauf dieser Versammlungen, die dort geführten Debatten, die Beschlussfassung und die Wahlen gelten die im Recht des BGB-Vereins entwickelten Grundsätze entsprechend, soweit nicht gesetzliche Sondervorschriften bestehen, die aber in der Regel ebenfalls vereinsrechtliche Prinzipien aufgreifen.

Mit den öffentlich-rechtlichen Körperschaften dürfen nicht privatrechtliche Vereine verwechselt werden, denen die Erfüllung öffentlicher Aufgaben übertragen ist. Sie werden dadurch nicht zu öffentlich-rechtlichen Vereinigungen. Auch wenn diese Vereine sich im Rahmen der Erfüllung ihrer öffentlichen Aufgaben wirtschaftlich betätigen, sind sie nicht den wirtschaftlichen Vereinen zuzurechnen. Sie sind – in der verwaltungsrechtlichen Terminologie – „Beliehene", sie sind damit der staatlichen Organisation nicht ein- sondern ihr nur angegliedert. Es ist Sache des öffentlichen Auftraggebers, erforderlichenfalls dafür zu sorgen, dass die innere Ordnung des beliehenen Vereins den ihm übertragenen Aufgaben entsprechend geregelt wird.

BEISPIELE für beliehene privatrechtliche Vereine: Technische Überwachungsvereine, Lohnsteuerhilfevereine, Verwertungsgesellschaften nach dem Gesetz über die Wahrnehmung von Urheberrechten und verwandten Schutzrechten (beide bedürfen staatlicher Anerkennung; die Verwertungsgesellschaften können jedoch auch als Handelsgesellschaften betrieben werden oder Vereine nach § 22 BGB sein).

d) Stiftungen und Anstalten des privaten Rechts

Die rechtsfähige Stiftung des privaten Rechts ist in §§ 80 bis 88 BGB gesondert geregelt. Sie ist juristische Person, die durch das Stiftungsgeschäft und die staatliche Genehmigung entsteht. Sie ist ein zweckgerichtet gewidmeter Vermögensinbegriff und nicht verbandsmäßig organisiert und unterscheidet sich so grundsätzlich vom Verein.

Anstalten des privaten Rechts gibt es als Rechtsbegriff und damit als besondere Person oder Organisation des Privatrechts nicht, sie existieren aber der Sache nach. Als Anstalt bezeichnet man einen Bestand von Mitteln, sächlichen wie persönlichen, die in der Hand eines Trägers einem besonderen Zweck dauernd zu dienen bestimmt sind, so beispielweise die freien Privatschulen oder die freien Sparkassen. Sie werden von juristischen Personen des Privatrechts (Privatschulen auch solchen des öffentlichen Rechts) getragen, Träger kann also auch ein rechtsfähiger Verein sein.

3. Gestaltungsmöglichkeiten des Vereins nach BGB

Die §§ 21 ff. BGB, die das Vereinsrecht regeln, enthalten nur wenige zwingende Vorschriften. Danach und nach der hierzu vorliegenden Rechtsprechung **muss** die Vereinssatzung Bestimmungen enthalten:

- über den Namen des Vereins,
- seinen Sitz,
- seinen Zweck und die Zweckverwirklichung,
- und beim eingetragenen Verein, dass er in das Vereinsregister eingetragen werden soll;

ferner:

- über die Form des Eintritts und Austritts der Mitglieder,
- darüber, ob und welche Beiträge von den Mitgliedern zu leisten sind und wer sie festsetzt,
- über die Zusammensetzung des Vorstandes,
- über die Voraussetzungen, unter denen die Mitgliederversammlung zu berufen ist,

- über die Form der Einberufung der Mitgliederversammlung und
- über die Beurkundung der Versammlungsbeschlüsse.

Dieser Mindestinhalt der Satzung bezieht sich also fast ausschließlich auf Formalien, nicht auf materielles Recht. Gefordert wird nur, **dass** bestimmte Materien geregelt werden, nicht, **wie** sie zu regeln sind. Hier besteht für den Verein ein Gestaltungsspielraum in Form der Satzung. Unabdingbar sind damit lediglich:

- die Existenz von Mitgliedern (es gibt keinen Ein-Mann-Verein),
- Name, Sitz und Rechtsform des Vereins,
- ein (erlaubter) Vereinszweck sowie
- als Vereinsorgane ein Vorstand als gesetzlicher Vertreter des Vereins und (zumindest im Prinzip) eine Mitgliederversammlung.

Die praktisch äußerst bedeutsame Frage der Kompetenzverteilung zwischen Vorstand und Mitgliederversammlung ist hingegen der Regelung in der Satzung überlassen. Ein Verein kann daher entweder basisdemokratisch, repräsentativ-demokratisch oder aber fast diktatorisch organisiert werden, zwischen diesen drei Modellen liegt ein schier unbegrenztes Spektrum der Möglichkeiten. Da der Verein des BGB ferner jeden gesetzlich zulässigen Zweck verfolgen darf und lediglich der Idealverein nicht auf einen wirtschaftlichen Geschäftsbetrieb ausgerichtet sein darf, ist diese Rechtsform in der Praxis vielseitig verwendbar. Der Verein des BGB eignet sich für Zusammenschlüsse unterschiedlichster Art und Mitgliederzahl. Die Praktikabilität der Vereinsform wird noch durch die Möglichkeit, sich auch in einem nicht eingetragenen Verein vereinsmäßig zu organisieren, erhöht. Die mangelnde Eintragung ins Vereinsregister erleichtert Vereinen, die ihre Organe in kurzfristigem Turnus neu bestimmen wollen, die vereinsinterne Organisation. Die mangelnde oder beschränkte Rechtsfähigkeit (hierzu S. 63 ff.) kann auch hilfreich sein, wenn zwar der Wille der Gründungsmitglieder, sich auf längere Dauer zu organisieren, vorhanden ist, aber die weitere Entwicklung noch nicht sicher ist. Auch sonst kann es zahlreiche ehrenwerte Gründe geben, weshalb eine Vereinigung sich auch nicht der Kontrolle durch das Registergericht unterwerfen will.

In § 26 Abs. 1 BGB ist zwingend vorgeschrieben, dass der Verein einen Vorstand haben muss. Dagegen ist die Bestimmung in § 27 Abs. 1 BGB, wonach die Bestellung des Vorstandes durch Beschluss der Mitgliederversammlung erfolgt, dispositiv. Die Satzung kann die Bestellung des Vorstands auch einem anderen Vereinsorgan, etwa einem Aufsichtsrat, übertragen oder dem Vorstand selbst das Recht der Ergänzung einräumen (Zuwahl, Kooptation). Auch sonst können die Rechte der Mitgliederversammlung durch die Satzung so ausgehöhlt werden (§ 40 BGB), dass nach der Gründungsversammlung weitere Mitgliederversammlungen (und sie ersetzende Delegiertenversammlungen) nahezu überflüssig werden. Praktisch unabdingbar ist lediglich die Einberufung der Mitgliederversammlung nach § 37 BGB auf Verlangen der im Gesetz oder in der Satzung bestimmten Minderheit der Mitglieder (Minderheitenschutz), denn selbst die Auflösung des Vereins (§ 41 BGB) kann durch einstimmige schriftliche Zustimmung sämtlicher Mitglieder erklärt werden (§ 32 Abs. 2 BGB), ein Verfahren, das bei einem Verein mit geringer Mitgliederzahl durchaus praktikabel sein kann.

Das Prinzip der Vertragsfreiheit gestattet es auch, neben den gesetzlich vorgeschriebenen Organen weitere Gremien zu schaffen, wie: einen Aufsichtsrat (ihm kann sogar die Wahl des Vorstands übertragen werden), Beiräte, Wahlprüfungs- und Revisionsgremien, Abteilungen, Arbeitskreise usw. Ein Verein kann ferner selbstständige und unselbstständige Untergliederungen bilden, oder sich als Dachverband selbstständiger Vereine oder anderer juristischer Personen, oder von Handelsgesellschaften konstituieren. Die Satzung kann bestimmen, dass im Vorstand bestimmte Gruppen von Vereinsmitgliedern, oder bestimmte Untergliederungen, durch einen Repräsentanten vertreten sind, einem Mitglied können ferner Sonderrechte eingeräumt werden, die nicht ohne dessen Zustimmung beeinträchtigt werden dürfen (§ 35 BGB). Auch einer Gruppe nicht von vornherein bestimmter einzelner Mitglieder können Sonderrechte eingeräumt werden.

4. Die Wahl der zweckmäßigen Vereinsform

Unter „Vereinsform" wird hier nicht nur die Rechtsform, sondern auch der Inhalt der Satzung verstanden. Wie gezeigt wurde, bietet die Rechtsform des BGB-Vereins vielfältige Möglichkeiten der rechtlichen Gestaltung. Entsprechend vielseitig verwendbar ist sie in der Praxis. Die Satzung ermöglicht eine „maßgeschneiderte" Passform für den jeweiligen Zweck des Vereins. Auf ihre Formulierung sollte stets größte Sorgfalt verwendet werden. Sie ist die „Verfassung" des Vereins, sein „Grundgesetz". In ihr werden die Rechtsbeziehungen zwischen dem Verein und seinen Mitgliedern, deren Rechte und Pflichten, sowie die der Vereinsorgane festgelegt. Die Satzung muss immer den aktuellen rechtlichen Anforderungen entsprechen. Sie sollte auch immer wieder überprüft werden, ob die dortigen Regelungen der gelebten Vereinspraxis entsprechen. Satzungsänderungen bedürfen einer qualifizierten Mehrheit (§ 33 Abs. 1 BGB), wenn die Satzung keine abweichende Mehrheit vorsieht (§ 40 BGB).

Die Struktur der Satzung und damit des Vereins wird in erster Linie durch dessen Zweck bestimmt. Ein Sportverein bedarf einer grundsätzlich anders strukturierten Satzung als ein Fischereiverein oder ein Theaterverein. Selten wird es daher ausreichen, eine Mustersatzung aus einem der zahlreichen Formularbücher zu übernehmen (sie können allenfalls dem Fachmann wertvolle Anregungen geben). Gelegentlich wird man die Satzung eines gleichartigen Vereins übernehmen können (etwa die eines Kleingartenvereins durch einen anderen), doch selbst in sachlich und fachlich gleichgelagerten Fällen ist es möglich, dass unterschiedliche Interessen auftreten. Auch sollte jeder Verein – sei es in der Satzung oder in einem gesonderten Statut, das dann in der Satzung rechtlich verankert sein muss – ein Instrument der Konfliktlösung besitzen, welches der besonderen Struktur des Vereins angepasst sein sollte.

Vereinsgründer, die sich mit einer „Konfektionssatzung", die im Zweifel nicht passt, nicht zufrieden geben wollen, sondern eine konkret auf ihren Verein zugeschnittene Satzung schaffen wollen, sollten sich in jedem Fall von einem auf dem Vereins- und Gesellschaftsrecht bewanderten Rechtsanwalt beraten lassen. Die Suche nach der geeigneten und zweckmäßigen Vereinsform kann im Übrigen nach folgendem Schema erfolgen:

Als erstes ist zu prüfen, ob der angestrebte Zweck in der Form eines Idealvereins verfolgt werden kann. Das ist nicht der Fall, wenn der Zweck des Vereins auf einen wirtschaftlichen Geschäftsbetrieb gerichtet ist.

BEISPIEL: Inhaber und Pächter von Taxikonzessionen gründen einen Verein zur persönlichen und wirtschaftlichen Förderung ihrer beruflich tätigen Mitglieder, und zwar insbesondere durch Einrichtung und Unterhaltung einer Geschäftsstelle mit Telefonanschluss, durch die Annahme und Vermittlung von Aufträgen für Taxifahrten und durch Einrichtung, Unterhalt und Betrieb einer Funkanlage zur Sprechverbindung mit den im Einsatz befindlichen Taxifahrzeugen der Mitglieder. Der BGH[14] hat in dieser Tätigkeit einen ausgegliederten Teil der Gewerbebetriebe der Mitglieder und damit Verfolgung eines wirtschaftlichen Geschäftsbetriebs gesehen.

Es bietet sich an, stattdessen eine eingetragene Genossenschaft zu gründen. Ferner kann geprüft werden, ob eine staatliche Verleihung der Rechtsfähigkeit nach § 22 BGB zu erlangen ist. Derartige Konzessionen werden jedoch nur ausnahmsweise erteilt, wenn die Benutzung einer anderen Rechtsform unzumutbar ist. Ist auch mit einer staatlichen Verleihung nicht zu rechnen, muss für den beabsichtigten Zusammenschluss eine der Rechtsformen des Handelsrechts (oder im Ausnahmefall die der BGB-Gesellschaft) gewählt werden.

Liegt ein Grenzfall vor, lässt sich also anhand der Rechtsprechung und der Kommentarliteratur nicht mit Sicherheit entscheiden, ob das Registergericht eine beabsichtigte wirtschaftliche Betätigung als erlaubten Nebenzweck, oder als dem Idealverein untersagte Verfolgung eines wirtschaftlichen Geschäftsbetriebs ansehen werde, kann entweder versucht werden, eine Vorklärung beim zuständigen Registergericht herbeizuführen, oder aber auf die Gründung eines nicht eingetragenen Vereins ausgewichen werden. Auch ihm ist zwar die wirtschaftliche Betätigung untersagt. Betreibt er dennoch ein Handelsgewerbe unter dem Vereinsnamen, ist er offene Handelsgesellschaft[15] mit der Folge der persönlichen Haftung aller Mitglieder für die Verbindlichkeiten (§ 128 HGB).[16] Dieser Ausweg ist also nur gangbar, wenn ein entsprechendes Risiko abgesichert wird, sei es, dass Verbindlichkeiten gegenüber Dritten zumindest nicht vertraglich begründet, oder durch Beiträge der Mitglieder vorfinanziert werden, oder in sonstiger Weise.

Auch wenn an der Eigenschaft als Idealverein keine Zweifel begründet sind, ist als nächstes die Frage zu entscheiden, ob der Verein in das Vereinsregister eingetragen werden oder als nicht eingetragener Verein bestehen soll. Erstrebt der Verein die Anerkennung als gemeinnützig, ist deshalb die Eintragung in das Vereinsregister nicht erforderlich. Es können zahlreiche Gründe für und gegen die Eintragung in das Vereinsregister sprechen. Für die Erlangung einer beschränkten Rechtsfähigkeit ist die Eintragung in das Vereinsregister seit dem Urteil des BGH vom 29.1.2001 (Fn. 6 und S. 63 ff.) nicht mehr erforderlich, wohl aber für die Erlangung des Status einer juristischen Person des Privatrechts.

Auch sonst kann es Gründe geben, einen Verein nicht in das Vereinsregister eintragen zu lassen: wenn ein häufiger Wechsel der Vorstandsmitglieder beabsichtigt ist (nach § 67 Abs. 1 BGB beim e. V. anmeldepflichtig), Unsicherheit des Bestandes der Vereinigung, geringe Zahl der Gründungsmitglieder (mindestens sieben beim e. V., § 56 BGB) oder nur der Wunsch nach größerer Flexibilität, möglichst geringer Organisation usw.

Von besonderer Bedeutung kann die Frage der Rechtsfähigkeit bei der Schaffung von Untergliederungen eines Vereins sein (Orts-, Kreis-, Landesverbänden). Solche Untergliederungen sind lediglich unselbstständige Verwaltungseinheiten, Außenstellen des Gesamtvereins, wenn sie keine körperschaftliche Vollstruktur besitzen. Eine körperschaftliche Teilstruktur (Ortsvorstand, Mitgliederversammlung, freie Verfügung über einen Teil des Beitragsaufkommens) lässt die Untergliederung noch nicht zum selbstständigen Verein werden. Hauptkriterien der Unterscheidung: Die unselbstständige Untergliederung entscheidet nicht selbst über ihre Entstehung und ihr Ende, dem Gesamtverein steht ihr gegenüber die Satzungsgewalt zu, die Untergliederung verfügt nicht über einen eigenen – nicht vom Gesamtverein abgeleiteten – Namen.[17] Werden Untergliederungen als eigene Vereine in das Vereinsregister eingetragen, sind sie selbstständige Zweigvereine, die satzungsmäßig als Teil der Organisation des Gesamtvereins in diesen eingebunden werden müssen. Sie haben jedoch ein beschränktes Autonomierecht, insbesondere bilden sie ihre Organe selbst. Auch der nicht selbstständige Zweigverein ist in der vertikalen Gliederung des Gesamtvereins beschränkt rechtsfähig, doch kommt ihm geringeres Gewicht zu als einem eingetragenen Zweigverein. In beiden Fällen sollte die Art und der Umfang der Selbstständigkeit bzw. Abhängigkeit in den Satzungen des Gesamt- und des Zweigvereins möglichst eindeutig geregelt sein. Die Satzungen sollten aufeinander abgestimmt sein und die Änderung der Satzung des Zweigvereins sollte an die Zustimmung des Gesamtvereins gebunden werden.

Auch nicht eingetragene Vereine können Vereinsmitglieder, auch Gründungsmitglieder eines eingetragenen Vereins sein. Es können folglich auch mehrere nicht eingetragene Vereine einen Dachverband in Form eines eingetragenen Vereins gründen.

Wichtigster Punkt jeder Vereinssatzung ist die Bestimmung der Vereinsorgane und die Verteilung der Kompetenzen zwischen ihnen. Das Gesetz stellt in § 32 Abs. 1 S. 1 BGB hierzu eine Regel auf, die jedoch schon in sich den Grundsatz der Abweichung enthält. Danach werden die Angelegenheiten des Vereins „durch Beschlussfassung in einer Versammlung der Mitglieder geordnet“, soweit sie nicht „von dem Vorstand oder einem anderen Vereinsorgane zu besorgen sind“. Zwingend wird dem Vorstand in § 26 Abs. 1 S. 2 BGB die Aufgabe der gesetzlichen Vertretung des Vereins (auch des nicht eingetragenen) zugewiesen. Doch kann der Umfang seiner Vertretungsmacht beim eingetragenen Verein durch Satzung mit Wirkung gegen Dritte beschränkt werden, nicht dagegen beim nicht eingetragenen Verein. Dieser kann eine Haftungsbeschränkung nur durch eine individualvertragliche Vereinbarung mit seinem Vertragspartner herbeiführen.[18]

Die der Mitgliederversammlung vom Gesetz zugewiesenen Aufgaben sind dagegen grundsätzliche alle dispositiv (praktisch auch der Auflösungsbeschluss nach § 41 BGB insofern, als er einstimmig auch schriftlich gefasst werden kann, doch darf die Satzung die Mitgliederversammlung für diesen Fall nicht ausschließen; die Bestimmung des Anfalls des Vereinsvermögens nach § 45 Abs. 2 S. 2 BGB kann dagegen in der Satzung erfolgen und erübrigt so einen Beschluss der Mitgliederversammlung).

Zwingend ist die Mitgliederversammlung im Fall des § 37 BGB einzuberufen, also auf Verlangen von 10 % der Vereinsmitglieder oder einer anderen (zulässigerweise auch größeren[19]) in der Satzung bestimmten Minderheit. Damit steckt das BGB die äußersten Grenzen der Dispositionsmöglichkeit ab: der Vorstand ist für den Verein unentbehrlich, die Mitgliederversammlung darf zumindest nicht völlig ausgeschlossen werden. Zusätzliche Vereinsorgane sind zulässig (§ 32 Abs. 1 S. 1 BGB) und sinnvoll, auch die Bestellung „besonderer Vertreter" (§ 30 BGB) ist möglich. Für politische Parteien enthält das Parteiengesetz Sondervorschriften. (Einzelheiten siehe S. 9 f.).

Die wohl weitaus überwiegende Mehrzahl der Vereine ist nach dem gesetzlichen Regelvorbild organisiert: mit einer Mitgliederversammlung als „oberstem Willensbildungsorgan" und einem von ihr turnusmäßig gewählten Vorstand, der oft mehrgliedrig ist (und auch sein sollte, damit der Verein im Falle der Verhinderung des Vorsitzenden nicht handlungsunfähig wird). Verbreitet ist auch die Schaffung weiterer Vereinsorgane in der Satzung.

BEISPIELE: Revisoren zur Überwachung der Finanztätigkeit; „Schiedsgerichte", die jedoch häufig nicht die Voraussetzungen der §§ 1025 ff. ZPO erfüllen und dann nur vereinsinterne Schlichtungsorgane sind. Einzelheiten: S. 89 f. („Organe zur Konfliktlösung").

Es kann jedoch sinnvoll sein, von diesem Modell – das wegen seiner demokratischen Struktur und der weitgehenden Beteiligungsmöglichkeit der Vereinsmitglieder an der Vereinsführung und der Vereinspolitik grundsätzlich zu empfehlen ist – abzuweichen.

Mitgliederstarke Vereine sollten die Mitgliederversammlung durch eine Delegiertenversammlung (Vertreterversammlung) ersetzen (repräsentativ-demokratisches Modell). Das muss in der Satzung geschehen, ein Übergang von der Vollversammlung zur Delegiertenversammlung kann erforderlichenfalls durch Satzungsänderung herbeigeführt werden. Die Satzung muss auch die Zusammensetzung der Delegiertenversammlung regeln. Wichtig ist, dass die Mitglieder durch die Delegierten hinreichend repräsentiert werden.[20] Dagegen ist es nicht erforderlich, mit der Einführung einer Delegiertenversammlung auch eine Untergliederung des Vereins vorzunehmen. Die Satzung kann die schriftliche Wahl der Delegierten vorsehen, so dass diese nicht durch Mitgliederversammlungen von Zweigvereinen gewählt werden müssen, auch nicht, wenn solche Untergliederungen bestehen. Es empfiehlt sich jedoch in der Regel, für mitgliederstarke Vereine auch Untergliederungen zu schaffen (Ortsverbände, Landesverbände), um den Mitgliedern – insbesondere wenn sie regional stark gestreut sind – die aktive persönliche Teilnahme am Vereinsleben zu ermöglichen. Natürlich gibt es aber auch Fälle, in denen der Vereinszweck eine aktive persönliche Beteiligung der Mitglieder nicht erfordert. Dann wird meist auch die Notwendigkeit von Mitglieder- und Delegiertenversammlungen fehlen.

In Fällen dieser Art kann die Satzung vorsehen, dass zahlreiche oder alle Rechte der Mitgliederversammlung (ausgenommen derjenigen in §§ 37 und 45 Abs. 2 S. 2 BGB) auf den Vorstand übertragen werden, insbesondere auch das Recht zur Neubestellung von Vorstandsmitgliedern selbst. Denn § 27 Abs. 1 BGB, der die Bestellung des Vorstands der Mitgliederversammlung zuweist, ist dispositiv (§ 40 BGB). Die Satzung kann daher bestimmen, dass beim Ausscheiden von Vorstandsmitgliedern deren Nachfolger von den verbliebenen Vorstandsmitgliedern durch Zuwahl (Kooptation) berufen werden. So kann flexibel auf den Ausfall eines Vorstandsmitglieds reagiert werden.

Das Vereinsrecht des BGB lässt es sogar zu, das Grundmuster des Vereins mit Mitgliederversammlung, die den Vorstand wählt, umzukehren: ein sich selbst ergänzender Vorstand kann sich auch seine Mitglieder wählen. Dem Grunde nach findet eine Auswahl der Mitglieder in allen Fällen statt, in denen die Mitgliedschaft nicht durch einseitige Erklärung des Beitrittswilligen erfolgt, sondern der Annahme durch den Verein bedarf: eine Vorsichtsmaßnahme, die stets zu empfehlen ist, um unliebsame Unterwanderungen zu vermeiden. In Vereinen mit großer Mitgliederzahl wird dieses Aufnahmeverfahren allerdings meist zur Formalität und dient in der Praxis nur noch dazu, erklärte und bekannte Vereinsgegner fernzuhalten. Vereine mit kleiner Mitgliederzahl werden dagegen darauf bedacht sein, Beitrittsinteressenten nach sachlichen, fachlichen Kriterien auszuwählen. Eine zu starke Begrenzung der Mitglieder kann jedoch zu Problemen bei der Gemeinnützigkeit führen.[21]

BEISPIEL: Ein Verein zur Ausbildungsförderung Begabter bestimmt in seiner Satzung, Mitglied könne nur werden, wer sich um die Ausbildung und Förderung von Begabten bereits verdient gemacht hat, oder von dem ein entsprechendes Engagement erwartet werden kann. Über die Aufnahme von Mitgliedern entscheidet ein Kuratorium, das sich aus von den Trägern des Vereins delegierten Vertretern und zugewählten Mitgliedern zusammensetzt und das auch den Vorstand wählt. Diesem und dem Kuratorium sind sämtliche wesentliche Aufgaben des Vereins übertragen, die Mitgliederversammlung wirkt nach der Satzung nur bei Satzungsänderungen und der Auflösung des Vereins mit, ist dabei jedoch auf die Übereinstimmung mit dem Kuratorium angewiesen.[22]

Die Möglichkeiten der Einflussnahme Dritter auf die Verwaltung und die Politik eines Vereins – vgl. das letzte Beispiel – sind ebenfalls vielfältig und können über die Bestimmung der Zusammensetzung des Vorstands institutionalisiert werden. So kann in der Vereinssatzung festgelegt werden, dass – auch in Fällen, in denen die Mitgliederversammlung ihre übrigen Rechte behält – die Bestimmung des Vorstands durch ein anderes satzungsmäßiges Organ erfolgt, etwa durch einen Aufsichtsrat, einen Verwaltungsrat oder – wie im vorhergehenden Beispiel – durch ein „Kuratorium“. Die Bestimmung des Vorstands kann durch die Satzung sogar auf einen außen stehenden Dritten übertragen werden.

BEISPIELE:

- So ist es zulässig, dass die Satzung einer betrieblichen Unterstützungskasse in Vereinsform die Bestimmung des Vorstands dem Arbeitgeber überträgt.[23]

- Die Satzung eines religiösen oder weltanschaulichen Vereins kann bestimmen, dass der Vorstand durch ein Gremium oder einen Funktionär der Kirche, Religionsgesellschaft oder Weltanschauungsgemeinschaft bestimmt wird, der er sich zurechnet bzw. deren Interessen er vertritt.

Völlige Fremdbestimmung des Vorstands eines Vereins ist allerdings selten, in der Regel auch nicht sachgerecht und führt zu einer meist unangemessenen Einschränkung der Vereinsautonomie. Sie kann auch zu einer erheblichen Störung des Verhältnisses zwischen Mitgliedschaft und Vorstandschaft führen, insbesondere, wenn die Vereinsmitglieder natürliche Personen sind. Anders ist das bei Dach- und Interessenverbänden, die von juristischen Personen des öffentlichen und privaten Rechts getragen werden. In diesen Fällen erfolgt die Einflussnahme auf Verwaltung und Politik des Vereins jedoch in der Regel nicht direkt durch Bestimmung des Vorstands, sondern durch Delegation von Vertretern in das Gremium, das den Vorstand wählt. Jede der Trägervereinigungen entsendet eine bestimmte Anzahl von Vertretern in die Mitgliederversammlung („Delegierte"). Auch kann die Satzung „geborene" Vorstandsmitglieder vorsehen, welche dann „kraft Amtes" dem Vorstand angehören.

BEISPIELE:

- Der Schulförderverein der Diesterweg-Grundschule soll auch die pädagogische Betreuung der Kinder in der Offenen Ganztagsschule übernehmen. Der Rektor der Schule soll als geborenes Mitglied im Vorstand aufgenommen werden, um die Verbindung zu der Schule und der Schulbehörde sicherstellen zu können.
- Der Förderverein der Kirchenmusik an der Kreuzkirche sieht in seiner Satzung den Pfarrer als geborenes Mitglied des Vorstandes vor.

Unzulässig ist allerdings eine Satzungsbestimmung, nach der ein außen stehender Dritter den Verein gegen dessen Willen auflösen kann.[24]

Einflusssphären lassen sich aber auch dadurch schaffen bzw. gegenseitig abgrenzen, dass man verschiedene Kategorien von Mitgliedern schafft. Das ist trotz des Prinzips der Gleichbehandlung aller Vereinsmitglieder zulässig, wenn die unterschiedliche Rechtsstellung verschiedener Gruppen von Mitgliedern nach sachlichen Gesichtspunkten vorgenommen wird. So kann ein Verein:

- ordentliche Mitglieder,
- außerordentliche Mitglieder,
- fördernde Mitglieder und
- Ehrenmitglieder haben.

Letztere sind in der Regel voll stimmberechtigt und nur von Beitragspflichten befreit. Will man Ehrenmitglieder vom Stimmrecht ausschließen, bringt man sie besser in einem „Beirat" oder einem ähnlich genannten Gremium unter, dessen Angehörige keine Mitgliedschaftsrechte haben. Fördernde Mitglieder können volles oder beschränktes Stimmrecht haben, sie können auch vom Stimmrecht ausgeschlossen sein, das der sonstigen außerordentlichen Mitglieder kann beschränkt sein. In jedem Fall sollte sich aus der Satzung der sachliche Grund für die Bildung unterschiedlicher Mitgliedergruppen entnehmen lassen. Ferner sollte die Satzung in diesem Fall festlegen, ob die unterschiedlichen Gruppen von Vereinsmitgliedern gleiches Stimmrecht haben oder welche Gruppe vom Stimmrecht ausgeschlossen oder im Stimmrecht beschränkt ist.

BEISPIELE:

- Die Satzung eines Kleingartenvereins sieht aktive und passive Mitglieder vor. Nur die sog. aktiven Mitglieder besitzen neben der Vereinsmitgliedschaft einen Pachtvertrag über eine Parzelle. Im Rahmen der Mitgliederversammlung soll auch über die Höhe der zu leistenden Arbeitsstunden in der Kleingartenanlage beschlossen werden. Diese Stunden haben nur die aktiven Mitglieder abzuleisten.
- Ein Verein, der die Interessen eines bestimmten Berufsstands vertritt, legt in seiner Satzung fest: „Ehrenmitglieder, die nicht ordentliche Mitglieder sein können, sind nicht Mitglieder im Sinne dieser Satzung." Damit wird ermöglicht, dass auch Berufsangehörige zu Ehrenmitgliedern ernannt werden können, die Nichtberufsangehörigen jedoch vom direkten Einfluss auf das Verbandsgeschehen ausgeschlossen werden.

Wo ein sachlicher Grund für einen Stimmrechtsausschluss nicht vorliegt, wird man insbesondere fördernden Mitgliedern das Stimmrecht nicht verwehren können, vor allem den bedeutenden Förderern, in der Regel also Wirtschaftsunternehmen. Sie werden mitbestimmen wollen, wofür ihre Fördergelder verwendet werden. Dann stellt sich das Problem anders: die Abhängigkeit des Vereins von den Geldgebern möglichst gering zu halten. Das lässt sich dadurch erreichen, dass man ihnen nur *eine* Stimme wie jedem anderen Mitglied gibt und für eine ausgewogene Zusammensetzung der Entscheidungsgremien sorgt.

BEISPIEL: Ein Verein zur Förderung der Wissenschaft unterscheidet in seiner Satzung

- wissenschaftliche Mitglieder (auf Grund ihrer Persönlichkeit),
- Mitglieder auf Grund Amts (z. B. Leiter bestimmter Forschungseinrichtungen) und
- Ehrenmitglieder (einschließlich der Förderer),

Die Satzung gewährt jedoch jedem Mitglied gleiches Stimmrecht, verteilt die Entscheidungskompetenzen auf mehrere Gremien und mischt deren Zusammensetzung so, dass die Geldgeber nicht einseitig die Forschungsprojekte bestimmen können, aber auch über eine Sperrminorität gegen ihnen völlig zuwiderlaufende Projekte verfügen. Im Übrigen wird sich ein System der Balance ohnehin dadurch einstellen, dass Fördermittel ausbleiben oder Wissenschaftler sich verweigern werden, wenn beide Gruppen keinen Konsens finden. Einer möglichen Korrumpierbarkeit der übrigen Mitglieder durch die Förderer kann man weitgehend vorbeugen, indem man die Förderung der Projekte von Vereinsmitgliedern oder von Mitgliedern der Beschlussgremien ausschließt, oder aber von der Zustimmung eines unabhängigen (auch außerhalb des Vereins stehenden) Organs abhängig macht.

Nach den gleichen Prinzipien kann auch unter den Mitgliedern eines Sportvereins, eines Theatervereins oder eines sonstigen Vereins differenziert werden, wobei die Mitgliederzahl, der Vereinszweck oder sonstige besondere Interessen berücksichtigt werden können.

BEISPIELE:

- Die Satzung des Theatervereins „Kleine Bühne" in Altstadt unterscheidet
  - aktive Mitglieder,
  - fördernde Mitglieder,
  - Ehrenmitglieder.

  Jedes Vereinsmitglied hat gleiches Stimmrecht, künstlerische Fragen (Programm, Regie) sind jedoch ausschließlich dem Bühnenausschuss vorbehalten, der nur (oder mehrheitlich) von aktiven Mitgliedern zu besetzen ist.
- Die Satzung des Sportvereins „TSV Burgdorf" kennt
  - ordentliche Mitglieder (die sich aktiv betätigen),
  - außerordentliche Mitglieder (Förderer mit erhöhtem Mitgliedsbeitrag),
  - Ehrenmitglieder.

  Alle Mitglieder haben gleiches Stimmrecht. Da bei einem Sportverein die ordentlichen Mitglieder überwiegen werden, wird es einer Stimmrechtsbeschränkung für die außerordentlichen Mitglieder nicht bedürfen; erforderlichenfalls können bestimmte Fragen des Leistungssports, auf die man keinen Einfluss von außen wünscht, einem besonderen nur von ordentlichen Mitgliedern besetzten Organ übertragen werden.

Im Übrigen können Sponsoren natürlich ihnen genehme Projekte durch zweckgebundene Spenden fördern, die der Verein jedoch – wenn er sie als Zumutung empfindet – zurückweisen kann. Einfluss auf den Verein ist auch über Sonderrechte von Mitgliedern möglich, von denen unten[25] noch die Rede sein wird. Sie müssen in der Satzung verankert sein und können ohne Zustimmung des Berechtigten nicht beeinträchtigt werden. Ihre Verleihung ist daher gründlich zu bedenken. Vor ihrer Einräumung muss gewarnt werden, wenn sie zur Mehrheitsbildung innerhalb des Vereins führen können.

BEISPIELE: Der Fabrikant F, Inhaber einer Porzellanfabrik (oder: der Großhändler für Sportartikel G; oder: der Historiker H, der eine bestimmte Geschichtstheorie verficht) gründet einen Förderkreis (F: „Kunst und Porzellan e. V.", G: „Du und der Sport e. V.", H: „Volk und Raum e. V."), in dessen Satzung der Gründer als Vorsitzender auf Lebenszeit bestellt ist. Zweck: Förderung von künstlerischen (sportlichen, wissenschaftlichen) Leistungen, über die ein vom Vorsitzenden bestellter Beirat befindet. So organisierte Vereine sind lediglich Instrumente der Selbstbestätigung des Gründers oder haben PR-Funktion.

Eine nicht zu unterschätzende Möglichkeit der Einflussnahme auf Politik und Verwaltung eines Vereins ist natürlich die Möglichkeit, sich in der Satzung das Recht vorzubehalten, die Aufnahme eines Mitglieds ohne Angabe von Gründen abzulehnen. Das ist nicht zulässig bei politischen Parteien, Gewerkschaften, Monopolvereinen (also oft berufsständischen Organisationen). Ein Verein mit geringer Mitgliederzahl kann auf diese Weise aber nicht genehme weitere Mitglieder abwehren.

Der Vollständigkeit halber ist noch darauf hinzuweisen, dass ein Verein mit überschaubarer Mitgliederzahl auch einen Vorstand bilden kann, der alle Vereinsmitglieder umfasst (basisdemokratisches Modell). Das ist jedoch nicht zweckmäßig.

Wesentlich eingeschränkt ist die Gestaltungsfreiheit der Vereinsorganisation bei politischen Parteien nach den Vorschriften des Parteiengesetzes.

2. Kapitel

Privates Vereinsrecht

Die Rechtsbeziehungen zwischen den Vereinsmitgliedern untereinander und zwischen diesen und dem Verein (als Körperschaft) sind in den §§ 21 bis 54 BGB und in der Vereinssatzung geregelt. Ferner gelten die allgemeinen Vorschriften des bürgerlichen Rechts, insbesondere die Vorschriften über die Rechtsgeschäfte (§§ 104 bis 185 BGB), denn die Errichtung eines Vereins erfolgt durch privatrechtlichen Vertrag. Dies gilt auch für die Begründung der Mitgliedschaft (Aufnahmevertrag).

Die §§ 21 bis 53 BGB gelten (trotz der entgegenstehenden Verweisung in § 54 S. 1 BGB) auch für den nicht eingetragenen Verein, soweit die Eintragung nicht vorausgesetzt wird (hierzu unten S. 63 ff.); auch verbleibt es bei der in § 54 S. 2 BGB besonders geregelten Haftung. In der folgenden Darstellung der Rechtslage wird auf Abweichungen, die nur für den eingetragenen oder nur für den nicht eingetragenen Verein gelten, besonders hingewiesen. Ferner wird auf abweichendes Recht für die politischen Parteien verwiesen. Wo solche Hinweise fehlen, gelten die Ausführungen für den eingetragenen und den nicht eingetragenen Verein, sowie für politische Parteien in gleicher Weise, wobei immer auch Sonderbestimmungen in der jeweiligen Vereinssatzung zu beachten sind.

Für den eingetragenen Verein bzw. den, dessen Eintragung beabsichtigt ist, enthalten die §§ 55 bis 79 BGB zusätzliche Vorschriften, die durch Verfahrensvorschriften in anderen Rechtsnormen ergänzt werden, insbesondere im Gesetz über das Verfahren in Familiensachen und in den Angelegenheiten der freiwilligen Gerichtsbarkeit (FamFG) und in der Vereinsregisterverordnung (VRV).

I. Die Gründung des Vereins

Gesetzliche Vorschriften über die Gründung des Vereins fehlen. Sie kann in drei Stufen erfolgen: von der Vorgründungsgesellschaft über den Vorverein zum rechtsfähigen Verein. Sie kann sich beim nicht eingetragenen Verein jedoch auch in einem einzigen Gründungsakt erschöpfen.

1. Die Vorgründungsgesellschaft

Sie ist nicht notwendig, kann aber sowohl dem eingetragenen, wie dem nicht eingetragenen Verein vorausgehen. Sie ist von den Vorverhandlungen einerseits und vom Vorverein andererseits zu unterscheiden.

Eine Vereinsgründung erfolgt in aller Regel nicht spontan, sondern nach vorheriger Absprache zwischen den Interessenten. Das können unverbindliche Vorbesprechungen sein, in denen die Idee eines Zusammenschlusses zur Erreichung eines gemeinsamen Zieles erörtert wird, vielleicht noch ohne konkrete Vorstellungen über die zu wählende Rechtsform. Dann handelt es sich um bloße Vertragsverhandlungen, deren Ergebnis noch offen ist, die jedoch – wie alle Vertragsverhandlungen – bereits Haftungsfolgen auslösen können. Zwar verpflichten sie nicht zum Vertragsabschluss, doch entstehen bereits im Stadium der Vorverhandlungen erhöhte Aufklärungs-, Sorgfalts-, Schutz- und Loyalitätspflichten, deren schuldhafte Verletzung zum Schadensersatz verpflichten kann (§ 241 Abs. 2 BGB), auch wenn es schließlich nicht zum Vertragsabschluss (der Vereinsgründung) kommt („Verschulden bei Vertragsverhandlungen“, „Verschulden bei Vertragsabschluss“, „culpa in contrahendo“), §§ 275 Abs. 4, 280 ff., 311 Abs. 2 und 3 BGB.

BEISPIEL: Der Gärtnereibesitzer G strebt die Gründung eines „Kleingartenvereins Flussaue" an, wobei er den Eindruck erweckt, er könne über das betreffende Grundstück verfügen. Er bestärkt den Interessenten A in seiner Absicht, einen Rechtsanwalt mit der Ausarbeitung einer Satzung und der Prüfung der Frage zu beauftragen, ob der Verein als gemeinnützig anerkannt werden könne. Tatsächlich hatte die Stadt, in deren Eigentum das Grundstück „Flussaue" steht, G gegenüber bereits abgelehnt, es zu dem gewünschten Zweck zur Verfügung zu stellen. Es findet sich auch kein anderes geeignetes Ersatzgrundstück, so dass es nicht zur Gründung des Vereins kommt. G haftet A gegenüber wegen „Verschulden bei Vertragsverhandlungen" für die von diesem gemachten Aufwendungen (Anwaltskosten).

Für Einzelheiten zu dieser Problematik muss auf die Darstellungen des Allgemeinen Schuldrechts und die Kommentare zum BGB verwiesen werden.

Von den unverbindlichen Vorgesprächen zu unterscheiden ist die rechtsverbindliche Absprache, einen Verein zu einem näher bestimmten gemeinschaftlichen Zweck zu gründen: die Vorgründungsgesellschaft. Sie ist eine Gesellschaft des bürgerlichen Rechts nach §§ 705 ff. BGB. Die Interessenten – die nicht mit den späteren Vereinsmitgliedern identisch sein müssen – verpflichten sich gegenseitig rechtsverbindlich, die Erreichung eines Zwecks (in der Regel: des späteren Vereinszwecks) in der durch den Vertrag bestimmten Weise (die Gründung des X-Vereins) zu fördern. Die Errichtung einer Vorgründungsgesellschaft ist insbesondere erforderlich, wenn aus tatsächlichen oder rechtlichen Gründen mit der Vereinsgründung selbst noch nicht begonnen werden kann, jedoch bereits Rechtshandlungen erforderlich sind.

BEISPIEL: Einige Kunsthändler werben für die Gründung eines Vereins „Freunde des Stadtmuseums", dessen Mitglieder Mittel zum Erwerb von Exponaten, die aus dem laufenden Etat nicht aufgebracht werden können, zur Verfügung stellen sollen. Es bietet sich auch gerade eine günstige Gelegenheit, für die Sammlung wichtige Stücke zu erwerben. Es müssen jedoch Mäzene als Vereinsmitglieder gefunden, Verhandlungen mit der Museumsleitung geführt, eine Satzung entworfen werden usw. Die Initiatoren schließen deshalb eine Vorgründungsgesellschaft mit dem Zweck, die angebotenen Sammelstücke für das Museum zu sichern und den beabsichtigten Verein zu gründen.

Die Rechte und Pflichten der Gesellschafter sollten in einem schriftlichen Gesellschaftsvertrag festgehalten werden, im Übrigen ergeben sie sich aus §§ 705 ff. BGB. Falls im Gesellschaftsvertrag nichts anderes bestimmt ist, ist das Kündigungsrecht nach § 723 Abs. 1 S. 1 BGB auf Fälle des wichtigen Grundes beschränkt. Scheidet ein Gesellschafter aus, sei es durch Kündigung oder durch Tod, wird die Gesellschaft aufgelöst, wenn nicht die Fortsetzung im Vertrag vereinbart oder nachträglich beschlossen wird. Die Vorgründungsgesellschaft endet, wenn der vereinbarte Zweck erreicht, also der (Vor-)Verein gegründet oder dessen Errichtung unmöglich geworden ist oder die Gesellschafter die Auflösung beschließen. Da die Vorgründungsgesellschaft mit dem späteren Verein nicht identisch ist, muss Vermögen, das die Vorgründungsgesellschaft erworben hat, auf den Verein nach dessen Gründung übertragen werden.

2. Vorverein

Einem Verein, der nach dem Willen der Gründer in das Vereinsregister eingetragen werden soll, geht notwendigerweise ein Vorverein voraus, dessen einziger Zweck sich darin erschöpfen kann, die unbeschränkte Rechtsfähigkeit (durch Eintragung ins Vereinsregister oder durch Verleihung) zu erlangen. Beim Verein, der nicht in das Vereinsregister eingetragen werden soll, gibt es in der Regel keinen Vorverein, weil mit seiner Gründung der Gründungsakt abgeschlossen ist. Auch kann ein ursprünglich nicht eingetragener Verein durch Satzungsänderung die Umwandlung in einen eingetragenen Verein beschließen. Er kann dann insoweit zum „Vorverein“ werden.

Ein Verein erlangt die unbeschränkte Rechtsfähigkeit entweder durch Eintragung in das Vereinsregister (Idealverein, § 21 BGB) oder durch staatliche Verleihung (wirtschaftlicher Verein, § 22 BGB). Voraussetzung ist in beiden Fällen, dass der Verein sich bereits gegründet hat. Nach § 59 Abs. 2 BGB sind der Anmeldung zum Vereinsregister Abschriften der Satzung und der Urkunden über die Bestellung des Vorstandes beizufügen; auch staatliche Konzessionierung setzt begrifflich ein bereits handlungsfähiges Rechtsgebilde (und damit Satzung und Vorstand) voraus, da eine generelle Verleihung der Rechtsfähigkeit an künftig entstehende Vereine einer bestimmten Art allgemein für unzulässig gehalten wird. Auch die in § 22 S. 1 BGB erwähnten Vereine, die die Rechtsfähigkeit durch besondere gesetzliche Vorschriften erlangen, benötigen für die Zeit zwischen dem Abschluss des Gesellschaftsvertrags und der Anerkennung eine handlungsfähige Rechtsform. Es besteht heute weitgehend Einigkeit darüber, dass es sich hierbei um **Rechtsgemeinschaften eigener Art** handelt, die nicht den Rechtsvorschriften der BGB-Gesellschaft oder des nicht eingetragenen Vereins unterstehen, sondern weitgehend dem der angestrebten rechtsfähigen Organisation.

Dieser Grundsatz gilt entsprechend auch für den Vorverein. Er ist zwar noch nicht unbeschränkt rechtsfähig; er ist jedoch nach älterer Terminologie „ein im Entstehen begriffener rechtsfähiger Verein". Nach dem Urteil des BGH vom 29.1.2001 muss er jetzt als beschränkt rechtsfähiger Verein angesehen werden (Fn. 6). Er wird durch die Eintragung in das Vereinsregister oder staatliche Verleihung ohne weiteres zum unbeschränkt rechtsfähigen Verein, ist mit diesem daher identisch, jedenfalls sofern keine organisatorischen Veränderungen in der Zwischenzeit stattfinden. Der Verein besteht nach Eintragung in das Vereinsregister oder staatlicher Verleihung als rechtsfähiger fort. Alle bis zur Erlangung der vollen Rechtsfähigkeit begründeten Rechte und Pflichten gehen auf die neu entstandene juristische Person über. Es findet keine Rechtsnachfolge statt und bedarf keiner Vermögensübertragung vom nicht eingetragenen Vorverein auf den nun eingetragenen Verein.[26]

Der Vorverein handelt durch seine in der Satzung bestimmten Organe, insbesondere also die Mitgliederversammlung und den Vorstand. Er kann Vermögen erwerben, das dem Vereinszweck gewidmetes Sondervermögen wird und das allen Mitgliedern zur gesamten Hand zusteht. Obwohl der Vorverein als Konsequenz aus dem BGH-Urteil vom 29.1.2001 (Fn. 6) nun beschränkt rechtsfähig ist, hat der BGH nun[27] entschieden, dass der nicht eingetragene Verein nicht grundbuchfähig ist. Er kann nicht unter seinem Vereinsnamen im Grundbuch eingetragen werden. Er begründet dies mit den Grundsätzen der Bestimmtheit und Klarheit des Grundbuchverfahrens, welche verletzt wären. Eine Eintragung unter den Namen aller Vereinsmitglieder ist auch bei dem nicht eingetragenen Verein nicht möglich. Würden die Mitglieder allein unter dem Vereinsnamen zusammengefasst, wäre der Inhalt der Eintragung nicht dauerhaft klar und bestimmt, sondern wechselte je nach dem Ein- und Austritt von Mitgliedern.[28]

Der **Grundsatz der Identität** zwischen dem beschränkt rechtsfähigen Vorverein und dem durch Eintragung in das Vereinsregister unbeschränkt rechtsfähig gewordenen Verein entwickelt seine Bedeutung insbesondere:

- in der Kontinuität der körperschaftlichen Organisation,
- in der Form des Vermögensübergangs und
- im Umfang der Haftung für Verbindlichkeiten, die der Vorverein vor Erlangung der unbeschränkten Rechtsfähigkeit bereits eingegangen ist.

Die Kontinuität der körperschaftlichen Organisation zeigt sich darin, dass die vom Vorverein beschlossene Satzung die des eingetragenen Vereins bleibt, der Vorverein auch bereits namensfähig ist mit der Folge, dass er sich nach Eintragung auf die Priorität der Namensführung berufen kann,[29] die von der Mitgliederversammlung des Vorvereins gewählten Organe (Vorstand, Beirat, Aufsichtsrat usw.) die des eingetragenen Vereins bleiben. Das vom Vorverein erworbene Sondervermögen geht mit der Eintragung in das Vereinsregister auf den nun unbeschränkt rechtsfähigen Verein über.

Rechtlich differenzierter ist die Haftungsfrage zu beurteilen.

Bisher war für die Frage der Haftung für Verbindlichkeiten, die der Vorverein vor Erlangung der Rechtsfähigkeit eingegangen war, zu unterscheiden zwischen den Idealvereinen des § 21 BGB und den wirtschaftlichen Vereinen nach § 22 BGB. Für den **Idealverein nach § 21 BGB** galt auch bisher schon, dass wegen des Grundsatzes der Identität für die vom Vorverein begründeten Verbindlichkeiten der eingetragene Verein weiter haftet, ohne dass es einer Genehmigung oder eines sonstigen Beschlusses bedarf. Erforderlich ist lediglich, dass der Vorstand im Rahmen seiner Vertretungsmacht gehandelt hat. Daneben bleibt allerdings die persönliche Haftung desjenigen, der für den nicht eingetragenen Vorverein gehandelt hat (§ 54 S. 2 BGB) bestehen.

BEISPIEL: Der satzungsmäßig gewählte Vorsitzende des X-Vereins hat noch vor der Eintragung ins Vereinsregister für den Verein einen Druckauftrag für ein Veranstaltungsprogramm des Vereins erteilt, einen Mietvertrag über Räume zur Errichtung eines Vereinsbüros, einen Kaufvertrag über Möbel zur Ausstattung dieser Geschäftsstelle abgeschlossen und infolge mangelhafter Verkehrssicherung des Zugangs zu diesem Vereinslokal einen Unfall verursacht, weil ein Besucher über einen unsachgemäß ausgelegten Teppich gestolpert ist und sich verletzte, weshalb er Schadensersatz geltend macht.
Für alle diese vertraglichen und deliktischen Ansprüche, die im Rahmen der satzungsmäßigen Tätigkeit des Vereinsvorsitzenden entstanden sind, haftet der eingetragene Verein nach Erlangung der unbeschränkten Rechtsfähigkeit (also für die Zahlung der Druckkosten, die Miete, den Kaufpreis für die Möbel und den Schadensersatzanspruch aus dem Unfall), daneben aber auch der Vorsitzende persönlich, der für den Vorverein tätig geworden ist.

Genehmigt aber der eingetragene Verein die vor der Registereintragung vorgenommenen Rechtsgeschäfte, so kann im Einzelfall insoweit die Haftung der Handelnden entfallen.

Da der Idealverein des § 21 BGB – im Gegensatz zu den wirtschaftlich tätigen Handelsgesellschaften – kein Haftungskapital zur Sicherung der Gläubiger bilden muss, ging man auch bisher schon davon aus, dass für den Vorverein eines Idealvereins nicht das „Vorbelastungsverbot“ gilt, das bei den auf einen wirtschaftlichen Geschäftsbetrieb gerichteten juristischen Personen deren Gläubigern zumindest das Haftungskapital erhalten sollte. Die Gläubiger eines Idealvereins nach § 21 BGB sind insoweit keinesfalls schutzwürdig gegenüber Gläubigern des Vorvereins, weil sie nicht mit dem Vorhandensein von Kapital rechnen können. Anders war das nach früherer Auffassung bei den auf einen wirtschaftlichen Geschäftsbetrieb gerichteten **Vereinen nach § 22 BGB.** Sie hafteten nach bisher herrschender Meinung im Interesse der Gläubiger des rechtsfähigen Vereins nicht für alle Verbindlichkeiten des Vorvereins, sondern nur für solche, die für die Entstehung der juristischen Person wirtschaftlich notwendig waren.

In einer Grundsatzentscheidung vom 9.3.1981[30] hat der BGH der bisher vertretenen Annahme eines „Vorbelastungsverbots" bei der Gründung einer GmbH eine Absage erteilt. Danach gehen Rechte und Pflichten aus Geschäften, die der ordnungsgemäß bestellte Geschäftsführer mit Ermächtigung aller Gesellschafter im Namen der Gesellschaft vor deren Eintragung ins Handelsregister abschließt, voll und „nahtlos" auf die GmbH über, gleichgültig, ob die Eingehung der Verbindlichkeiten wirtschaftlich notwendig war. Die damals vom BGH postulierte Differenzhaftung (zwischen dem Stammkapital und dem Wert des Gesellschaftsvermögens im Zeitpunkt der Eintragung) hat der BGH allerdings in einem neuerlichen Grundsatzurteil vom 27.1.1997 wieder aufgegeben und ausgeführt, die Gesellschafter einer Vor-GmbH hafteten für die Verbindlichkeiten dieser Gesellschaft unbeschränkt. Es bestehe eine einheitliche Gründerhaftung, die sich in eine bis zur Eintragung der Gesellschaft in das Handelsregister andauernden Verlustdeckungshaftung und eine Vorbelastungshaftung aufspalte, jedoch auf den gleichen, der jeweiligen Gründungsphase angepassten Anspruchsvoraussetzung basiert. Sie sei eine interne Haftung der Gesellschafter mit anteiliger Haftung.[31]

In einem weiteren Urteil vom 9.3.1998 entschied der BGH: Da beim Abschluss eines Kaufvertrages die GmbH, in deren Namen gehandelt wurde, noch nicht gegründet war, sei die GmbH als Vertragspartner falsch bezeichnet worden. In einem solchen Fall werde der wahre Rechtsträger, also der Handelnde, aus dem betriebsbezogenen Geschäft berechtigt und verpflichtet. Er hafte unbeschränkt für die Kaufpreisschuld. Nach erfolgter Gründung der GmbH gehen die Rechte und Verbindlichkeiten aus dem Kaufvertrag **nicht automatisch** auf die Vorgesellschaft und mit der Eintragung im Handelsregister auf die GmbH über.[32]

Diese für die GmbH entwickelten Grundsätze dürften nun auch für den wirtschaftlichen Verein nach § 22 BGB gelten, zumal nach herrschender Meinung bei einem nicht eingetragenem Verein, der wirtschaftliche Zwecke im Sinn des § 22 BGB verfolgt, neben dem Vereinsvermögen auch alle Mitglieder persönlich haften, so dass die Gründungsmitglieder des nicht eingetragenen auf einen wirtschaftlichen Zweck gerichteten Vereins haftungsmäßig den Gründungsmitgliedern einer GmbH gleichstehen. Beim Vor-Verein gibt es nach § 54 S. 2 BGB allerdings nur eine Außenhaftung. Auch haften mehrere Handelnde gesamtschuldnerisch, nicht anteilig. Daneben haftet der Verein nach § 31 BGB.

3. Der Gründungsakt

Von der Vorgründungsgesellschaft unterscheidet sich der Vorverein insbesondere dadurch, dass er nicht gesellschaftsrechtlich, sondern bereits körperschaftlich organisiert ist. Mit seiner Errichtung vollzieht sich der eigentliche Gründungsakt; mit dessen Abschluss ist der Verein existent. Dies gilt sowohl für den Fall, dass der Verein nach dem Willen seiner Gründer nicht eingetragen werden soll, aber auch für den Fall, dass nach dem Scheitern der Erlangung der vollen Rechtsfähigkeit (Beispiel: die Eintragung ins Vereinsregister wird rechtskräftig abgelehnt, eine staatliche Verleihung ist nicht zu erreichen) die Mitglieder beschließen, dass der Verein als nicht eingetragener fortbestehen soll. Für den Verein, der nach dem Willen der Gründer die unbeschränkte Rechtsfähigkeit durch Eintragung in das Vereinsregister oder staatliche Verleihung erlangen soll, stellt der Gründungsakt sowie die Aufnahme seiner nach der Satzung vorgesehenen Tätigkeit den Beginn des Vorvereins dar.

Der Gründungsakt ist ein von den Gründern geschlossener privatrechtlicher Vertrag, also die Einigung der Beteiligten über die Gründung des Vereins und die „Feststellung der Satzung“, die künftig für die Vereinsgründer wie auch für später beitretende Mitglieder rechtsverbindlich gelten soll. Der Gründungsvertrag ist daher ein Vertrag besonderer Art (Organisationsvertrag), denn die Satzung löst sich mit der Entstehung des Vereins völlig von der Person der Gründer und „erlangt ein unabhängiges rechtliches Eigenleben, wird zur körperschaftlichen Verfassung des Vereins und objektiviert fortan das rechtliche Wollen des Vereins als der Zusammenfassung seiner Mitglieder."[33]

Zur Vereinsgründung genügen zwei Personen. Da § 59 Abs. 3 BGB jedoch als Voraussetzung der Eintragung ins Vereinsregister bestimmt, dass die Satzung von mindestens sieben Mitgliedern unterzeichnet sein soll, empfiehlt es sich, mit der Vereinsgründung zu warten, bis sieben Gründungsmitglieder gefunden sind, wenn die Eintragung ins Vereinsregister angestrebt wird. Dies gilt auch für Vereine aus dem kirchlichen Bereich. Der nicht eingetragene Verein kann jedoch ohne weiteres von zwei Personen gegründet werden. Allerdings wird in der Rechtsliteratur gelegentlich die Meinung vertreten, „Zwergvereine" mit sehr geringer Mitgliederzahl seien als BGB-Gesellschaften einzuordnen, nicht als Vereine. Das ist jedoch sicherlich falsch, weil der Wille der Gründer maßgebend ist. Allerdings ist auch der nicht eingetragene Verein definitionsgemäß und seinem Wesen nach eine von der Person und dem Wechsel der Mitglieder unabhängige Personenvereinigung, so dass zumindest der Beitritt weiterer Mitglieder möglich und tatsächlich vorgesehen sein muss.

Da die Gründungsvereinbarung privatrechtlicher Vertrag ist, müssen die Gründer geschäftsfähig sein oder durch ihre gesetzlichen Vertreter rechtswirksam vertreten werden (zum Problem von **Minderjährigen** als Gründern siehe S. 48). Wer unter Betreuung steht und beschränkt geschäftsfähig ist, benötigt daher ggf. die Einwilligung seines Betreuers (§ 1903 BGB). Auch juristische Personen, insbesondere auch andere rechtsfähige Vereine, können Gründer und Mitglieder eines Vereins sein, ebenso offene Handelsgesellschaften und Kommanditgesellschaften. War einer der Gründer nicht geschäftsfähig und nicht rechtswirksam vertreten, so ist der Gründungsakt dennoch wirksam, wenn nur die erforderliche Mindestzahl von Gründern geschäftsfähig war. Auch die Anfechtung der Willenserklärung eines Gründungsmitglieds nach §§ 119, 123 BGB (wegen Irrtums, arglistiger Täuschung oder Drohung) hat nach heute wohl herrschender Ansicht nur die Wirkung eines Austritts aus dem Verein, ohne dessen Bestand zu beeinträchtigen.

Die Gründung des Vereins ist grundsätzlich formfrei. Will der Verein jedoch die unbeschränkte Rechtsfähigkeit durch Eintragung im

Vereinsregister erlangen, müssen nach § 59 Abs. 2 BGB Abschriften der Satzung sowie der Urkunden über die Bestellung des Vorstands vorgelegt werden. Ferner bestimmen §§ 57, 58 BGB Mindesterfordernisse der Satzung, so dass aus diesen Gründen ihre schriftliche Niederlegung erforderlich ist. Auch für den nicht eingetragenen Verein ist eine schriftliche Satzung aus praktischen Gründen erforderlich, denn sie verkörpert den Inhalt der Vereinsverfassung, dokumentiert die körperschaftliche Organisation. Auch erleichtert sie den Nachweis der Vertretungsbefugnis.[34]

Dem Gründungsakt geht die Ausarbeitung des Satzungsentwurfs voraus.

Hinweis:

Es empfiehlt sich, vor dem Abschluss des Gründungsvertrags den Satzungsentwurf dem Rechtspfleger des Registergerichts vorzulegen, denn er kennt die neueste Rechtsprechung; möglicherweise hat das übergeordnete Oberlandesgericht gerade eine noch nicht veröffentlichte Grundsatzentscheidung über Formalien der Satzung gefällt, die berücksichtigt werden muss. Das lässt sich heute in der Regel auch durch eine Internet-Recherche feststellen.

Wird die Anerkennung des Vereins als gemeinnützig angestrebt, empfiehlt es sich ferner, den Satzungsentwurf auch dem zuständigen Finanzamt für Körperschaften zur Durchsicht vorzulegen. Die Berücksichtigung von Hinweisen auf zu beachtende Formalien kann eine Wiederholung des Gründungsakts zur Abänderung der Satzung vermeiden helfen.

Das Finanzamt erteilt bei Vorliegen der Voraussetzungen nach §§ 51, 59, 60 und 61 AO einen Feststellungsbescheid nach § 60a AO. Damit ist dokumentiert, dass die Satzung des Vereins den gemeinnützigkeitsrechtlichen Anforderungen entspricht.

Da die Auskünfte des Rechtspflegers und des Finanzamts unverbindlich sind oder sich die Rechtslage zwischen Auskunft und Vorlage der endgültigen Satzung ändern kann, sollte der Vorstand in der Satzung ermächtigt werden, Änderungen und Ergänzungen der Gründungssatzung vorzunehmen, von denen das Registergericht die Eintragung in das Vereinsregister oder das Finanzamt für Körperschaften die Anerkennung als gemeinnützig abhängig macht:

> „Der Vorstand ist ermächtigt, redaktionelle Änderungen der Satzung und solche, die aufgrund von Vorgaben von Gerichten oder Behörden erforderlich werden, selbständig vorzunehmen."

Die Satzung wird in der Regel in der Gründungsversammlung beschlossen. Sie kann jedoch – etwa weil die Vereinsgründer weit voneinander entfernt wohnen – auch im schriftlichen Verfahren errichtet werden.

Mit der Feststellung der Satzung, der Wahl der Vereinsorgane und der Aufnahme der satzungsmäßigen Tätigkeit ist der Verein errichtet.

4. Minderjährige als Vereinsgründer

Da die Vereinsgründung – wie auch der Beitritt zu einem bestehenden Verein – einen Vertrag darstellt, muss ein minderjähriger Vereinsgründer durch seine gesetzlichen Vertreter rechtswirksam vertreten werden. Ist er beschränkt geschäftsfähig (hat er also das 7., jedoch noch nicht das 18. Lebensjahr vollendet, §§ 106, 2 BGB), kann er jedoch ein Rechtsgeschäft ohne eine gesetzliche Vertretung abschließen, wenn er dadurch lediglich einen rechtlichen Vorteil erlangt. Gleiches gilt, wenn das Rechtsgeschäft keine vermögensrechtlichen Belange des Minderjährigen berührt (§ 107 BGB). Ferner ist ein von einem Minderjährigen ohne Zustimmung des gesetzlichen Vertreters geschlossener Vertrag rechtswirksam, wenn der Minderjährige die vertragsmäßige Leistung mit Mitteln bewirkt, die ihm zu diesem Zweck oder zur freien Verfügung von dem Vertreter oder mit dessen Zustimmung von einem Dritten überlassen worden sind (Taschengeld, § 110 BGB).

Die rechtsgültige Mitwirkung eines Minderjährigen bei der Gründung eines Vereins ohne Einwilligung seiner gesetzlichen Vertreter ist in der Praxis weitaus häufiger, als in der zivilrechtlichen Literatur meist angenommen wird. Das gilt insbesondere für die Gründung nicht eingetragener Vereine, kann aber auch für die Gründung eingetragener Vereine gelten, insbesondere wenn es sich um typische oder ausschließliche Jugendvereine handelt.

BEISPIELE: Schülervereinigungen mit politischen, religiösen, weltanschaulichen, sportlichen, humanitären Zwecken; Vereine zur Herausgabe einer Schülerzeitung (wenn sie nicht Schulveranstaltung ist; dies ist in den Bundesländern unterschiedlich geregelt) oder einer jugendeigenen Zeitschrift.

Zu beachten ist hierbei insbesondere auch im Rahmen des „Taschengeldparagraphen“ (§ 110 BGB) die Grundrechtsmündigkeit Minderjähriger hinsichtlich des Grundrechts aus Art. 9 Abs. 1 GG (Vereinigungsfreiheit). Soweit der Minderjährige bereits grundrechtsmündig ist, entscheidet er selbst über seine Betätigung als Gründer oder Mitglied eines Vereins, wenn die Beteiligung entweder vermögensrechtlich irrelevant ist (analog § 107 BGB) oder er Mittel (insbesondere also Vereinsbeiträge) aus seinem Taschengeld aufbringen kann.

Problematisch ist die Frage, mit welchem Alter die Grundrechtsmündigkeit eintritt. Man wird hier auf die Art des jeweiligen Vereins abstellen müssen: für Vereine im Rahmen des schulischen Bereichs wird ein Minderjähriger früher grundrechtsmündig sein als für ein parteipolitisches Engagement. Allerdings ist diese Grundrechtsmündigkeit des Minderjährigen beschränkt durch das Recht und die Pflicht der Eltern zur Pflege und Erziehung der Kinder (Art. 6 Abs. 2 GG), so dass die Eltern trotz grundsätzlicher Grundrechtsmündigkeit des Minderjährigen diesem doch rechtswirksam die Teilnahme an einem Verein untersagen können, bei der eine gesundheitliche oder sittliche Gefährdung zu befürchten ist, etwa die Mitwirkung bei der Gründung oder den Beitritt zu obskuren Jugendsekten.

Die Abgrenzung hat im Einzelfall und jeweils nach dem Zweck des Vereins zu erfolgen. So ist in der Regel davon auszugehen, dass in der Ermächtigung des Minderjährigen durch die gesetzlichen Vertreter zum Eintritt in ein Dienst- oder Arbeitsverhältnis auch die Zustimmung zum Beitritt in eine Gewerkschaft oder sonstige Arbeitnehmerorganisation und zur Teilnahme an der Gründung derartiger Vereinigungen liegt. Denn § 113 Abs. 1 BGB bestimmt, dass in diesen Fällen der Minderjährige für solche Rechtsgeschäfte unbeschränkt geschäftsfähig ist, welche die Eingehung oder Aufhebung eines Dienst- oder Arbeitsverhältnisses der gestatteten Art oder die Erfüllung der sich aus einem solchen Verhältnis ergebenden Verpflichtungen betreffen. Zwar können die gesetzlichen Vertreter ihre Ermächtigung widerrufen oder einschränken, eine nur auf die Ablehnung des Gewerkschaftsbeitritts bezogene Einschränkung ist jedoch regelmäßig rechtsunwirksam.

II. Die Rechtsfähigkeit

Das Gesetz unterscheidet zwischen rechtsfähigen und nicht rechtsfähigen Vereinen. Es wurde bereits darauf hingewiesen, dass die Rechtsfähigkeit kein typisches Vereinsmerkmal ist.

Der Begriff der Rechtsfähigkeit und seine rechtliche Bedeutung wurden im 18. Jahrhundert (Christian Wolff) entwickelt. Er wird in der Regel als Fähigkeit einer Person bezeichnet, Träger von Rechten und Pflichten zu sein. Nach § 1 BGB beginnt die Rechtsfähigkeit des Menschen mit der Vollendung der Geburt (obwohl auch das gezeugte aber noch nicht geborene Kind („nasciturus") zumindest schon Anwartschaftsrechte haben kann und dem strafrechtlichen Schutz unterliegt). Rechtsfähigkeit kommt auch den juristischen Personen zu. Sie sind – nach heute ganz herrschender Meinung – eine zweckgebundene Organisation, der die Rechtsordnung Rechtsfähigkeit verliehen hat, wobei sich die Rechtsverhältnisse einer juristischen Person nach dem Recht des Staates richten, in dem sie ihren Sitz hat.[35]

Das Grundsatzurteil des BGH vom 29.1.2001 (Fn. 6) beschäftigt sich nicht direkt mit der Rechtsfähigkeit von Vereinen sondern mit der Rechtsfähigkeit der Außen-GbR. Dieser hat der BGH die Fähigkeit zuerkannt hat, Träger von Rechten und Pflichten zu sein. Gleichwohl wurde damit der Außen-GbR keine Rechtspersönlichkeit verliehen, sie wird nicht juristische Person, wobei der BGH darauf hinweist, dass § 11 Abs. 2 Nr. 1 InsO Gesellschaften ohne Rechtspersönlichkeit kennt, die insolvenzfähig sind. Karsten Schmidt weist in seiner Besprechung dieses BGH-Urteils (Fn. 6) darauf hin, dass auch das Umwandlungsgesetz nur von „Rechtsträgern" spricht, denen gesetzlich der Formwandel (durch Verschmelzung, Spaltung oder Vermögensübertragung) gestattet ist, zu denen ausdrücklich auch Gesellschaften zählen, die keine juristischen Personen sind (offene Handelsgesellschaft, Partnerschaftsgesellschaft).

Eine der Rechtsfolgen aus dieser BGH-Entscheidung ist, dass nun auch der nicht eingetragene Verein beschränkt rechtsfähig ist. Die Rechtsliteratur erkennt das seit Jahren an. Die bisher als veraltet angesehene Vorschrift des § 54 S. 1 BGB erhält damit einen neuen Sinn. Danach sind auf Vereine, die (weil sie nicht im Vereinsregister eingetragen sind) als nicht rechtsfähig bezeichnet werden, die Vorschriften über die BGB-Gesellschaft anzuwenden. Wenn die Außen-GbR nach diesem Grundsatzurteil des BGH vom 29.1.2001 nun beschränkt rechtsfähig ist, muss das auch für den nicht eingetragenen Verein gelten. Karsten Schmidt hat in seiner Besprechung des genannten BGH-Urteils (Fn. 6) völlig zu Recht festgestellt, der (bisher) rechtlich so behandelte „nicht rechtsfähige Verein" sei (nunmehr) beschränkt rechtsfähig. Der BGH hat dies in seiner jüngeren Rechtsprechung bestätigt.[36]

Diese Konsequenz ergibt sich auch aus den Gründen des BGH-Urteils vom 29.1.2001, weil die vom BGH bei der Außen-GbR gefundenen Kriterien, die für deren Rechtsfähigkeit sprechen, auch beim nicht eingetragenen Verein in noch größerem Maße vorhanden sind: Es ist anerkannt, dass seine Existenz vom Wechsel im Mitgliederbestand unabhängig ist, so dass Verträge mit Dritten rechtsbeständig sind. Nach der vom BGH vertretenen Auffassung könnte der nicht eingetragene Verein auch an identitätswahrenden Umwandlungen teilnehmen (Verschmelzung, Spaltung). Nach § 11 Abs. 1 S. 2 InsO ist der nicht eingetragene Verein im Insolvenzverfahren einer juristischen Person gleichgestellt. Ferner weist der BGH zu Recht darauf hin, dass nach der Definition des § 14 Abs. 2 BGB der Gesetzgeber davon ausgeht, dass es „Personengesellschaften" gibt, die mit der Fähigkeit ausgestattet sind, Rechte zu erwerben und Verbindlichkeiten einzugehen, ohne juristische Personen zu sein, von denen sie ausdrücklich in § 14 Abs. 1 BGB unterschieden werden.

Die aktive und passive Parteifähigkeit in einem Prozess ergibt sich für den nicht eingetragenen Verein direkt aus § 50 Abs. 2 ZPO.

Dagegen kann der Verein nicht Verbraucher im Sinn des § 13 BGB sein, weil er Zweckbetriebe unterhalten kann und dann als Unternehmer nach § 14 BGB handeln kann.[37]

1. Bedeutung der Rechtsfähigkeit des eingetragenen Vereins

Sie ist auf den Begriff einer Person bezogen und wird grundsätzlich als umfassend verstanden. Neben dem Menschen als natürliche Person wurde der Begriff der juristischen Person als Abstraktionsbegriff entwickelt, der eigene Rechtspersönlichkeit zukommt. Sie ist ebenfalls umfassend rechtsfähig, soweit dies ihrer Natur und der Sache nach möglich ist.

So kann die juristische Person naturgemäß nicht Träger von Familien- und Staatsangehörigkeitsrechten sein, kraft Gesetzes kann sie nicht Funktionen ausüben, die natürlichen Personen vorbehalten sind: sie kann weder Arzt noch Rechtsanwalt, weder Hochschullehrer noch Vorstand oder Prokurist sein (jedoch kann sie – soweit dies mit ihrer gesetzlichen Bestimmung vereinbar ist – gesetzlicher Vertreter einer anderen juristischen Person oder einer Gesellschaft sein). Die Rechtsfähigkeit juristischer Personen des öffentlichen Rechts ist ihrem jeweiligen Zweck entsprechend beschränkt, nicht jedoch die des Privatrechts.

Der eingetragene Verein des BGB insbesondere ist vermögensrechtlich voll rechtsfähig: er kann (als juristische Person, handelnd durch seine Organe) Eigentum erwerben und übertragen, Besitzer einer Sache sein, Rechtsgeschäfte abschließen, er besitzt das aktive Erbrecht (dagegen kann er naturgemäß nicht Erblasser sein), er kann Vermächtnisnehmer, Nießbraucher und Inhaber oder Berechtigter sonstiger Vermögensrechte sein. Er ist auch verfahrensrechtlich voll rechtsfähig, insbesondere ist er im Rechtsstreit sowohl als Kläger wie als Beklagter parteifähig. Auch Beratungshilfe[38] oder Prozesskostenhilfe kann ihm gewährt werden.

Der eingetragene Verein kann ferner Persönlichkeitsrechtsschutz genießen: Namensschutz, Ehrenschutz, Datenschutz. Er ist ferner grundrechtsfähig, doch beruht seine Grundrechtsfähigkeit nicht auf der bürgerlich-rechtlichen Rechtsfähigkeit, sondern sie hat ihren Grund in Art. 19 Abs. 3 GG, der bestimmt, dass die Grundrechte des Grundgesetzes auch für inländische juristische Personen gelten, soweit sie ihrem Wesen nach auf diese anwendbar sind. Bürgerlichrechtliche Rechtsfähigkeit und verfassungsrechtliche Grundrechtsfähigkeit sind auch nicht identisch, letztere ist teils weiter, teils enger als die Rechtsfähigkeit nach BGB. Die Grundrechtsfähigkeit des Vereins ist weiter, weil – obwohl Art. 19 Abs. 3 GG ausdrücklich von „juristischen Personen" spricht – nach der Rechtsprechung des Bundesverfassungsgerichts auch nicht unbeschränkt rechtsfähige Personengruppen, also auch nicht eingetragene Vereine, die ja nicht juristische Personen sind, Träger von Grundrechten sein können. Die Grundrechtsfähigkeit ist insofern enger als die Rechtsfähigkeit nach BGB, als nach Art. 19 Abs. 3 GG nur deutsche Vereine Grundrechtsträger sein können.

Die Rechtsfähigkeit kann weder durch Satzung noch – in den Fällen des § 22 BGB – im staatlichen Verleihungsakt beschränkt werden.

§ 49 Abs. 2 BGB bestimmt, dass ein rechtsfähiger Verein, der sich im Liquidationsstadium befindet, bis zur Beendigung der Liquidation als fortbestehend gilt, jedoch nur, „soweit der Zweck der Liquidation es erfordert": ein gesetzlich normierter Fall der beschränkten Rechtsfähigkeit, der ebenfalls zeigt, dass die vom BGH in seinem Grundsatzurteil vom 29.1.2001 entwickelte Rechtsfortbildung kein Systembruch ist. Juristische Personen des öffentlichen Rechts sind oft nur teilrechtsfähig.

2. Erlangung der Rechtsfähigkeit als juristische Person

Der BGB-Verein erlangt die unbeschränkte Rechtsfähigkeit entweder durch Eintragung in das Vereinsregister des zuständigen Amtsgerichts (Idealverein, § 21 BGB) oder durch Verleihung (wirtschaftlicher Verein, § 22 BGB).

a) Idealverein, § 21 BGB

Die Abgrenzung zwischen Idealverein nach § 21 und wirtschaftlichem Verein nach § 22 BGB kann im Einzelfall schwierig sein. Die hierzu vorliegende Rechtsprechung ist zum Teil uneinheitlich. Objektive Kriterien lassen sich daher kaum aufstellen.

Da § 21 BGB den „Idealverein" mit einer negativen Formulierung umschreibt (als „Verein, dessen Zweck nicht auf einen wirtschaftlichen Geschäftsbetrieb gerichtet ist"), ist für die Abgrenzung zwischen Ideal- und wirtschaftlichem Verein zunächst danach zu fragen, ob ein wirtschaftlicher Geschäftsbetrieb im Sinn des § 22 BGB vorliegt bzw. angestrebt wird, also ein Unternehmen mit Gewinnerzielungsabsicht für den Verein oder seine Mitglieder. Das wird angenommen, wenn es Hauptzweck des Vereins ist, mit Hilfe seiner Organisation („Geschäftsbetrieb") sich oder seinen Mitgliedern wirtschaftliche Vorteile zu verschaffen, wobei nicht nur Einnahmen, sondern auch ersparte Ausgaben in Betracht kommen. Unerheblich ist es hierbei, ob es sich um einen kaufmännischen Hauptbetrieb oder um einen gewerblichen Nebenbetrieb handelt, der zur gemeinschaftlichen Führung der gesamten gewerblichen Hauptbetriebe der Mitglieder gegründet wurde oder der als ausgegliederter Teil der Gewerbebetriebe der Mitglieder dieselbe wirtschaftliche Zielsetzung verfolgt wie die Mitglieder mit ihrer eigenen gewerblichen Tätigkeit (Beispiel: Funktaxizentrale).[39] Diese Beurteilung ergibt sich nicht nur aus der Satzung selbst, sondern primär nach der tatsächlich ausgeübten Tätigkeit.[40] Ob ein wirtschaftlicher Geschäftsbetrieb vorliegt oder nicht, wird losgelöst von einer Anerkennung der Gemeinnützigkeit beurteilt. Ein gemeinnütziger Verein ist nicht gleichbedeutend mit einem Idealverein.[41]

Liegt nach diesen Kriterien ein wirtschaftlicher Geschäftsbetrieb vor, ist dennoch die Annahme eines Idealvereins noch nicht notwendig ausgeschlossen, denn mit der wirtschaftlichen Betätigung könnte ein insoweit rechtlich unschädlicher Nebenzweck verfolgt werden, wenn der Verein im Übrigen einen nicht wirtschaftlichen Hauptzweck verfolgt („Nebenzweckprivileg", „Nebentätigkeitsprivileg"). Das wird angenommen, wenn der wirtschaftliche Geschäftsbetrieb untergeordnet ist und nur dazu dient, den ideellen Hauptzweck des Vereins zu ermöglichen, ihm die hierfür erforderlichen finanziellen Mittel zu verschaffen. Nebentätigkeit in diesem Sinn liegt also nur bei funktionaler Unterordnung der unternehmerischen Tätigkeit unter den ideellen Hauptzweck des Vereins vor, die unternehmerische Betätigung darf nicht Selbstzweck sein.

BEISPIELE:

- Ein auch anderweit tätiger karitativer Verein unterhält eine Privatschule für Legastheniker oder ein Altersheim.
- Ein Verein zur Förderung und Verbreitung eines philosophischen Systems (oder: einer Weltanschauung; oder: einer religiösen Gesinnung) verfolgt diesen Zweck durch Herstellung und Verbreitung entsprechender Literatur (die hierzu vorliegende Rechtsprechung ist kontrovers; es wird auf den Einzelfall ankommen; erschöpft sich die Betätigung in Gewinnerzielungsabsicht für die Mitglieder des Vereins oder dessen Funktionäre persönlich, wird ein wirtschaftlicher Verein vorliegen).

Ein Idealverein nach § 21 BGB kann zulässigerweise eine unternehmerische Nebentätigkeit auch in der Form einer von ihm zu 100 % beherrschten Kapitalgesellschaft betreiben, wenn diese ihren Gläubigern alle mit der Rechtsform einer solchen Gesellschaft verbundenen Sicherheiten bietet.[42] Diese – vom BGH in einem speziellen Fall gebilligte – Konstellation wird sich allerdings nicht grundsätzlich verallgemeinern lassen. Die Tendenz in Rechtsprechung[43] und Literatur neigt eher einer restriktiven Auslegung des Begriffs „Idealverein“ zu und dem Grundsatz, wirtschaftliche Betätigung nach Möglichkeit in andere Rechtsformen als die des Idealvereins zu verweisen. Insbesondere wird auch unter dem Gesichtspunkt des Rechtsmissbrauchs Vereinigungen der Status des Idealvereins versagt, wenn ein Verein zwar nach seiner Satzung „ideale“ Ziele verfolgt, der tatsächlich ausgeübte (Haupt-)Zweck hiervon jedoch ersichtlich abweicht und in Wahrheit in erster Linie mittels eines wirtschaftlichen Geschäftsbetriebs persönliche wirtschaftliche Vorteile für die Vereinsmitglieder erstrebt werden.[44]

BEISPIEL: Die anderweit gewerblich tätigen Kaufleute K und L gründen zusammen mit ihren Ehefrauen und drei weiteren Familienangehörigen von K den „X-Verband für Verbraucherschutz e. V.", als dessen Zweck die Satzung nennt: „Der Verein dient der Förderung gewerblicher Interessen im Sinne des § 13 UWG und des § 1 UKlaG durch Bekämpfung des unlauteren Wettbewerbs." Dieser Zweck soll nach der Satzung verfolgt werden durch Aufklärung und Beratung der Verbraucher, Geltendmachung von Unterlassungsansprüchen nach § 13 Abs. 2 UWG und §§ 2, 3 Abs. 1 Nr. 2 UKlaG einschließlich Klage, ferner soll der Verein sich an der Rechtsforschung beteiligen und den lauteren Geschäftsverkehr fördern sowie unzulässigen Wettbewerb bekämpfen. Der Verein (als Vorverein) nimmt seine Tätigkeit bereits vor Eintragung ins Vereinsregister auf. K und L sowie ihre Ehefrauen werden als Vorstandsmitglieder bestellt, den übrigen drei Vereinsmitgliedern werden ebenfalls Funktionen übertragen, weitere Mitglieder sind nicht vorhanden. Die Vereinstätigkeit beschränkt sich ersichtlich auf die Abmahnung einfachster Wettbewerbsverstöße mit der Aufforderung, strafbewehrte Unterlassungserklärungen abzugeben und einen pauschalierten Aufwendungsersatz an den Verein zu bezahlen.
Die Eintragung des Vereins nach § 21 BGB in das Vereinsregister muss abgelehnt werden, weil die tatsächliche Vereinsbetätigung zeigt, dass sie lediglich auf persönliche wirtschaftliche Vorteile der Mitglieder abzielt und die Verwirklichung des satzungsmäßigen „idealen" Vereinszwecks (Verbraucherschutz durch Aufklärung und Beratung; Beteiligung an der Rechtsforschung) schon aus personellen und organisatorischen Gründen scheitert.
Hätte der X-Verein mit der Aufnahme seiner Tätigkeit abgewartet und so möglicherweise die Eintragung in das Vereinsregister erreicht, hätte er gem. § 395 FamFG von Amts wegen wieder gelöscht werden können, weil die Eintragung wegen des Mangels einer wesentlichen Voraussetzung unzulässig war. Dies gilt auch, wenn der Verein nach seiner Satzung als nichtwirtschaftlicher gekennzeichnet ist und sich erst nach Eintragung herausstellt, dass er sich satzungswidrig wirtschaftlich betätigt.

Die nachstehende Checkliste mag als Hilfsmittel für die Abgrenzung zwischen Ideal- und wirtschaftlichem Verein dienen; es darf hierbei jedoch nicht vergessen werden, dass es entscheidend auf die Einzelheiten des konkreten Falles ankommt.

Prüfung nach § 21 BGB:
Verfolgt der Verein nach der Satzung oder tatsächlich einen wirtschaftlichen Geschäftsbetrieb?
Wenn nein und nicht (6) unten: Eintragung nach § 21 BGB;
wenn ja:
(1) Liegt nur eine vereinsinterne Betätigung (Eigenverwaltung) vor, dann Eintragung nach § 21 BGB.
(2) Erfolgt eine unternehmerische Tätigkeit nach außen? Keine Eintragung nach § 21 BGB, es sei denn:
(3) Es liegt nur eine Nebentätigkeit des Vereins vor; dann eintragungsfähig nach § 21 BGB.
(4) Keine Nebentätigkeit übt ein Verein aus, der sich als organisierter Teilbetrieb der gewerblichen Unternehmen seiner Mitglieder erweist, er ist nicht eintragungsfähig nach § 21 BGB.
(5) Vereine mit „Doppelzweck", bei denen idealer und wirtschaftlicher Zweck gleichgewichtig sind, sind den wirtschaftlichen Vereinen zuzurechnen, sie sind nicht eintragungsfähig nach § 21 BGB.
(6) Liegt Rechtsmissbrauch oder Umgehung des § 21 BGB vor, weil der tatsächlich verfolgte Zweck von dem in der Satzung genannten abweicht: keine Eintragung nach § 21 BGB.

BEISPIELE aus Rechtsprechung und Literatur (da es wesentlich auf den Einzelfall ankommt, sei vor unkritischer Übernahme gewarnt!):

- **für Idealvereine nach § 21 BGB:** Berufs- und Interessenverbände wie Arbeitgeber- und Arbeitnehmervereinigungen, Wirtschaftsverbände, Mietervereine, Haus- und Grundbesitzervereine, Betriebliche Unterstützungsvereine, Verein zum Betrieb einer Werkskantine, wenn die Vorteile ausschließlich den Betriebsangehörigen zugutekommen, Pferde-, Fischerei-, Bienenzucht-, Gartenbau-, Obstvereine, Verein zum Betrieb eines Betriebsarztzentrums, Lohnsteuerhilfe-Vereine;
- **für wirtschaftliche Vereine:** Einkaufsvereine, Mähdreschvereine, Inkassovereine (umstritten), Konsumvereine, Gewinnspar-, Spar- und Darlehensvereine, Vereine zum Betrieb technischer Einrichtungen mit Gewinnbeteiligung der Mitglieder (doch kann ein Antennenverein Idealverein sein, streitig), Funktaxizentralen, Verein zur Vermietung von Ferienwohnungen, Abrechnungsstelle für Angehörige der Heilberufe. Auch ein Verein mit dem Zweck, als Treuhänder einer Woh-

nungseigentümergemeinschaft ihm gehörende Eigentumswohnungen und Tiefgaragenplätze an Dritte zu vermieten, wurde als auf einen wirtschaftlichen Geschäftsbetrieb gerichtet angesehen, auch wenn er satzungsgemäß keinen Gewinn anstrebt. Denn Gewinnerzielungsabsicht ist nicht notwendiges Kriterium für die Annahme eines wirtschaftlichen Vereins, wenn er entgeltlich handelt.[45]

Die Eintragung des Idealvereins in das Vereinsregister wirkt konstitutiv, die Entstehung der juristischen Person erfolgt also mit der Eintragung. Ist sie irrtümlich erfolgt – obwohl nicht sämtliche Eintragungsvoraussetzungen vorlagen –, ist die Eintragung bis zu ihrer Löschung als gültig anzusehen, auch die Löschung von Amts wegen hat keine rückwirkende Kraft. Das gilt auch für einen nach Art. 9 Abs. 2 GG verbotenen, aber eingetragenen Verein; er ist bis zur Auflösung durch Verwaltungsakt oder Amtslöschung existent. Unterhält ein eingetragener Verein satzungswidrig einen wirtschaftlichen Geschäftsbetrieb, kann er von Amts wegen gelöscht werden (§ 395 FamFG).

Liegen die gesetzlichen Voraussetzungen vor, besteht ein Rechtsanspruch auf Eintragung in das Vereinsregister, für Ermessensentscheidungen ist kein Raum.

b) Wirtschaftlicher Verein, § 22 BGB

Zur Abgrenzung zwischen dem Idealverein des § 21 BGB und dem wirtschaftlichen Verein des § 22 BGB wird auf das vorausgehende Kapitel verwiesen. Es wurde bereits gezeigt (siehe S. 16 f.), dass die Rechtsordnung eine Anzahl wirtschaftlicher Vereine kraft Sonderrechts zur Verfügung stellt (so die Aktiengesellschaft, die Gesellschaft mit beschränkter Haftung, die Genossenschaft und den Versicherungsverein auf Gegenseitigkeit), so dass es in der Regel zumutbar sein wird, diejenigen, die sich in korporativer Form am Wirtschaftsleben beteiligen wollen, auf eine dieser Sonderrechtsformen zu verweisen.

Der wirtschaftliche Verein des § 22 BGB ist vom Gesetzgeber daher nur als **Ausnahme** konzipiert, weshalb die Erlangung der Rechtsfähigkeit durch ihn an eine staatliche Konzession gebunden ist.

Grundsätzlich soll wirtschaftliche Betätigung in korporativer Form durch juristische Personen des Privatrechts im Rahmen des hierfür geschaffenen Sonderrechts erfolgen. Das Aktiengesetz, das GmbH-Gesetz, das Genossenschaftsgesetz und das Versicherungsaufsichtsgesetz enthalten die hierfür notwendigen Instrumentarien der Selbstverwaltung, der Willensbildung, der Haftung und des Gläubigerschutzes, insbesondere auch durch die Notwendigkeit eines Haftungskapitals, um nur die wichtigsten Punkte zu nennen. Nur in den Fällen, in denen es unzumutbar wäre, von einer dieser Sonderrechtsformen Gebrauch zu machen, soll § 22 BGB subsidiär, gewissermaßen als Auffang-Rechtsform, die Gründung eines wirtschaftlichen Vereins als juristische Person ermöglichen. Die Abhängigkeit von staatlicher Verleihung einerseits und die rechtliche Behandlung eines wirtschaftlich tätigen nicht eingetragenen Vereins als offene Handelsgesellschaft andererseits stellen ausreichende Sanktionen zur Sicherung des gesetzlichen Leitbildes dar, wirtschaftliche Betätigung in der Form eines BGB-Vereins nach Möglichkeit zu verhindern, wenngleich die Anerkennung des „Nebenzweckprivilegs" („Nebentätigkeitsprivilegs") für eingetragene Vereine eine gewisse – jedoch wohl unvermeidliche – Aufweichung dieses Prinzips bewirkt hat.

Da die staatliche Verleihung Ausnahmecharakter hat, besteht kein Rechtsanspruch hierauf, sondern nur ein Anspruch auf fehlerfrei ausgeübtes Ermessen. Hierbei ist insbesondere auch zu prüfen, ob der Vereinigung, die die staatliche Verleihung anstrebt, nicht die Benutzung einer der oben genannten Sonderrechtsformen zuzumuten ist. Daneben gibt es noch wirtschaftliche Vereine besonderer Art, so Erzeugergemeinschaften nach dem Marktstrukturgesetz oder Forstbetriebsgemeinschaften nach dem Bundeswaldgesetz.

Für die Verleihung der Rechtsfähigkeit zuständig sind die Bundesländer, und zwar nach Landesrecht in:

- **Baden-Württemberg:** das Regierungspräsidium,
- **Bayern:** das Staatsministerium für Wirtschaft und Verkehr,
- **Berlin:** der Senator für Justiz,

- **Brandenburg:** Das Ministerium des Inneren, Spezialzuständigkeiten beim Minister für Ernährung, Landwirtschaft und Forsten (soweit im Zusammenhang mit Erzeugergemeinschaften nach § 1 Abs. 2 und 3 des Marktstrukturgesetzes 1975), und der obersten Forstbehörde (für Forstbetriebsgemeinschaften),
- **Bremen:** der Senator für Inneres und Sport,
- **Hamburg:** der Senat,
- **Hessen:** in kreisfreien Städten und kreisangehörigen Gemeinden mit mehr als 50.000 Einwohnern der Magistrat, im Übrigen der Landrat,
- **Mecklenburg-Vorpommern:** der Innenminister,
- **Niedersachsen:** die Bezirksregierungen Braunschweig, Hannover, Lüneburg und Weser-Ems,
- **Nordrhein-Westfalen:** der Regierungspräsident,
- **Rheinland-Pfalz:** die Bezirksregierungen Koblenz und Trier,
- **Saarland:** der Fachminister, in dessen Zuständigkeit die wirtschaftliche Betätigung fällt,
- **Sachsen:** die Regierungspräsidien, soweit nicht anders bestimmt,
- **Sachsen-Anhalt:** die Bezirksregierungen,
- **Schleswig-Holstein:** der Landesinnenminister,
- **Thüringen:** der Innenminister im Benehmen mit dem Minister für Wirtschaft und Technik.

Für Erzeugergemeinschaften nach dem MarktstrukturG und für forstwirtschaftliche Zusammenschlüsse bestehen in manchen Bundesländern Sonderzuständigkeiten.

Die Verleihung steht dem Bundesstaat zu, in dessen Gebiet der Verein seinen Sitz hat, das soll – um Umgehungen zu vermeiden – stets der Sitz der tatsächlichen Verwaltung sein, doch gibt es hierfür keinen sinnvollen Grund, zumal einem Verein jederzeit die Sitzverlegung möglich ist.

Die Verleihung nach § 22 BGB ist ein rechtsgestaltender Verwaltungsakt, gegen seine Ablehnung ist Klage zum Verwaltungsgericht zulässig; entscheidet nicht die oberste Landesbehörde, ist ein Widerspruchsverfahren vorzuschalten, soweit dies nach dem Landesrecht vorgesehen ist

Beispiele für wirtschaftliche Vereine i. S. d. § 22 BGB: Vereine zum Betrieb konfessioneller Schulen, Spar- und Darlehensvereine, Tierärztliche Verrechnungsstelle, Wohnbauvereine, Funkzentrale einer Taxivereinigung.

c) Ausländische Vereine

Bis 2009 konnte nach ihrem Heimatrecht nicht rechtsfähigen Vereinen, die ihren Verwaltungssitz im Ausland haben, Rechtsfähigkeit mit Wirkung für das Inland verliehen werden, und zwar sowohl Idealvereinen nach § 21 BGB wie wirtschaftlichen Vereinen nach § 22 BGB. Diese Möglichkeit wurde angesichts der geringen praktischen Bedeutung mit der Begründung abgeschafft, dass Wertungswidersprüche mit dem Heimatrecht dieser Vereine vermieden werden sollten. Vereine, denen in der Vergangenheit die Rechtsfähigkeit verliehen wurde, bleiben aber rechtsfähig.

Dagegen gelten ausländische Vereine des bürgerlichen Rechts, die nach ihrem Heimatrecht rechtsfähig sind, ohne weiteres auch im Inland als rechtsfähig.

Bei Ausländervereinen, das sind Vereine, deren Mitglieder oder Leiter sämtlich oder überwiegend Ausländer sind (§ 14 VereinsG) gilt deutsches Recht. Diese haben jedoch bestimmte Melde- und Auskunftspflichten, die sich aus der Verordnung zur Durchführung des Vereinsgesetzes (VereinsGDV) ergeben.

3. Erlöschen der Rechtsfähigkeit

Die Rechtsfähigkeit des Vereins kann erlöschen durch Entziehung, Verzicht oder Verlust.

Die **Entziehung** der Rechtsfähigkeit erfolgt nur noch bei wirtschaftlichen Vereinen i. S. d. § 22 BGB durch die Anerkennungsbehörde (§ 43 BGB), wenn ein anderer als der in der Satzung bestimmte Zweck verfolgt wird.

Bei Vereinen, die im Vereinsregister eingetragen sind, wird der Entzug der Rechtsfähigkeit nach den allgemeinen Regelungen (§ 395 FamFG) vorgenommen. Es gilt jedoch weiterhin, dass bei eindeutiger wirtschaftlicher Betätigung des Vereins diesem die Rechtsfähigkeit grundsätzlich zu entziehen ist.[46] Bei dieser Amtslöschung muss das Registergericht jedoch sein Ermessen ausüben. Hier ist das Bestandsinteresse des zu löschenden Vereins dem öffentlichen Interesse an der Bereinigung des Registers gegenüber abgewogen werden.[47]

Die Zuständigkeit und das Verfahren der Entziehung nach § 43 BGB bestimmen sich nach dem Recht des Landes, in dem der Verein seinen Sitz hat (§ 44 BGB).

Nach § 73 BGB hat das Registergericht einem Verein die Rechtsfähigkeit zu entziehen, wenn die Zahl seiner Vereinsmitglieder unter drei herabsinkt. Ferner kann das Registergericht einem Verein nach § 395 FamFG die Rechtsfähigkeit durch Löschung aus dem Vereinsregister entziehen, wenn die Eintragung wegen eines Mangels einer wesentlichen Voraussetzung unzulässig war. Dies insbesondere, wenn der Verein die Eintragung durch falsche Angaben erschlichen hat.

BEISPIELE: Entgegen der Anmeldung ist die Zahl von sieben Gründungsmitgliedern nicht erreicht. **Nicht:** Satzungswidrige wirtschaftliche Tätigkeit als Hauptzweck.

Durch Verzicht kann die Rechtsfähigkeit erlöschen, wenn der Verein in satzungsmäßiger Form beschließt, die Rechtsfähigkeit aufzugeben und künftig als nicht eingetragener Verein fortbestehen zu wollen.

Der **Verlust** der Rechtsfähigkeit tritt ein bei Auflösung der juristischen Person (ohne dass sie als nicht eingetragener Verein fortbesteht). Als Auflösung (und Neugründung) wird auch die Sitzverlegung ins Ausland angesehen. Ferner geht die Rechtsfähigkeit verloren, wenn der Verein durch Wegfall sämtlicher Mitglieder erlischt (es gibt keinen Verein ohne Mitglieder).

BEISPIELE: Sämtliche Mitglieder erklären ihren Austritt, ohne einen förmlichen Beschluss über die Auflösung des Vereins zu fassen. Bei einem Vereinsausflug kommen sämtliche Mitglieder des Vereins ums Leben.

Nicht zum Verlust der Rechtsfähigkeit, sondern lediglich zur Auflösung führt die Eröffnung des Insolvenzverfahrens sowie die Rechtskraft des Beschlusses, durch den die Eröffnung des Insolvenzverfahrens mangels Masse abgewiesen worden ist (§ 42 Abs. 1 BGB), ferner die Rechtskraft der Verbotsverfügung nach § 3 VereinsG.

Fällt das Vermögen des Vereins nicht an den Fiskus, muss in allen Fällen eine Liquidation stattfinden, § 47 BGB. Ob dies auch im Fall des Verzichts auf die volle Rechtsfähigkeit (also der Umwandlung eines eingetragenen in einen nicht eingetragenen Verein) gilt, ist umstritten. Da der nunmehr nicht eingetragene Verein mit der bisherigen juristischen Person identisch ist, ist Sinn und Notwendigkeit einer Liquidation in diesem Fall nicht ersichtlich. Im Fall der Eröffnung des Insolvenzverfahrens über das Vereinsvermögen gehen die Vorschriften der Insolvenzordnung vor.

III. Der nicht eingetragene Verein

Soweit der nicht eingetragene Verein körperschaftlich organisiert ist, also als vom ursprünglichen Mitgliederbestand unabhängige Organisationseinheit mit entsprechender Satzung, kann eine weitgehende rechtliche Angleichung an das Recht des eingetragenen Vereins erfolgen, und zwar durch die Satzung. Die Bestimmung in § 54 S. 1 BGB, wonach auf Vereine, die nicht rechtsfähig sind, die Vorschriften über die Gesellschaft Anwendung finden, ist teilweise überholt. Sie hat jedoch durch das Urteil des BGH vom 29.1.2001 (siehe Fn. 6) insofern einen neuen rechtlichen Stellenwert erhalten, als die Außen-GbR als beschränkt rechtsfähig anerkannt wurde, so dass auch der nicht eingetragene Verein (gerade auch wegen der Bezugnahme in § 54 S. 1 BGB) die Fähigkeit haben muss, Träger von Rechten und Pflichten zu sein. Die aktive Parteifähigkeit ergibt sich aus § 50 Abs. 2 ZPO.

Da somit die Vorschriften über den eingetragenen Verein weitgehend auch auf den nicht eingetragenen Verein Anwendung finden, soweit sie nicht ausdrücklich die uneingeschränkte Rechtsfähigkeit des Vereins voraussetzen, werden in diesem Kapitel lediglich die wesentlichen Unterschiede zum eingetragenen Verein aufgezeigt. Im Übrigen wird in jedem Sachkapitel auf Abweichungen des Rechts des nicht eingetragenen Vereins hingewiesen.

1. Begriff des nicht eingetragenen Vereins

Der Vereinsbegriff ist der gleiche wie beim eingetragenen Verein. Lediglich die körperschaftliche Organisation ist nicht begriffsnotwendig, jedoch üblich. Nicht eingetragene Vereine, die nicht körperschaftlich organisiert sind, werden in dieser Darstellung nicht behandelt. Sie werden in der Regel BGB-Gesellschaften oder – bei wirtschaftlicher Betätigung – offene Handelsgesellschaften sein.

2. Unterschiede zum eingetragenen Verein

Der Hauptunterschied zum eingetragenen Verein ist, dass der nicht eingetragene Verein **keine juristische Person** ist, gleichwohl aber Träger von Rechten und Pflichten sein kann und damit jedenfalls beschränkt rechtsfähig ist. Ferner steht auch dem nicht eingetragenen Verein das Grundrecht der Vereinigungsfreiheit nach Art. 9 GG zu und er ist nach Art. 19 Abs. 3 GG grundrechtsfähig, weshalb der nicht eingetragene Verein als Beschwerdeführer die Verletzung von Grundrechten rügen kann.[48]

Nach überwiegender Auffassung kann das Amtsgericht auch nach § 37 Abs. 2 BGB Minderheitenschutz gewähren, also auf Verlangen der gesetzlichen oder satzungsmäßigen Minderheit (mindestens 10 % der Mitglieder). Diese kann ermächtigt sein, eine Mitgliederversammlung einzuberufen, wenn das satzungsmäßig hierfür zuständige Organ sich weigert. Dies betrifft auch nach § 29 BGB erforderlichenfalls einen Notvorstand zu bestellen.

Der nicht eingetragene Verein kann nicht ins Grundbuch eingetragen werden, da eine Eintragung gegen die grundbuchrechtlichen Grundsätze der Klarheit und Bestimmtheit verstoßen würde.[49]

Auch soweit der nicht eingetragene Verein als solcher nicht Eigentum erwerben kann, kann er doch „Vereinsvermögen" besitzen: Gegenstände, die die Geschäftsführung für den Verein erwirbt (Büroeinrichtung, Ausstattung mit für den Vereinszweck erforderlichem technischem Gerät), Mitgliederbeiträge und Ansprüche darauf (Forderungen gegen die Mitglieder), auch das von natürlichen und juristischen Personen für den Verein treuhänderisch gehaltene Vermögen (das kann im Einzelfall umfangreicher Grundbesitz und Kapitalvermögen sein). Auch wenn der Verein als solcher nicht Erbe sein kann, können ihm durch letztwillige Verfügung ebenso wie durch Schenkung zu Lebzeiten Vermögenswerte zugewendet werden. Dieses Vermögen wird – soweit der Verein als nicht eingetragener selbst nicht Eigentum und Forderungen erwerben können soll – Gesamthandsvermögen, d. h. es steht sämtlichen Mitgliedern zur gesamten Hand zu (analog §§ 718, 719 BGB), allerdings mit dem wesentlichen Unterschied zu sonstigen Gesamthandsgemeinschaften, dass wegen der körperschaftlichen Bindung des Vermögens des nicht rechtsfähigen Vereins dieses ein vom Privatvermögen der Mitglieder abgesondertes Sondervermögen wird. Scheidet ein Mitglied aus dem nicht rechtsfähigen Verein aus, wächst sein gesamthänderischer Anteil am Vereinsvermögen ohne weiteres den übrigen Mitgliedern an; umgekehrt erwirbt ein neu eintretendes Vereinsmitglied ohne weiteres Anteil an der Gesamthand. Es besteht kein Anspruch auf ein Auseinandersetzungsguthaben; der gesamthänderische Anteil am „Vereinsvermögen" ist weder übertragbar noch pfändbar. Deshalb ist bei Zwangsvollstreckung in das Vermögen eines nicht eingetragenen Vereins ein Urteil gegen diesen erforderlich und nach § 735 ZPO auch ausreichend.

Die Auflösung und Beendigung des nicht eingetragenen Vereins erfolgt wie beim eingetragenen. Umstritten ist, ob in diesem Fall eine Auseinandersetzung des Vereinsvermögens unter den Vereinsmitgliedern nach Gesellschaftsrecht (§§ 730 ff. BGB – so die bisherige Rechtsprechung) stattfindet, die jedoch durch Satzungsbestimmung ausgeschlossen werden kann, oder ob eine Liquidation entsprechend §§ 47 ff. BGB wie beim eingetragenen Verein stattfindet, wie die Rechtsliteratur nach heute einhelliger Meinung annimmt.[50] Ihr ist zuzustimmen, weil die Liquidation nach §§ 47 ff. BGB der körperschaftlichen Organisation auch des nicht eingetragenen Vereins Rechnung trägt, auch dem Charakter des Vereinsvermögens als Sondervermögen, einen weitergehenden Gläubigerschutz bewirkt und das Rechtsinstitut der Liquidation nicht an die Tatsache der Eintragung des eingetragenen Vereins anknüpft.

Ein gravierender Unterschied zum rechtsfähigen Verein besteht in der Haftung desjenigen, der für einen nicht eingetragenen Verein handelt. Nach § 54 S. 2 BGB haftet hierfür neben dem Verein stets auch der Handelnde persönlich; handeln mehrere, so haften sie als Gesamtschuldner. Diese persönliche Haftung gilt unabhängig davon, ob der Handelnde auf Grund gültiger Vollmacht tätig wurde, also sowohl für den satzungsmäßig tätigen Vorstand wie für den ohne Vertretungsbefugnis Handelnden;[51] lediglich die Mithaft des Vereins nach § 31 BGB ist abhängig von einer Handlungsvollmacht. Die Haftung aus § 54 S. 2 BGB verdrängt die des § 179 BGB (vollmachtloser Vertreter).

3. Rechtsstellung vor Gericht

Der nicht eingetragene Verein ist sowohl passiv als auch aktiv legitimiert, das heißt, er kann als Verein verklagt werden und klagen. Im Rechtsstreit hat er die Stellung eines rechtsfähigen Vereins (§ 50 Abs. 2 ZPO).

Für Gewerkschaften hat der BGH – entgegen dem Gesetzeswortlaut – die aktive Parteifähigkeit anerkannt. Politische Parteien sind kraft ausdrücklicher gesetzlicher Regelung aktiv parteifähig, soweit für sie das Parteiengesetz gilt; das Gleiche gilt für ihre Gebietsverbände der jeweils höchsten Stufe, sofern die Satzung der Partei nichts anderes bestimmt (§ 3 ParteienG).

Im Verwaltungsstreitverfahren ist der nicht eingetragene Verein beteiligungsfähig, soweit ihm ein Recht zustehen kann (§ 61 Nr. 2 VwGO), im Arbeitsgerichtsverfahren sind Vereinigungen von Arbeitgebern und Arbeitnehmern generell parteifähig (§ 10 ArbGG), für Gewerkschaften gelten ferner im Sozialgerichtsverfahren § 70 Nr. 2 SGG, im Finanzgerichtsverfahren § 58 Abs. 2 FGO.

Ferner ist der nicht eingetragene Verein unbeschränkt parteifähig im Verfahren der Verfassungsbeschwerde vor dem Bundesverfassungsgericht.[52] Gegen einen nicht eingetragenen Verein kann die Zwangsvollstreckung betrieben werden (§ 735 ZPO), über sein Vermögen kann das Insolvenzverfahren eröffnet werden (§ 11 Abs. 1 S. 2 InsO). Ferner wird angenommen, dass der nicht eingetragene Verein – wenn er durch eine strafbare Handlung geschädigt ist – das Klageerzwingungsverfahren durchführen kann (§ 172 StPO analog), gegen ihn kann ferner nach § 30 Abs. 1 OWiG wegen einer von seinem Vorstand begangenen Ordnungswidrigkeit eine Geldbuße festgesetzt werden. Dagegen haftet der nicht eingetragene Verein nicht nach § 9 OWiG für das Handeln seiner Vorstandsmitglieder.

IV. Die Vereinssatzung

Die Vereinssatzung verkörpert den Inhalt der Vereinsverfassung, das sind die „das Vereinsleben bestimmenden Grundentscheidungen", die „kraft zwingender Vorschrift in die Satzung aufgenommen werden müssen"[53] (§§ 25, 71 Abs. 1 S. 1 BGB). Dabei ist Folgendes zu unterscheiden: Das BGB schreibt zwingend vor, **dass** bestimmte Materien in der Vereinssatzung geregelt werden müssen (hierzu nachstehend Ziffer 1); es stellt frei, auch andere Gegenstände in der Satzung zu regeln, die jedoch, wenn sie zu den „Grundentscheidungen des Vereinslebens" gehören, nur rechtsgültig sind, **wenn** sie in der Satzung (und nicht in irgendeiner sonstigen Vereinsordnung) niedergelegt sind (Beispiele hierfür nachstehend S. 125).

BEISPIEL: Die Satzung des X-Vereins enthält die Bestimmung, über den Ausschluss eines Mitglieds aus dem Verein habe der Vorstand zu beschließen. Das Ausschlussverfahren habe der Vorstand in einer Ehrengerichtsordnung zu regeln. Die Ehrengerichtsordnung wurde auf-

gestellt, jedoch nicht im Vereinsregister eingetragen. Sie ermächtigt den Vorstand u. a. auch, im Falle der Ausschließung eines Mitglieds aus dem Verein zu bestimmen, ob der Ausschließungsbeschluss im Mitteilungsblatt des Vereins zu veröffentlichen ist und ob das ausgeschlossene Mitglied die Kosten des Ausschließungsverfahrens zu tragen hat.
Die Regelung des Ausschließungsverfahrens in einer „Ehrengerichtsordnung", die nicht Teil der Satzung ist, ist zulässig, eine danach vom zuständigen Gremium verfügte Ausschließung ist rechtswirksam. Verfahrensordnungen dieser Art (auch: Geschäftsordnungen des Vorstands, der Mitgliederversammlung und sonstiger Gremien) binden die Vereinsorgane, deren Verfahren sie regeln. Die Vereinsmitglieder haben auf die Beachtung dieser Verfahrensordnungen nur Anspruch unter dem Gesichtspunkt der Gleichbehandlung. Sie gehören nicht zu den „das Vereinsleben bestimmenden Grundentscheidungen" und sind daher nicht notwendiger Satzungsinhalt. Hierzu gehört jedoch der Sanktionenkatalog, der einem Vereins-Schiedsgericht zur Verfügung steht, er muss daher in der Satzung selbst verankert sein. Daher ist die Ermächtigung des Vorstandes, über die Veröffentlichung des Ausschließungsbeschlusses und über die Tragung der Verfahrenskosten zu entscheiden, rechtsunwirksam, wenn diese Ermächtigung nur – wie im Beispielsfall – in der Verfahrensordnung enthalten ist.

Die Vereinssatzung kann also weitgehend von Verfahrensbestimmungen freigehalten werden. Sie sollte auch auf den gesetzlich gebotenen und zweckmäßigen Inhalt beschränkt werden. Insgesamt sollte die Satzung „schlank" und flexibel gestaltet werden.

1. Notwendiger Inhalt der Satzung

Für den eingetragenen oder durch staatliche Verleihung rechtsfähig gewordenen Verein schreibt das BGB zwingend einen Mindeststandard von Satzungsbestimmungen vor. Ohne diese Regelungen darf der Verein nicht in das Vereinsregister eingetragen werden und wird ihm auch die Rechtsfähigkeit nach § 22 BGB nicht verliehen. Diese gelten auch für den nicht eingetragenen Verein.

a) Der Name des Vereins

In § 57 Abs. 1 BGB ist zwingend vorgeschrieben, dass die Satzung den Namen des Vereins enthalten muss. Nach § 57 Abs. 2 BGB soll der Name sich von den Namen der an demselben Ort oder in derselben Gemeinde bestehenden eingetragenen Vereine deutlich unterscheiden. Obwohl nur Sollvorschrift, ist ihre Berücksichtigung beim eingetragenen Verein registerrechtlich erzwingbar, weil die Anmeldung zurückzuweisen ist, wenn dem Erfordernis der Unterscheidbarkeit nicht genügt ist (§ 60 BGB).

Jeder Verein kann seinen Namen grundsätzlich frei wählen, doch sind dabei die Grundsätze der Namenswahrheit, der Namensklarheit und des Namensschutzes Dritter zu beachten. Der Name ist Individualitäts- und Identitätskennzeichen, er dient der Unterscheidung von anderen. Dem Vereinsnamen insbesondere kommt ferner Integrationsfunktion zu: Er ist die Bezeichnung, unter der sich die Mitglieder sammeln, als Verein in der Öffentlichkeit auftreten. Der Schutz des Vereinsnamens gehört deshalb zu dem durch Art. 9 Abs. 1 GG geschützten Kernbereich des Grundrechts der Vereinigungsfreiheit.[54] Der Name des nicht eingetragenen Vereins genießt daher den gleichen Schutz wie der eines unbeschränkt rechtsfähigen Vereins, auch hinsichtlich der Priorität, so dass bei Verwechslungsfähigkeit der Name eines älteren nicht eingetragenen Vereins geschützt sein kann gegen den Namensgebrauch durch einen jüngeren rechtsfähigen Verein.[55]

Für die Namenswahl des Vereins gelten die zu § 12 BGB und §§ 5, 15 MarkenG und zum Firmenrecht des HGB entwickelten Grundsätze entsprechend. Im Folgenden können nur einige Hinweise gegeben werden.

- **Namenswahrheit:** Der Vereinsname darf (objektiv) nicht geeignet sein, über das Alter, die Bedeutung, die Art, die Größe, den Zweck und die sonstigen wesentlichen Verhältnisse des Vereins zu täuschen, auf eine (subjektive) Täuschungsabsicht kommt es nicht an. Auch muss sich die Täuschung nicht gerade im Rechtsverkehr auswirken; es genügt, wenn der Verein auf Grund seines täuschenden Namens eine ungerechtfertigte Hervorhebung gegenüber anderen gleichartigen Vereinen oder eine höhere Einschätzung in der Öffentlichkeit erlangt.

BEISPIELE:

- Alter/Jahreszahl: Nimmt ein Sportverein in seinen Namen eine Jahreszahl auf („TSV Burgdorf 77"), so wird dieser Namensbestandteil im Verkehr als Hinweis auf das Gründungsjahr des Vereins aufgefasst. Die Bezeichnung ist unzulässig, wenn die tatsächliche Vereinsgründung erst im Jahr 2000 erfolgt ist.[56]
- „Akademie": wird als Aus- bzw. Fortbildungsstätte mit wissenschaftlichem oder künstlerischem Niveau verstanden, daher unzulässig als Bezeichnung etwa einer Vereinigung zur Freizeitgestaltung.[57]
- „Gemeinnützig": Den Zusatz darf ein Verein, der Leistungen anbietet, nur dann führen, wenn für diese nur ein die Selbstkosten deckendes Entgelt gefordert wird.
- „Institut": Die Zulässigkeit als Bestandteil des Vereinsnamens ist umstritten, jedoch nicht generell zu verneinen. Wird die Art der Betätigung beigefügt („Institut für ...") und kann sie auf eine wissenschaftliche Einrichtung hinweisen, ist die Bezeichnung unzulässig, wenn der satzungsmäßige Zweck und die tatsächliche Betätigung sie nicht rechtfertigen, ferner bei Sitz in einer Universitätsstadt.[58]
- „Landesarbeitsgemeinschaft der [folgt Berufsangabe]" darf ein Verein heißen, wenn eine namhafte, nicht unbeachtliche Zahl von Angehörigen des genannten Berufs Mitglieder sind; nicht notwendig sämtliche.[59]
- „Stiftung" darf ein Verein sich nicht nennen, der einen gemeinnützigen Zweck ausschließlich mit Hilfe der laufenden Mitgliedsbeiträge in Erwartung von Spenden verfolgt (weil in der Regel ein Stiftungsvermögen und das Bestehen einer Stiftungsaufsicht erwartet wird). Wenn jedoch eine stiftungsähnliche Struktur besteht, kann der Begriff „Stiftung" im Vereinsnamen aufgenommen werden.[60]
- „Verband": Früher wurde erwartet, dass er entweder eine größere Zahl von Mitgliedern hat, die unter Berücksichtigung des Vereinszwecks die Bezeichnung „Verband" rechtfertigt, oder dass es sich um den Zusammenschluss mehrerer Körperschaften handelt. Dies wird zunehmend durch die Gerichte anders gewertet, so dass der Begriff „Verband" durchaus genutzt werden kann.[61]

- **Namensklarheit:** Der in das Vereinsregister eingetragene Verein muss den Zusatz „e. V." führen, und zwar in deutscher Sprache, auch wenn der Vereinsname im Übrigen fremdsprachig ist. Ein Verein, der nicht in das Vereinsregister eingetragen ist, darf den Zusatz nicht führen. Auch Vereine, die zulässigerweise den Zusatz „e. V." führen, dürfen Bezeichnungen, die auf eine andere Rechtsform hindeuten, nicht in ihren Namen aufnehmen, soweit dies zu Missverständnissen führen kann. Doch ist die Verwendung der Bezeichnung „Gesellschaft" aus historischen Gründen zulässig.

Vereinsnamen sind oft aus mehreren Bestandteilen zusammengesetzt: dem Namenskern und den Zusätzen. Die Grundsätze der Namenswahrheit und Namensklarheit gelten für sämtliche Namensbestandteile in gleicher Weise.

BEISPIELE:

- Zulässig sind Bezeichnungen wie: „Literarische Gesellschaft", „Faschingsclub Allotria" (jeweils als „e. V." oder auch als nicht eingetragener Verein ohne Zusatz).
- Unzulässig sind Fantasienamen bzw. Abkürzungen als Namen mit der Endsilbe „-ag", da sie trotz des Zusatzes „e. V." auf eine Aktiengesellschaft hindeuten könnten; geografische Zusätze, wenn sich die Tätigkeit des Vereins nicht auf das in Bezug genommene Gebiet erstreckt oder über die Größe und Bedeutung des Vereins ein falsches Bild zeichnet (insoweit ist auch der Grundsatz der Namenswahrheit verletzt): von einem „Internationalen Zentrum für ...", einer „Europäischen Vereinigung von ..." erwartet man entsprechende internationale Aktivitäten; „Deutsche X-Gesellschaft" darf sich nicht ein Verein nennen, dessen Tätigkeit nur auf ein Bundesland beschränkt ist.

- **Namensschutz Dritter:** Da der Verein stets einen selbstgewählten Namen führt, darf sein Name nicht den bereits bestehender (rechtsfähiger und nicht rechtsfähiger) Vereine, sonstiger juristischer Personen, möglicherweise auch von Handelsgesellschaften und natürlichen Personen, beeinträchtigen, soweit diese Namensschutz genießen. Auch der Name eines Verstorbenen kann insoweit noch geschützt sein.

BEISPIEL: Ein Verein führt in seinem Namen den Personennamen eines verstorbenen Schriftstellers, Philosophen, Politikers, um – guten Glaubens oder der Werbewirkung des Namens wegen – dessen Gedächtnis, Werk und Wirken weiterzuführen. Er nennt sich daher „Max A.-Gesellschaft e. V.", verleiht vielleicht auch einen „Max A.-Preis". Die Witwe oder andere nahe Familienangehörige können dem Verein die Verwendung des Namens „Max A." untersagen, wenn sie mit der (künstlerischen, philosophischen, politischen) Tendenz des Vereins nicht einverstanden sind.

Nach § 12 BGB gilt, dass derjenige, dem von einem anderen das Recht zum Gebrauch eines Namens bestritten oder dessen Interesse dadurch verletzt wird, dass ein anderer unbefugt den gleichen Namen gebraucht, von dem anderen die Beseitigung der Beeinträchtigung verlangen kann. Ergänzend hierzu bestimmen §§ 5 Abs. 2, 15 MarkenG, dass der Erwerb des Schutzes einer geschäftlichen Bezeichnung (das sind auch Zeichen, die im geschäftlichen Verkehr als Namen benutzt werden, folglich auch Vereinsnamen) dem Inhaber ein ausschließliches Recht gewährt und es Dritten untersagt ist, die geschäftliche Bezeichnung oder ein ähnliches Zeichen im geschäftlichen Verkehr unbefugt in einer Weise zu benutzen, die zur Verwechslung geeignet ist. Unbefugte Benutzer können auf Unterlassung in Anspruch genommen werden. Ferner ist in § 37 Abs. 2 HGB festgelegt, dass der, der in seinen Rechten dadurch verletzt wird, dass ein anderer eine Firma unbefugt gebraucht, von diesem die Unterlassung des Firmengebrauchs verlangen kann. Es ist heute unumstritten, dass das Namensrecht des § 12 BGB natürlichen und juristischen Personen, nicht eingetragenen Vereinen und Handelsgesellschaften zusteht, dass Personennamen ebenso wie Sachnamen geschützt sind, Pseudonyme ebenso wie Handelsnamen. Das von § 12 BGB geschützte Interesse ist in erster Linie ein „Identitätsinteresse". Wichtig ist, dass Sachnamen nur dann den Schutz des § 12 BGB genießen, wenn sie Unterscheidungskraft haben. Das ist vor allem dann der Fall, wenn es sich um eigenartige und einprägsame Bezeichnungen handelt oder wenn sie erhebliche Verkehrsgeltung in Anspruch nehmen können. Keine Unterscheidungskraft haben im allgemeinen Worte der Umgangssprache (es sei denn, sie werden in unüblicher und deshalb doch unterscheidungskräftiger Weise verwendet); insbesondere Gattungs- und Gegenstandsbezeichnungen, denen der Verkehr ihrer Art nach keine namensähnliche Wirkung beimisst, müssen zur Verwendung frei bleiben.

BEISPIELE: Bezeichnungen wie „Turn- und Sportvereinigung", „Fußball-Club", „Kleingartenverein" oder auch ihre Abkürzungen (TSV, FC KGV) als solche besitzen keine Unterscheidungskraft und sind daher nicht geschützt; geschützt ist nur der Gesamtname in Verbindung mit einer Ortsbezeichnung, der Angabe des Gründungsjahres oder sonstiger markanter Zusätze, also: „TSV Altstadt 03", „FC Neuburg", „Reiterverein Hippos Blauberg", „KGV Flussaue".

Der Namensschutz kann räumlich begrenzt sein, wenn sich etwa die Betätigung eines Vereins auf ein bestimmtes Gebiet beschränkt, die Verkehrsgeltung sich nur örtlich beschränkt gebildet hat.

BEISPIEL: Der Name eines Vereins, der die Kreativität von Kindern und Jugendlichen eines Ortes fördern will und sich „Pädagogische Aktion e. V." nennt, wird in der Regel nur am Ort seines Sitzes und seiner Tätigkeit geschützt sein; in anderen Orten können sich daher Vereine gleichen Namens frei bilden.

Der Namensschutz kann auch sachlich – nach der Betätigung – beschränkt sein, wenn Verwechslungsfähigkeit ausgeschlossen ist. Andererseits kann der Name eines geselligen Vereins dagegen geschützt sein, dass sein allein unterscheidungskräftiger Bestandteil zur Bezeichnung einer Gaststätte im selben Ort verwendet wird, insbesondere wenn diese Gaststätte bisher unter dieser Bezeichnung im Vereinshaus geführt wurde (vom BGH entschieden für „Weser-Klause"[62]).

Bei der Namenswahl des Vereins wird also – wenn er in der Öffentlichkeit hervortreten, sich profilieren, auch weitere Mitglieder gewinnen will – darauf zu achten sein, dass eine möglichst originelle, unterscheidungsfähige, schlagkräftige Bezeichnung gewählt wird. Auch die Frage, ob die betreffende Domain noch verfügbar ist, ist zu bedenken. Bildet der Verein rechtlich selbstständige Unterorganisationen (Landesverbände, Ortsvereine), denen er gestattet, den für ihn geschützten Namensbestandteil in ihre Namen aufzunehmen, so ist diese Gestattung in der Regel auf die Dauer der Zugehörigkeit der Unterorganisation zum übergeordneten Verein beschränkt. Löst sie sich vollständig von ihm, kann der „Mutterverein" die Fortführung des geschützten Namens untersagen.

Die Grundsätze des Namensschutzes gelten entsprechend auch für bildliche Darstellungen, Wappen, Embleme, zum Teil auch für Abkürzungen (soweit sie Verkehrsgeltung haben), Buchstaben und Zahlenkombinationen. Für **politische Parteien** bestimmt § 4 ParteienG, dass der Name sich von dem Namen einer bereits bestehenden Partei deutlich unterscheiden muss; das Gleiche gilt für Kurzbezeichnungen. Gebietsverbände führen den Namen der Partei unter Zusatz ihrer Organisationsstellung; scheiden sie aus der Partei aus, verlieren sie das Recht, den Namen der Partei weiterzuführen, kraft Gesetzes. Ein neugewählter Name darf nicht in einem bloßen Zusatz zu dem bisherigen Namen bestehen, für Kurzbezeichnungen gilt Entsprechendes.

Wird das Namensrecht eines Vereins verletzt, kann dieser von dem Verletzer Beseitigung, Unterlassung und ggf. auch Schadensersatz verlangen. Diese Ansprüche können im Wege der Klage gerichtlich durchgesetzt werden; dagegen können sie nicht auf § 57 Abs. 2 BGB gestützt und auch nicht im Amtslöschungsverfahren oder nach § 60 BGB verfolgt werden. Diese Vorschriften sind rein registerrechtlicher (und damit im Wesentlichen öffentlich-rechtlicher) Natur. Die Tatsache der Eintragung des Vereinsnamens in das Vereinsregister sagt nichts über die materiell-rechtliche Berechtigung zur Führung des eingetragenen Namens aus. Die Prüfungskriterien nach § 57 Abs. 2 BGB sind andere als die des Namensrechts nach § 12 BGB, §§ 5, 15 MarkenG.

b) Der Sitz des Vereins

Die Satzung eines Vereins muss zwingend den Sitz des Vereins enthalten (§ 57 Abs. 1 BGB). Ergibt sich der Sitz eines Vereins nicht aus der Satzung (weil die entsprechende Satzungsbestimmung nichtig ist; beim nicht eingetragenen Verein, weil ein gesetzlicher Zwang hierzu fehlt), so gilt als Sitz des Vereins der Ort, an welchem die Verwaltung geführt wird. Da dieses Kriterium bei einem nicht eingetragenen Verein mit geringer Verwaltungstätigkeit zweifelhaft sein kann und an den Vereinssitz eine Reihe von Rechtsfolgen anknüpfen, sollte auch die Satzung des nicht eingetragenen Vereins den Sitz festlegen. Aus diesen Gründen ist Ort des Sitzes auch stets eine bestimmte politische Gemeinde, doch ist es zulässig, auch einen Gemeindeteil als Sitz zu wählen, wenn er einen eigenen Namen führt. Nach der dem Sitz bestimmt sich auch der Gerichtsstand des Vereins (§§17, 22 ZPO).

Umstritten ist, ob ein Verein mehrere Sitze haben kann; die überwiegende Meinung geht wohl dahin, dass ein mehrfacher (statutarischer) Sitz in der Regel unzulässig ist.[63] Dagegen kann der statutarische Vereinssitz, der innerhalb Deutschlands frei gewählt werden kann, fiktiv sein; er muss mit dem Verwaltungssitz des Vereins nicht übereinstimmen. Teilweise wird es jedoch als rechtsmissbräuchlich angesehen, wenn der Vereinssitz keinerlei Bezug zu dem gewählten Ort aufweist.[64] Das ist wichtig für Vereine mit geringer Büroorganisation. Die Verwaltung kann jederzeit geändert werden, ohne dass sich der statutarische Sitz ändert.

Die Verlegung des statutarischen Sitzes ist Satzungsänderung, sie bedarf beim eingetragenen Verein der Eintragung in das Vereinsregister. Wird der Sitz eines eingetragenen Vereins in das Ausland verlegt, verliert er die Rechtsfähigkeit nach deutschem Recht.

c) Eintragung in das Vereinsregister

Nach § 57 Abs. 1 BGB muss die Satzung des Vereins, der die Eintragung im Vereinsregister erstrebt, diesen Willen dokumentieren. Fehlt eine entsprechende Feststellung in der Satzung, ist der Verein nur als nicht einzutragender gegründet.

Es empfiehlt sich daher, an die Satzungsbestimmung über den Namen des Vereins etwa folgende Formulierung anzufügen:

> „Er soll in das Vereinsregister eingetragen werden und führt sodann den Zusatz e. V."

Bei einer späteren Satzungsänderung kann diese Klausel wieder geändert werden.

> „Der Verein ist im Vereinsregister eingetragen und führt den Zusatz e. V."

Nicht erforderlich ist die Angabe des Registergerichts und der Registernummer.

Wurde der Verein ursprünglich als nicht einzutragender gegründet und wird später beschlossen, die Rechtsfähigkeit durch Eintragung zu erlangen, muss eine entsprechende Bestimmung durch Änderung der Satzung in diese aufgenommen werden.

d) Der Zweck des Vereins

Dem Vereinszwecks in der Satzung kommt in mehrfacher Hinsicht besondere Bedeutung zu.

Er ist in § 57 Abs. 1 BGB zwingend vorgeschrieben für den Verein, der die Eintragung in das Vereinsregister erstrebt. Die Notwendigkeit ergibt sich auch aus § 21 BGB, weil nur ein Verein, dessen Zweck nicht auf einen wirtschaftlichen Geschäftsbetrieb gerichtet ist, die Eintragung in das Vereinsregister erlangen kann. Da nach § 22 BGB nur ein Verein, dessen Zweck auf einen wirtschaftlichen Geschäftsbetrieb gerichtet ist, die Rechtsfähigkeit durch staatliche Verleihung erlangen kann, folgt daraus, dass auch die Satzung eines solchen Vereins zwingend den Vereinszweck enthalten muss.

Der Zweck des Vereins beschreibt das Ziel und Programm der Vereinigung; er steckt damit auch den Handlungsrahmen für die Vereinsorgane ab. Deren Tätigkeit muss sich innerhalb des Rahmens des Vereinszwecks halten, darf diesem jedenfalls nicht widersprechen. Daraus folgt, dass auch die Satzung des nicht eingetragenen Vereins zwingend den Vereinszweck festsetzen muss, die Verfolgung eines bestimmten gemeinsamen Zwecks ist substantielle und begriffliche Voraussetzung für die Annahme eines Vereins (S. 15). Er ist auch wesentlich für die Feststellung der Gemeinnützigkeit. Der gemeinsame Vereinszweck hat daher auch Integrationsfunktion.

Der Vereinszweck bestimmt ferner die Geschäftsgrundlage des BGB-Vereins. Deshalb ist nach § 33 Abs. 1 S. 2 BGB zur Änderung des Vereinszwecks die Zustimmung aller Mitglieder erforderlich; die Zustimmung der nicht erschienenen Mitglieder muss schriftlich erfolgen. Die gesetzliche Regelung ist allerdings dispositiv, die Satzung kann anderes bestimmen (§ 40 BGB) und die Änderung des Vereinszwecks auch mit qualifizierter Mehrheit und sogar mit einfacher Mehrheit der erschienenen Mitglieder zulassen, sie kann aber auch höhere Anforderungen als das Gesetz stellen, etwa die Möglichkeit der schriftlichen Zustimmung ausschließen.

Zahlreiche bestehende Vereinssatzungen enthalten zwar (von § 33 Abs. 1 S. 1 BGB abweichende oder aber auch mit ihm konforme) Bestimmungen über die erforderliche Mehrheit bei Satzungsänderungen, ohne den Fall der Änderung des Vereinszwecks besonders zu erwähnen. Es war lange umstritten, ob in diesem Fall die Mehrheitserfordernisse für die Satzungsänderung auch für den Fall der Änderung des Vereinszwecks gelten. Mit Beschluss vom 11.11. 1985[65] hat der BGH diese Frage ausdrücklich verneint und ausgesprochen, dass die Regelung in der Satzung eines eingetragenen Vereins über die für „Satzungsänderungen" notwendige Stimmenmehrheit nicht auch für die Änderung des Vereinszwecks gilt, wenn sich das nicht eindeutig aus der Satzung ergibt. Dies gilt auch für die spätere Änderung dieses Mehrheitserfordernisses.[66] Für den nicht eingetragenen Verein kann nichts anderes gelten. Es empfiehlt sich daher, in der Satzung beide Fälle ausdrücklich zu regeln.

BEISPIELE:

- „Für einen Beschluss, der eine Änderung der Satzung enthält, ist eine Mehrheit von zwei Dritteln der abgegebenen Stimmen erforderlich. Zur Änderung des Zwecks des Vereins ist Einstimmigkeit aller erschienenen Vereinsmitglieder erforderlich."
- „Eine Änderung der Satzung – auch des Vereinszwecks – bedarf einer Mehrheit von drei Vierteln der abgegebenen Stimmen."
- „Satzungsänderungen können nur mit einer Mehrheit von drei Vierteln der abgegebenen Stimmen beschlossen werden; für die Änderung des Vereinszwecks ist jedoch die Mehrheit der Hälfte aller Vereinsmitglieder in der Mitgliederversammlung erforderlich."
- Für Vereine mit Delegiertenversammlungen: „Eine Änderung der Satzung bedarf der Mehrheit von drei Vierteln der abgegebenen

Stimmen der Delegierten. Eine Änderung des Vereinszwecks ist jedoch nur wirksam, wenn sie in einer Urabstimmung sämtlicher Mitglieder mit Dreiviertel-Mehrheit bestätigt wird."

Die möglichen Varianten lassen sich beliebig vermehren. Für die Auswahl werden der ursprüngliche Zweck des Vereins und seine Organisationsstruktur entscheidend sein.

Nicht jede Änderung der Satzungsbestimmung über den Vereinszweck ist auch eine Änderung des Vereinszwecks selbst. Eine Änderung des Vereinszwecks im Sinn des § 33 Abs. 1 S. 2 BGB liegt nur bei einer substantiellen Änderung vor, einer Änderung der bisherigen Tendenz des Vereins, seiner Leitidee. Bloß redaktionelle Änderungen, Präzisierungen, Ergänzungen, rechtlich oder tatsächlich bedingte Modifizierungen ohne Aufgabe des bisherigen Ziels stellen formell zwar Satzungsänderungen dar, materiell jedoch keine Änderung des Vereinszwecks. Weiter ist zu berücksichtigen, dass eine weite Ausdehnung der unveränderlichen Zweckbestimmung in aller Regel nicht dem Interesse des Vereins und seiner Mitglieder entspricht. Es bleibt in einem längeren Vereinsleben nicht aus, dass geänderte Forderungen an den Verein herantreten und sich unvorhergesehene Schwierigkeiten auftun, auf die er sich in praktikabler Weise einstellen muss. Hierbei muss er, ohne die prinzipielle Zielrichtung des Vereins aufzugeben, einzelne Teile der Satzung ohne Rücksicht auf Außenseitermeinungen sachgerecht den veränderten Verhältnissen anpassen können.[67]

Die vorstehenden Ausführungen zeigen, dass der „Zweck des Vereins" in den Vorschriften des BGB einen unterschiedlichen Stellenwert, verschiedene Funktion hat. In §§ 21, 22 BGB dient er der Abgrenzung von Ideal- und wirtschaftlichem Verein, in § 33 Abs. 1 S. 2 BGB steht der Schutz der Integrität des bisherigen Vereins im Vordergrund, nach § 57 BGB wird er zum wesentlichen Bestandteil der Satzung erklärt.

Als Kriterium der Abgrenzung zwischen Ideal- und wirtschaftlichem Verein wurde der Vereinszweck auf S. 24 f. und S. 54 ff. ausführlich dargestellt. Lediglich der Ergänzung halber sei angefügt, dass die gesetzlich geregelten Sonderformen des wirtschaftlichen Vereins nicht den Vereinszweck, sondern den Gegenstand des Unternehmens in die Satzungsurkunde aufnehmen müssen (§§ 23 AktG, 3 GmbHG, 6 GenG). Beide sind begrifflich nicht identisch.

Der verfolgte Zweck hat weiter Auswirkungen auf die Anerkennung als steuerbegünstigter Verein (siehe Kapitel „Gemeinnützigkeit" S. 114 ff.).

e) Die Form des Eintritts und Austritts von Mitgliedern

In § 58 BGB sind weitere Regelungen über den notwendigen Satzungsinhalt enthalten. Zwar handelt es sich um eine Sollbestimmung, deren Einhaltung jedoch für eingetragene Vereine nach § 60 BGB erzwungen wird, weil danach die Anmeldung auch zurückzuweisen ist, wenn sie den Erfordernissen des § 58 BGB nicht genügt. Für rechtsfähige Vereine kraft staatlicher Verleihung gelten die Bestimmungen entsprechend, auch nicht eingetragene Vereine werden entsprechende Regelungen in ihre Satzung aufnehmen müssen, um die körperschaftliche Struktur zu dokumentieren.

Nach § 58 Nr. 1 BGB hat daher die Satzung Bestimmungen über den Eintritt und den Austritt der Vereinsmitglieder zu enthalten. Wie die Regelung erfolgt, stellt das Gesetz frei. Zwingend bestimmt es in § 39 Abs. 1 BGB lediglich, dass die Mitglieder zum Austritt aus den Verein berechtigt sind. Dagegen ist die Bestimmung in § 38 BGB, wonach die Mitgliedschaft nicht übertragbar und nicht vererblich ist und die Ausübung von Mitgliedschaftsrechten anderen nicht überlassen werden kann, in der Satzung abdingbar (§ 40 BGB). Das Recht der Mitgliedschaft wird nachstehend (S. 126 ff.) gesondert ausführlich behandelt.

f) Die Beitragspflicht

Nach §§ 58 Nr. 2, 60 BGB hat die Satzung Bestimmungen darüber zu enthalten, ob und welche Beiträge von den Mitgliedern zu leisten sind. Der Begriff „Beiträge" ist dabei weit auszulegen, er umfasst Geld- und Sachbeiträge, Arbeitsleistungen,[68] Umlagen und Ordnungsstrafen. Dagegen kann die Satzung nicht eine Haftung der Vereinsmitglieder für die Vereinsschulden festlegen.

In der Satzung muss lediglich die Art der Beiträge festgelegt werden, nicht jedoch deren Höhe. Auch eine generelle Befreiung der Mitglieder von Beiträgen ist in der Satzung niederzulegen. Ist dies geschehen, so ist die nachträgliche Einführung einer Beitragspflicht Satzungsänderung; Gleiches gilt, wenn die Höhe der Beiträge in der Satzung festgelegt ist und sie geändert werden soll. Es empfiehlt sich daher, in der Satzung grundsätzliche Beitragspflicht festzulegen und die Bestimmung der Höhe einem Vereinsorgan (der Mitgliederversammlung, dem Vorstand) zu übertragen. Hierfür genügt die einfache Zuweisung der Zuständigkeit.

BEISPIELE:
- „Der Jahresbeitrag wird von der Mitgliederversammlung festgesetzt."
- „Die Mitgliederversammlung stellt eine Beitragsordnung auf."

Das Vereinsorgan, dem die Festsetzung der Beiträge durch die Satzung zugewiesen ist, ist dann in den Grenzen der Pflicht zur Gleichbehandlung der Mitglieder frei. Gleichbehandlung bedeutet allerdings nicht, dass der Mitgliedsbeitrag für alle Vereinsmitglieder gleich hoch ist; verboten ist lediglich eine willkürliche und sachfremde Differenzierung. Eine unterschiedliche Höhe der Beiträge ist durchaus üblich.

BEISPIELE:
- „Der Monatsbeitrag beträgt 10 EUR für Schüler und Studenten 5 EUR."
- „Der Vorstand kann bei Bedürftigkeit den Beitrag im Einzelfall ganz oder teilweise erlassen."
- „Der Mitgliedsbeitrag beträgt 1 % des Nettogehalts; für Mitglieder, die nur eine Ausbildungsvergütung erhalten, 0,5 % hiervon."

Die Beitragsfreistellung von Ehrenmitgliedern sollte nicht in der Beitragsordnung, sondern in der Satzung als Sonderrecht festgelegt werden. Siehe S. 129 f.

Zweckmäßig ist es ferner, bei der Festsetzung der Beiträge die Fälligkeit zu regeln, weil andernfalls der Jahresbeitrag erst am Jahresende, der Monatsbeitrag erst am Monatsende fällig ist, der Verein die Beiträge jedoch in der Regel für seinen Verwaltungsaufwand benötigt. Weiter bietet eine feste Fälligkeit den Vorteil, dass diese im Rahmen des SEPA-Lastschriftverfahrens die Erforderlichkeit des „Prenotifikation-Verfahrens" vermeidet.

BEISPIELE:
- „Der Jahresbeitrag beträgt 60 EUR. Er ist am 1. Januar eines jeden Jahres fällig."
- „Der Monatsbeitrag beträgt 5 EUR. Er ist am 1. eines jeden Vierteljahrs im Voraus fällig."
- Der Jahresbeitrag wird jeweils zum 15.1. eines Jahres im Rahmen eines SEPA-Lastschriftmandats eingezogen.

Umlagen und sonstige Sonderzahlungen können nicht in einer Beitragsordnung oder durch die Mitgliederversammlung festgesetzt werden, wenn hierfür nicht eine ausdrückliche Satzungsermächtigung vorliegt. Aus dieser Satzungsregelung muss auch ihre Obergrenze der Höhe nach bestimmt oder objektiv bestimmbar sein.[69] Dies kann durch die Angabe eines Berechnungsmodus der Fall sein („max. den 10fachen Jahresbeitrag"). Eine Umlage ist nur zur Erfüllung des Vereinszwecks zulässig.[70] Eine Satzungsbestimmung könnte lauten:

BEISPIEL: „Von den Mitgliedern werden Beiträge, Umlagen und sonstige Leistungen gefordert. Über ihre Art und Höhe beschließt die Mitgliederversammlung. Die Umlage darf nicht höher als 200 EUR je Mitglied sein."

Wiederkehrende Leistungen (also Jahres- und Mitgliedsbeiträge) verjähren seit 1.1.2002 in drei Jahren. Die Verjährung beginnt mit dem Schluss des Jahres, in welchem sie fällig wurden (§§ 199, 197 Abs. 2 BGB). Ist ein Fälligkeitsdatum festgelegt, tritt Verzug ohne Mahnung ein (§ 286 Abs. 2 Nr. 1 BGB). Der Anspruch auf einmalige Zahlungen (Umlagen oder sonstige Leistungen) verjährt ebenfalls in drei Jahren.

g) Zusammensetzung des Vorstands

Weitere Voraussetzungen der Eintragung eines Vereins in das Vereinsregister ist, dass die Satzung eine Bestimmung über die Bildung des Vorstands enthält (§§ 58 Nr. 3, 60 BGB). Da auch der nicht eingetragene Verein, um die körperschaftliche Struktur zu begründen, einen Vorstand haben muss, sollte dessen Zusammensetzung ebenfalls in der Satzung geregelt werden. Enthält die Satzung keine Regelung, bestellt die Mitgliederversammlung den Vorstand (§ 27 Abs. 1 BGB). Sie kann dann durch einfachen Beschluss auch die Zusammensetzung des Vorstands festlegen, also auch die Anzahl der Vorstandsmitglieder.

Es empfiehlt sich, eine offene Regelung vorzusehen, so dass bei einem zusätzlichen Bedarf an Vorstandsmitgliedern mehr Positionen besetzt werden können.

BEISPIEL: Durch die Mitgliederversammlung werden mindestens drei, höchstens fünf Vorstandsmitglieder bestellt.

Der Vereinsvorstand wird nachstehend (S. 162 ff.) ausführlich dargestellt.

h) Berufung der Mitgliederversammlung

Die Satzung des rechtsfähigen Idealvereins muss ferner Bestimmungen über die Voraussetzungen enthalten, unter denen die Mitgliederversammlung zu berufen ist und über die Form der Berufung; andernfalls ist der Eintragungsantrag zurückzuweisen (§§ 58 Nr. 4, 60 BGB). Tritt an die Stelle der Vollversammlung eine Vertreterversammlung (Delegiertenversammlung), gilt dies auch für deren Einberufung. Da Einberufungsmängel die Ungültigkeit der in der Versammlung gefassten Beschlüsse zur Folge haben können,[71] muss auch die Satzung des nicht eingetragenen Vereins entsprechende Bestimmungen enthalten. Fehlt eine Regelung, so kann die Mitgliederversammlung jeweils beschließen, wann die nächste Versammlung einzuberufen ist (§ 32 Abs. 1 BGB). Ist dies nicht geschehen, so ist eine Mitgliederversammlung zu berufen, wenn 10 % der Mitglieder (oder ein durch die Satzung bestimmter größerer oder kleinerer Teil) die Berufung schriftlich unter Angabe des Zweckes und der

Gründe verlangt (§ 37 Abs. 1 BGB). Wird diesem Verlangen nicht entsprochen, kann das Amtsgericht diese Mitglieder zur Berufung der Versammlung ermächtigen (§ 37 Abs. 2 BGB); es wird weitgehend angenommen, dass dies auch für den nicht eingetragenen Verein gilt.

Da zur Gültigkeit des Beschlusses der Mitgliederversammlung erforderlich ist, dass der Gegenstand bei der Berufung bezeichnet wird (§ 32 Abs. 1 S. 2 BGB), wird aus Gründen des Nachweises auch im Falle fehlender Satzungsbestimmung schriftliche Einladung erforderlich sein, das Gesetz schreibt sie allerdings nicht vor. Da die Satzung geringere Anforderungen an die Einladung stellen kann (öffentliche Bekanntmachung, Aushang, per Telefon), empfiehlt sich auch aus diesem Grund die Festlegung der Einzelheiten in der Satzung. Ferner sollten weitere Formalien geregelt werden, siehe hierzu S. 146 ff.[72]

i) Beurkundung von Vereinsbeschlüssen

In § 58 Nr. 4 BGB ist für den rechtsfähigen Idealverein ferner vorgeschrieben, dass die Satzung Bestimmungen über die Beurkundung der Beschlüsse enthalten soll. Für den nicht eingetragenen Verein besteht diese Notwendigkeit nicht, die Mitgliederversammlung kann also von Fall zu Fall entscheiden, ob ein Protokoll geführt werden soll (§ 32 Abs. 1 BGB). Aus Gründen der Rechtssicherheit und der Beweissicherung sollte aber ein Protokoll geführt werden. Dies auch im Hinblick darauf, dass durch dieses Protokoll der Nachweis einer ordnungsmäßen Vorstandswahl nachgewiesen werden kann.[73]

2. Zweckmäßiger Inhalt der Satzung

Die in §§ 57, 58 BGB aufgeführten Satzungsbestimmungen stellen den nach der Auffassung des Gesetzgebers erforderlichen Mindeststandard für eine ordentliche Vereinsorganisation dar. Sie wurden daher dem Verein, der die Rechtsfähigkeit durch Eintragung in das Vereinsregister anstrebt, zwingend vorgeschrieben. Dieser Mindeststandard von Satzungsbestimmungen reicht jedoch nicht. Er erschöpft sich in einigen wesentlichen Bestandteilen (§ 57 BGB) und wichtigen Formalien. Seine individuelle Rechtsgestalt erhält der Verein erst durch weitere Satzungsbestimmungen, die auf die Größe, den Zweck und das Ziel des Vereins zugeschnitten sein sollte. Der gesetzliche Mindeststandard für die Vereinssatzung stellt nur einen Rahmen dar, der bearbeitet und in die für den Einzelfall passende, optimale Form gebracht werden muss. In den meisten Vorschriften der §§ 26 ff. BGB stellt das Gesetz lediglich ein Grundmuster zur Verfügung; der größte Teil dieser Bestimmungen ist abdingbar und gilt nur, wenn die Satzung nichts anderes bestimmt. Diese dispositiven Normen haben nicht einmal Leitbildfunktion, denn die weitgehende Disposition des Gesetzes dient der Begründung und Stärkung der Vereinsautonomie: der eigenverantwortlichen Organisation und der Selbstverwaltung des Vereins. Die dispositiven Bestimmungen haben daher eher die Funktion der Lückenfüllung, wo Satzungsbestimmungen fehlen.

Verfehlt wäre es allerdings, die Vereinssatzung mit Regelungen zu überfrachten. Detailregelungen können in Geschäftsordnungen, Vereinsordnungen, Programmerklärungen und anderen – für die Mitglieder durchaus verbindlichen – Beschlüssen („Satzungen" im nicht rechtstechnischen Sinn) untergebracht werden. Dies ist zweckmäßiger, da sie häufigerer Änderung unterliegen, wie Beitragsordnungen. Als Grundsatz kann die Faustregel gelten, dass die Vereinssatzung so viel wie nötig, jedoch so wenig wie möglich bestimmen soll. Notwendig in die Satzung aufgenommen werden müssen daher alle die Bestimmungen, die das Gesetz (für den rechtsfähigen Idealverein zwingend oder erzwingbar, für den nicht eingetragenen Verein wegen der Natur der körperschaftlichen Organisation) für notwendig hält, außer dem Katalog in §§ 57, 58 BGB also insbesondere die – nachstehend näher erörterten – Bestimmungen, deren Abweichung vom Gesetzeswortlaut durch **Satzung** ausdrücklich zugelassen ist und ferner alle „Grundentscheidungen des Vereinslebens", deren satzungsmäßige Verankerung Voraussetzung ihrer Rechtsverbindlichkeit ist, während die verfahrensmäßige Ausgestaltung Verfahrensordnungen überlassen werden kann. Diese, nicht im Katalog der §§ 57, 58 BGB enthaltenen, im Einzelfall zweckmäßigen und nur durch Aufnahme in die Satzung verbindlichen Bestimmungen sind insbesondere folgende:

a) Weitere Vereinsorgane, Organzuständigkeiten

Das Gesetz sieht vor, dass der BGB-Verein (mindestens) zwei Organe hat: den Vorstand und die Mitgliederversammlung. Nach § 26 Abs. 1 S. 1 BGB muss der Verein (zwingend) einen Vorstand haben. Nach § 32 Abs. 1 S. 1 BGB werden die Angelegenheiten des Vereins in der Mitgliederversammlung geordnet, soweit sie nicht vom Vorstand oder einem anderen Vereinsorgan zu besorgen sind. Die Rechte der Mitgliederversammlung können durch die Satzung also weitgehend ausgehöhlt und anderen Organen übertragen werden, doch darf – wie oben S. 23 gezeigt wurde – die Mitgliederversammlung durch die Satzung nicht völlig ausgeschlossen werden.

Es gibt bedeutende Vereine und Verbände, die mit dem gesetzlichen Grundmuster für die Organausstattung – also Vorstand und Mitgliederversammlung – auskommen. Es kann jedoch auch das Bedürfnis bestehen, zusätzliche Vereinsorgane zu schaffen. Dies wird der Fall sein, wenn umfangreiche Projekte oder Aufgaben durch den Verein betreut werden. Dies muss in der Vereinssatzung geschehen. Die Wahl weiterer Vereinsorgane, ihre Organisation, Ausstattung mit Kompetenzen, personelle Zusammensetzung, ihre Zusammenarbeit und gegenseitige Abgrenzung werden vor allem bestimmt durch den Vereinszweck, die Aufgaben des Vereins, unterschiedliche Interessengruppen, die (nicht zuletzt auch finanziell) Träger des Vereins sind. Da die Ausstattung des Vereins mit weiteren Vereinsorganen und die Zuweisung von Zuständigkeiten an diese grundsätzlich freier Satzungsbestimmung überlassen ist, lässt sich ein allgemeingültiges Muster für zusätzliche Vereinsorgane nicht aufstellen. In der Praxis kommen äußerst komplizierte Organstrukturen vor, die natürlich nur gewählt werden sollten, wo ein echtes praktisches Bedürfnis dafür vorhanden ist. Insbesondere ist auch zu beachten, dass mit der Schaffung zusätzlicher Vereinsorgane das Problem ihrer Besetzung verbunden ist. Vereine mit geringer Mitgliederzahl oder mit einem geringen Anteil von am Vereinsleben aktiv teilnehmenden Mitgliedern haben oft Mühe, die zusätzlichen Vereinsorgane personell zu besetzen. Häufig sind auch Doppelfunktionen zumindest durch die Satzung ausgeschlossen. So dürfen beispielsweise Revisoren, Mitglieder des Aufsichtsrats oder eines Schiedsgerichts nicht gleichzeitig Vorstandsmitglieder sein.

Allerdings müssen die Mitglieder eines Vereinsorgans nicht stets Vereinsmitglieder sein. Im Vereinsrecht gilt nicht der Grundsatz der Selbstorganschaft, so dass auch Nichtmitglieder zum Vorstand oder in andere Vereinsorgane gewählt werden können, soweit dies mit Aufgabe und Funktion dieser Vereinsorgane vereinbar ist (sog. Fremdorganschaft). Die Besetzung von Vereinsorganen mit Nichtmitgliedern kann unterschiedlich begründet sein. Entweder bestehen die Mitglieder des Vereins aus anderen Organisationen, die Vertreter entsenden, oder Ehe-/Lebenspartner, die selbst nicht Mitglied sein möchten, engagieren sich als Vorstand. Für den Zusammenschluss natürlicher Personen zu privaten Zwecken in der Form eines Vereins taugen Konstruktionen mit zahlreichen Vereinsorganen daher nicht. In der Regel wird allerdings die Schaffung eines besonderen Disziplinarorgans (zumeist als Schiedsausschuss, nicht als echtes Schiedsgericht) zum Zweck der Streitschlichtung zweckmäßig sein. Wirtschaftsverbände, Träger von Forschungseinrichtungen, überregionale Sportorganisationen, politische Parteien, Gewerkschaften und Vereinigungen ähnlicher Art werden jedoch oft eine größere Zahl weiterer Vereinsorgane benötigen. So können diese Fachausschüsse, Koordinationsgremien und Entscheidungsgremien für die Zeit zwischen den Plenartagungen für Fragen, die der Vorstand nicht allein entscheiden kann, bilden. Als weitere Vereinsorgane können in Betracht kommen:

Organe mit Vertretungsfunktion: Nach der zwingenden Vorschrift des § 26 Abs. 1 S. 2 BGB vertritt der Vorstand den Verein gerichtlich und außergerichtlich; ferner hat der Vorstand die Stellung eines gesetzlichen Vertreters. Dieser Vorstand kann aus mehreren Personen bestehen, man spricht dann von einem „mehrgliedrigen Vorstand". In diesem Fall sollte die Satzung eine Bestimmung über die Vertretungsmacht enthalten. Fehlt sie, wird der Verein von der Mehrheit der Vorstandsmitglieder vertreten (§ 26 Abs. 2 BGB). Die Satzung kann aber bestimmen, dass jedes Vorstandsmitglied einzelvertretungsberechtigt ist, oder jeweils zwei Vorstandsmitglieder gesamtvertretungsberechtigt sind. In jedem Fall sollte bei der Festlegung der Vertretungsmacht darauf geachtet werden, dass der Vorstand im Fall der Verhinderung oder des Wegfalls eines Vorstandsmitglieds nicht handlungsunfähig wird. **Unzulässig** ist jedoch ein Alternativvorstand, also eine Bestimmung, wonach der Verein durch den 1. Vorsitzenden, im Falle seiner Verhinderung durch den 2. Vorsitzenden vertreten wird.[74] Im Übrigen siehe zum Vorstand S. 162 ff.

Organe mit Geschäftsführungsfunktion: Häufig wird zusätzlich zum Vorstand im Sinn des § 26 BGB (also als gesetzlicher Vertreter) – der dann meist als „geschäftsführender Vorstand" oder ähnlich bezeichnet wird – ein weiteres Vereinsorgan mit Leitungs- und Geschäftsführungsfunktion geschaffen, für das ebenfalls eine Bezeichnung mit der Wortverbindung „Vorstand" beliebt ist, so etwa „erweiterter Vorstand", „Gesamtvorstand",, gelegentlich auch „Präsidium". Das ist dann der Vorstand im Sinn des § 27 Abs. 3 BGB, dem die Geschäftsführung des Vereins obliegt. Er ist **nicht** Vorstand im Sinn des § 26 BGB, also nicht Vertretungsorgan. Es ist üblich, dass die Mitglieder des Vertretungsorgans, also des Vorstands im Sinn des § 26 BGB, dem Geschäftsführungsorgan, also dem Vorstand im Sinn des § 27 Abs. 3 BGB, angehören. Das wird in der Regel auch zweckmäßig sein, notwendig ist es nicht. Vertretungsorgan und Geschäftsführungsorgan könnten auch ohne personelle Verflechtung nebeneinander bestehen.

Auf die Bezeichnung der Vereinsorgane in der Satzung kommt es generell nicht an, sondern ausschließlich auf die Funktion, die die Satzung dem Organ zuweist. Man muss sich daher davor hüten, von der Bezeichnung auf die Funktion zu schließen, wie die beiden unterschiedlichen Vorstandsbegriffe zeigen. Auch die Verwendung des Begriffs „Geschäftsführung" ist sehr unterschiedlich; insbesondere deckt sich hier auch die sprachlich übliche Bezeichnung nicht immer mit der juristischen Terminologie. So ist der „geschäftsführende Vorstand" meist nicht das Geschäftsführungs-, sondern das Vertretungsorgan. In der juristischen Terminologie ist das Geschäftsführungsorgan jedoch stets der „Gesamtvorstand". Viele Vereine haben zudem einen „Geschäftsführer", der Mitglied des Vorstands (als Vertretungsorgan oder als Geschäftsführungsorgan) sein kann, jedoch nicht muss. Er kann von der Satzung als eigenständiges weiteres Organ vorgesehen werden, er kann aber auch nur mit Handlungsvollmacht ausgestatteter Angestellter des Vereins ohne Organqualität sein.

Organe mit Verwaltungsfunktion: Jeder Verein bedarf einer Verwaltungsinstitution, die die tägliche Büroarbeit erledigt, die Mitgliederliste führt, die Konten verwaltet usw. Bei kleinen Vereinen mit wenig Verwaltungsaufwand wird diese Tätigkeit der Vorsitzende oder ein Vorstandsmitglied nebenher erledigen. Üblich ist es, dass Vereine zumindest eine Geschäftsstelle, ein Büro unterhalten. Bedeutende Vereine benötigen für die Leitung ihrer Verwaltung ein besonderes Vereinsorgan, übliche Bezeichnungen sind: Generalsekretär, Geschäftsführer.

Organe mit Koordinierungsfunktion: Sie werden gelegentlich von Vereinen mit zahlreichen Organen benötigt, um die Tätigkeit dieser Organe zu koordinieren und auch, um deren Entscheidungen vorzubereiten. Oft leisten sie auch programmatische Arbeit. Solche Organe können Bezeichnungen führen wie: Verwaltungsrat, Konvent, Verbandstag.

Organe mit Überwachungs- und Steuerungsfunktion: Sie können von größtem Einfluss, Schaltstellen der „Macht" im Verein sein, insbesondere wenn ihnen – wie häufig – nicht nur das Recht der Überwachung, sondern auch das der Bestellung und der Abberufung des Vorstands zusteht. Übliche Bezeichnungen für Organe dieser Art sind: Kuratorium, Senat (vor allem im Bildungsbereich), Aufsichtsrat. Sieht die Satzung eines BGB-Vereins die Bestellung eines Aufsichtsrats vor, so gelten nicht – anders als nach § 52 GmbHG – Vorschriften des Aktiengesetzes. Die Vereinssatzung bestimmt vielmehr die Aufgaben des Aufsichtsrats, wie auch die anderer Vereinsorgane.

Überwachungsorgane von minderer Bedeutung können sein: Revisoren, Rechnungs- oder Kassenprüfer (in der Regel wenigstens zwei Personen) nach dem „Vier-Augen-Prinzip", die lediglich die Ordnungsmäßigkeit der Finanzverwaltung des Vereins überprüfen und in der Regel der Mitglieder- oder Delegiertenversammlung Bericht erstatten.

Organe mit Beratungsfunktion: Insbesondere wissenschaftlich und politisch tätige Vereinigungen, aber auch Wirtschaftsverbände, Gewerkschaften und politische Parteien benötigen in der Regel Beratungsgremien, die meist mit Fachleuten besetzt werden und möglicherweise einem Organ mit Koordinierungsfunktion zuarbeiten oder den Vorstand oder ein sonstiges Entscheidungsgremium unterstützen. Übliche Bezeichnungen sind: Beirat, Arbeitskreis, Ausschuss, in der Regel in Verbindung mit der Fachbezeichnung.

Organe zur Konfliktlösung: Auch kleinere Vereine sollten sich ein Instrument zur Konfliktlösung schaffen. Das kann in der Rechtsform eines besonderen Vereinsorgans geschehen: als Schiedsstelle, Schlichtungsausschuss, Disziplinarkommission. Vielfach führen derartige Gremien auch (meist zu Unrecht und daher missverständlich) die Bezeichnung „Gericht" („Ehrengericht", „Schiedsgericht", „Vereinsgericht"), auch wenn es sich nur um einen bloßen Vereinsausschuss handelt, nicht um ein Schiedsgericht nach §§ 1025 ff. ZPO. Der Unterschied ist folgender: Gegen die Entscheidungen eines vereinsinternen Schiedsorgans (auch die eines Vereinsausschusses) können die ordentlichen Gerichte angerufen werden; diese Entscheidungen sind von den staatlichen Gerichten grundsätzlich voll nachprüfbar. Schiedsgerichte im Sinn der §§ 1025 ff. ZPO entscheiden dagegen **anstelle** der staatlichen Gerichte, ihr Schiedsspruch hat unter den Parteien die Wirkung eines rechtskräftigen gerichtlichen Urteils (§ 1055 ZPO), er unterliegt nur einer beschränkten Nachprüfung durch staatliche Gerichte (im Wesentlichen bei Verfahrensfehlern und einem Verstoß gegen die guten Sitten oder die öffentliche Ordnung). Ein Schiedsgericht nach §§ 1025 ff. ZPO muss daher den Anforderungen der richterlichen Unabhängigkeit genügen. Daher können die streitenden Parteien selbst und ihre Vertreter nicht Schiedsrichter sein. In seiner Stellung als Gericht kann das Schiedsgericht nach §§ 1025 ff. ZPO daher auch nicht Organ des Vereins sein, denn ein Organ hat stets – allgemeinbegrifflich – der Funktionsfähigkeit des Gesamtkörpers zu dienen, dem es angehört. Nach vereinsrechtlichem Verständnis werden als Vereinsorgane die Personen oder Gremien bezeichnet, deren Handeln kraft Gesetzes der Körperschaft „Verein" zugerechnet wird und durch die diese Körperschaft „Verein" handelt. Vereinsorgane sind also Handlungsorgane, sie haben die Funktion, für und im Dienste des Vereins tätig zu werden, eine Funktion, die mit dem Begriff eines unabhängigen Gerichts unvereinbar ist.

Dagegen ist es zulässig, Organe der Streitschlichtung zu schaffen, die grundsätzlich auch parteiisch besetzt werden dürfen, da ihre Entscheidungen ja der Nachprüfung der staatlichen Gerichte unterliegen. Näheres hierzu nachstehend S. 138 ff.

Besondere Vertreter: Nach § 30 BGB kann die Satzung des Vereins bestimmen, dass neben dem Vorstand für bestimmte Geschäfte besondere Vertreter zu bestellen sind.[75] Die Vertretungsmacht eines solchen Vertreters erstreckt sich im Zweifel auf alle Rechtsgeschäfte, die der ihm zugewiesene Geschäftskreis gewöhnlich mit sich bringt. Das Gesetz geht also davon aus, dass für bestimmte ausgrenzbare Geschäftsbereiche neben dem Vorstand ein eigenes Vertretungsorgan bestellt wird. Die Rechtsprechung hat jedoch auch „besondere Vertreter" ohne rechtsgeschäftliche Vertretungsmacht zugelassen (etwa technische Leiter eines Betriebs). Ferner steht es nicht völlig im Belieben eines Vereins, ob er in seiner Satzung „besondere Vertreter" vorsieht: trotz Vereinsautonomie müssen solche Vertreter bestellt werden, wenn objektiv der Vorstand allein zur Wahrnehmung aller ihm obliegenden Aufgaben nicht in der Lage ist. Die Bestellung „besonderer Vertreter" im Sinn des § 30 BGB muss in der Satzung zumindest vorgesehen sein; es reicht aus, dass die Satzung die Bestellung gestattet. Als „besonderer Vertreter" nach § 30 BGB kann auch ein Vorstandsmitglied bestellt werden, dem dann ein bestimmter Geschäftsbereich besonders zugewiesen wird.

Die Bestellung hat in erster Linie Bedeutung für wirtschaftliche Vereine, aber auch bei Idealvereinen werden zunehmend besondere Vertreter bestellt, um den Vorstand zu unterstützen.

BEISPIELE: Filialleiter eines Warenhauses, Leiter einer Bankfiliale, Vorsteher einer Sparkasse (dagegen nicht: deren Kreditsachbearbeiter).

Aber auch größere Idealvereine können genötigt sein, „besondere Vertreter“ zu bestellen, insbesondere im Sport- und Wissenschaftsbereich:

BEISPIELE: Leiter der Fußball- oder Leichtathletikabteilung eines Sportvereins; Leiter der Wissenschaftsabteilung eines Forschungsinstituts, das vereinsrechtlich organisiert ist.

Ob der besondere Vertreter auch in das Vereinsregister eingetragen werden muss, wird bei den Registergerichten unterschiedlich gehandhabt. Fragen Sie dort nach, ob eine Eintragung erfolgen muss.

Die Verteilung der Organzuständigkeiten kann nach unterschiedlichen Gesichtspunkten erfolgen: nach rein fachlichen oder nach Einflusssphären. Die Organe mit Verwaltungs-, Beratungs-, Koordinierungsfunktion, die der Konfliktlösung wie auch „besondere Vertreter“ nach § 30 BGB werden in der Regel nach fachlichen Gesichtspunkten besetzt werden. Zentren der Vereinspolitik sind jedoch insbesondere diejenigen Organe, denen die Bestellung und Abberufung des Vorstands obliegt und denen das Recht der Satzungsänderung und der Änderung des Vereinszwecks zusteht. Das sind insbesondere die Mitglieder- bzw. Delegiertenversammlung (Vertreterversammlung), der Vorstand selbst (wenn er sich durch Zuwahl selbst ergänzt), sowie die Organe mit Überwachungs- und Steuerungsfunktion (Aufsichtsrat, Kuratorium, Senat usw.), soweit ihnen eines der genannten Rechte zusteht. Müssen Interessensphären gewahrt werden (also insbesondere der Vorstand – aber auch andere Vereinsorgane – paritätisch oder nach einem bestimmten Proporz besetzt werden), kann die Abgrenzung dieser Interessensphären direkt in der Satzung verankert werden, etwa durch Minderheitenschutzklauseln oder Zuteilung von Sonderrechten.

BEISPIELE:

- „Der Gesamtvorstand besteht aus mindestens 5 Mitgliedern. Ihm gehört als voll stimmberechtigtes Mitglied auch stets ein Vertreter der Jugendgruppe (oder: des Seniorenbeirats, oder: der X-Abteilung) an, der von diesem Gremium gewählt wird.“

- „Der Vorsitzende des A-Vereins ist automatisch Mitglied des Vorstands."
- „Die Vorstandsmitglieder müssen Mitglieder des A-Vereins sein."
- „Der Vorstand besteht aus drei gleichberechtigten Mitgliedern. Je ein Mitglied soll dem A-Verein, dem B-Komitee e. V. und dem C-Verband angehören."
- „Die Wahl des Vorstands (oder: des 1. Vorsitzenden) bedarf der Bestätigung durch ..." (insbesondere bei Abhängigkeit des Vereins von einer Kirche oder Religionsgesellschaft).

b) Untergliederungen

Zu unterscheiden sind Vereinsverbände und **Gesamtvereine.** Mitglieder von Vereinsverbänden sind (rechtsfähige oder nicht rechtsfähige) Körperschaften, insbesondere also auch Vereine, sowie rechtsfähige Handelsgesellschaften sind, die sich zu gemeinsamen Zwecken meist wirtschafts- und berufspolitischer Art zusammengeschlossen haben. Gesamtvereine weisen Untergliederungen (Abteilungen) auf, in welchen sich die Mitglieder organisieren. Wirtschaftsverbände sind oft dreigliedrig (Orts-, Landes- und Bundesebene).

BEISPIEL: Mehrere Fachverbände bilden ihrerseits einen Dachverband.

Gesamtvereine sind oft vier- oder fünfgliedrig.

BEISPIEL: Der Bundesverein gliedert sich in Landesvereine, diese in Bezirke, diese möglicherweise in Unterbezirke, diese in Ortsvereine.

Nach der Rechtsprechung ist eine Untergliederung eines eingetragenen Vereins als nicht rechtsfähiger Verein anzusehen, wenn er auf Dauer Aufgaben nach außen im eigenen Namen durch eine eigene, handlungsfähige Organisation wahrnimmt. Die Untergliederung muss eine körperschaftliche Verfassung besitzen, einen Gesamtnamen führen, vom Wechsel ihrer Mitglieder unabhängig sein und neben ihrer unselbstständigen Tätigkeit für den Hauptverein Aufgaben auch eigenständig wahrnehmen.[76]

Das Rechtsverhältnis zwischen dem Vereinsverband und seinen Mitgliedern ist in der Regel nicht problematisch: sie sind Vereinsmitglieder, deren Rechte und Pflichten sich aus dem Gesetz und der Satzung ergeben. Dagegen sollte ein Gesamtverein, der Untergliederungen hat, die zwischen ihm und seinen Untergliederungen bestehenden Rechtsverhältnisse zumindest in den Grundzügen in der Satzung des Gesamtvereins regeln, um für den Fall eines Konflikts zwischen einer Untergliederung und dem Hauptverein seine Rechte ausreichend wahren zu können. Insbesondere sollten folgende Punkte geregelt werden:

- Rechtsform der Untergliederung (rechtsfähig oder nicht),
- Verfassung der Untergliederung (Bindung von Vereinszweck, Aufgaben, Vereinspolitik usw. an die des Gesamtvereins),
- Ausmaß der Selbstständigkeit der Untergliederung (evtl. Recht der Auflösung, der Delegation einer Vertrauensperson des Hauptvereins in den Vorstand der Untergliederung, Vorbehalt der Genehmigung von Beschlüssen, Unvereinbarkeitsregelungen),
- Vorbehalt des Namensrechts (der vor allem in den Fällen wichtig sein kann, in denen der Name des Gesamtvereins selbst wenig Geltungskraft besitzt).

Für politische Parteien gelten Sondervorschriften nach dem Parteiengesetz. Danach muss die gebietliche Gliederung so weit ausgebaut sein, dass den einzelnen Mitgliedern eine angemessene Mitwirkung an der Willensbildung der Partei möglich ist (§ 7 Abs. 1 S. 2 ParteienG). Eine politische Partei sollte ferner bestimmen, welche Stufe ihrer Gebietsverbände im Rechtsstreit voll parteifähig ist (§ 3 S. 2 ParteienG). Im Übrigen sind die Auflösung und der Ausschluss nachgeordneter Gebietsverbände sowie die Amtsenthebung ganzer Organe derselben nur wegen schwerwiegender Verstöße zulässig. Die Satzung **muss** bestimmen, aus welchen Gründen die Maßnahmen zulässig sind und welcher übergeordnete Gebietsverband und welches Organ dieses Verbandes sie treffen können (§ 16 Abs. 1 ParteienG).

c) Inkompatibilitätsregeln

Darunter versteht man die Unvereinbarkeit von Ämtern. Es gibt zwingende und fakultative Unvereinbarkeiten. In allen Fällen sollten sie in der Satzung festgehalten werden, auch dort, wo sie zwingend vorgeschrieben sind, weil die Unvereinbarkeiten nicht aus dem Gesetzestext zu entnehmen sind und erfahrungsgemäß vor allem bei Wahlen Zweifel auftreten.

Zwingende Unvereinbarkeit besteht zwischen dem Vorstandsamt (und dem des „besonderen Vertreters“ nach § 30 BGB, weil er Vorstandsaufgaben wahrnimmt) einerseits und den Aufgaben eines Revisors und eines Aufsichtsratsmitglieds. Die zwingende Unvereinbarkeit dieser Ämter ergibt sich nicht aus dem Gesetz (denn § 105 des Aktiengesetzes gilt nicht für den Verein), jedoch aus der Aufgabenstellung und dem Sinn des Aufsichtsrats und des Revisors als Kontrollorgan. Dieses kontrolliert ja gerade die Geschäftsführung des Vorstands einschließlich der Finanzverwaltung. Würde sich der Vorstand selbst kontrollieren, bedürfte es des Aufsichtsorgans nicht. Da die Vereinssatzung jedoch auch diese Aufsichtsorgane mit unterschiedlichen Kompetenzen ausstatten kann, ihre Rechte einschränkend oder ausdehnend formulieren kann, empfiehlt es sich, die Unvereinbarkeiten auch in diesen Fällen satzungsmäßig zu regeln und Doppelmitgliedschaften im Aufsichtsgremium und im zu beaufsichtigenden Organ satzungsmäßig zu unterbinden.

Sieht die Satzung ein Vereinsschiedsgericht nach §§ 1025 ff. ZPO vor, ist es üblich, festzulegen, dass die Schiedsrichter weder dem Vorstand im Sinn des § 26 BGB noch dem erweiterten Vorstand noch einem sonstigen Vereinsorgan (mit Ausnahme der Mitglieder- oder Delegiertenversammlung) angehören dürfen, um einerseits die sachliche Unabhängigkeit der Schiedsrichter zu betonen und andererseits nicht Gefahr zu laufen, dass ein Schiedsspruch nach § 1062 ZPO wegen Verstoßes gegen die guten Sitten oder die öffentliche Ordnung (Richter in eigener Sache!) aufgehoben wird. Dagegen ist es zulässig und durchaus die Regel, dass die vor dem Schiedsgericht streitenden Parteien auf dessen Zusammensetzung Einfluss nehmen, etwa durch die Bestimmung, dass jede der Parteien, die das Schiedsgericht anruft, einen Schiedsrichter bestellt und diese

Schiedsrichter sich auf einen gemeinsamen Vorsitzenden einigen. Es muss nur ausgeschlossen werden, dass einer der Streitteile einseitig das Schiedsgericht majorisieren kann (§ 1034 ZPO).

Dagegen besteht keine Unvereinbarkeit zwischen dem Vorstandsamt und einem anderen Schieds- und Disziplinarorgan, das nicht Schiedsgericht im Sinn der §§ 1025 ff. ZPO ist; demnach sollte dies vermieden werden. Es ist auch zulässig, Disziplinarbefugnisse vollständig auf den Vorstand zu übertragen. Denn alle diese Maßnahmen unterliegen der nahezu vollen Nachprüfung durch die staatlichen Gerichte.

Nach § 1030 Abs. 1 ZPO können nur vermögensrechtliche Ansprüche Gegenstand einer Schiedsvereinbarung sein; eine Schiedsvereinbarung über nichtvermögensrechtliche Ansprüche hat jedoch insoweit Wirkung, als die Parteien berechtigt sind, über den Gegenstand des Streites einen Vergleich zu schließen. Da das auch für Disziplinarmaßnahmen gilt, können Vereinsschiedsgerichte nach wie vor als Schiedsgerichte nach §§ 1025 ff. ZPO eingerichtet werden. Nach § 1033 ZPO können diese nun auch Maßnahmen des vorläufigen Rechtsschutzes ergreifen. Daneben wird jedoch der einstweilige Rechtsschutz durch die ordentlichen Gerichte weiterhin zulässig sein, wenn das Schiedsgericht nach §§ 1025 ff. ZPO nicht ständig besetzt ist und sich im Einzelfall erst langwierig konstituieren muss. Attraktiv ist ein Schiedsgericht nach §§ 1025 ff. ZPO für den Verein also (nur), wenn nicht die Parteien die Schiedsrichter bestimmen, sondern das Gericht ständig (durch die Mitglieder- oder Delegiertenversammlung) besetzt wird, weil sich auf diese Weise der Eingriff ordentlicher Gerichte in das Vereinsleben fast ganz ausschließen lässt, abgesehen von den Rechtsbehelfen nach § 1059 ZPO und dem Verfahren nach § 1062 ZPO.

Ist ein Verbraucher in dieser seiner Eigenschaft am Verein beteiligt, gilt Abweichendes:

BEISPIEL: Als Mitglied eines wirtschaftlichen Vereins gem. § 22 BGB, z. B. als Mitglied eines Vereins mit Flugrettungsdienst, erhält das Mitglied also durch seinen Beitritt einen Anspruch auf geldwerte Leistungen (Dienste der Flugrettung). Ein gesondertes Entgelt muss es nicht zahlen.

Hier kann die Schiedsvereinbarung nur in einer von den Parteien (also dem Verein und dem Mitglied) eigenhändig unterzeichneten Urkunde wirksam geschlossen werden. Diese Vereinbarung darf dann keine Erklärungen enthalten, die sich nicht auf das schiedsrichterliche Verfahren beziehen; andernfalls müsste die Schiedsvereinbarung notariell beurkundet werden. Eine Regelung in dem Aufnahmeantrag wäre nicht möglich.

Sind die Mitglieder des für Ordnungsmaßnahmen zuständigen Vereinsorgans selbst durch das Verhalten verletzt worden, das Gegenstand des Ordnungsverfahrens ist, dürfen sie am Verfahren nicht mitwirken.[77] Ferner darf der Vorstand, auch wenn ihm die Satzung allgemein das Recht zur Ausschließung von Vereinsmitgliedern zuweist, nicht ein anderes Vorstandsmitglied aus dem Verein ausschließen.[78]

Fakultativ kann die Satzung bestimmen, dass die Besetzung weiterer Ämter in Personalunion untersagt ist. So ist es möglich, zu bestimmen, dass die Mitglieder des Vorstands im Sinn des § 26 BGB („geschäftsführender Vorstand") nicht Mitglied des Präsidiums (zusätzliches Organ) sein dürfen. Sinnvoll kann es jedoch sein, festzulegen, dass Mitglieder bestimmter Vereinsausschüsse (insbesondere, wenn sie beratend für den Vorstand tätig werden) nicht Mitglied in einem Überwachungsorgan sein können, oder dass Doppelmitgliedschaft in Fachausschüssen unzulässig ist.

Indirekte Unvereinbarkeitsregeln und gleichzeitig Instrumente der Transparenz der Willensbildung in Entscheidungsgremien sind ebenfalls nicht selten, etwa in der Form, dass die Satzung bestimmt, die Mitglieder eines Vereinsorgans seien berechtigt, an den Beratungen eines anderen Vereinsorgans ohne Stimmrecht teilzunehmen.

BEISPIELE:

- „Sitz im Vorstand hat auch der Generalsekretär, doch ist er nicht stimmberechtigt."
- „Die Mitglieder des Vorstands haben in den Sitzungen des Aufsichtsrats beratende Stimme, soweit der Aufsichtsrat nichts anderes beschließt."

d) Wählbarkeit, Amtsdauer

Es kann sinnvoll sein, Bestimmungen über die Wählbarkeit in die Satzung aufzunehmen, etwa für bestimmte Ämter eine Altersgrenze festzulegen, oder – negativ – Nichtmitglieder von der Wählbarkeit in Vereinsorgane auszuschließen. Bei politischen, religiösen und weltanschaulichen Vereinigungen kann es notwendig sein, durch Satzungsbestimmung festzulegen, dass das Amt in einem Vereinsorgan endet, wenn das Mitglied aus der mit dem Verein verbundenen Partei, Kirche, Weltanschauungsvereinigung ausscheidet, wenn nicht ohnehin bestimmt ist, dass damit auch die Vereinsmitgliedschaft erlischt.

Zweckmäßig kann es auch sein, in der Satzung als Soll-Vorschrift festzulegen, dass bestimmte Organe landsmannschaftlich, berufsständisch, nach bestimmten wissenschaftlichen Kriterien usw. paritätisch besetzt werden sollen, je nach Zweck und Aufgabe des Vereins.

Jede Vereinssatzung sollte eine Bestimmung über die Amtsdauer von Funktionsträgern enthalten, insbesondere hinsichtlich der Mitglieder der notwendigen Vereinsorgane. Teilweise wird dies auch ausdrücklich durch die Registergerichte oder die Finanzämter gefordert. Um zu vermeiden, dass ein Vereinsorgan vorübergehend unbesetzt ist, weil aus technischen und organisatorischen Gründen eine Neuwahl nicht rechtzeitig stattfinden kann, sollte ferner eine Verlängerungsklausel vorgesehen werden.

BEISPIEL: Die Mitglieder des Vorstands werden auf die Dauer von zwei Jahren gewählt. Sie bleiben im Amt, bis ein neuer Vorstand gewählt ist.

Fehlt eine solche Klausel, endet das Amt automatisch[79] mit dem Ablauf (24.00 Uhr), § 188 Abs. 2 Alt. 1 BGB. Das hat zur Folge, dass das Organmitglied nicht mehr vertretungsberechtigt ist.

e) Formalien für die Einberufung und Leitung von Vereinsgremien

In § 58 Nr. 4 BGB ist hierzu nur festgelegt, dass die Vereinssatzung Bestimmungen über die Voraussetzungen, unter denen die Mitgliederversammlung (Delegiertenversammlung) zu berufen ist, enthalten muss, sowie Bestimmungen über die Form der Einberufung. Wegen der möglichen Folgen von Einberufungsmängeln gilt dies in gleicher Weise auch für die Satzung des nicht eingetragenen Vereins. Die Wahl der Form der Einberufung stellt das Gesetz dem Verein jedoch frei. Sie wird je nach Eigenart des Vereins, seiner Größe, der regionalen Streuung seiner Mitglieder unterschiedlich sein. Für einen kleinen Ortsverein kann es genügen, dass die Einberufung durch Aushang im Vereinslokal oder durch Bekanntmachung in der Vereinszeitung erfolgt.

Durch die gewählte Form der Einberufung muss lediglich sichergestellt sein, dass sämtliche Mitglieder **Gelegenheit** erhalten, von Ort, Zeit und Gegenstand der Versammlung (hierzu: § 32 Abs. 1 S. 2 BGB) **rechtzeitig** Kenntnis zu nehmen. Dagegen muss **nicht** sichergestellt werden, dass auch **tatsächlich** alle Mitglieder von der Versammlung Kenntnis erhalten. Der Verein muss daher nicht den Zugang der Einladung beweisen, wohl aber bei schriftlicher Einberufung die Absendung der Einladung an sämtliche Mitglieder, bei Einberufung in anderer Form die Möglichkeit der Kenntnisnahme. Ist es zweifelhaft, ob eine Person noch Mitglied ist (z. B. ein Austritt, ein Ausschluss rechtswirksam, die Streichung aus der Mitgliederliste ordnungsgemäß erfolgt ist), empfiehlt es sich, auch sie einzuladen.

Die äußere Form der Einberufung muss konkret in der Satzung bezeichnet werden. Ob eine alternative Bestimmung, etwa der Art, die Einladung erfolgte entweder schriftlich oder durch Anschlag am schwarzen Brett des Vereinslokals, ausreichend ist, ist umstritten. Sie gilt als unzulässig, wenn diese Form dem einzelnen Mitglied die Kenntnisnahme von der Einberufung der Versammlung wesentlich erschweren würde (so im Beispielsfall, wenn nicht sämtliche Mitglieder ortsansässig sind). Ferner darf die Wahl der Einladungsform nicht dem Belieben des für die Berufung zuständigen Vereinsorgans überlassen werden, unzulässig wäre daher die Bestimmung: „Die Einladung erfolgt durch einfachen Brief oder in sonst geeigneter Weise.“[80] Als unbedenklich gilt dagegen eine Bestimmung folgender Art:

BEISPIEL: „Die Einladung erfolgt durch einfachen Brief an die letztbekannte Anschrift der Mitglieder oder durch Veröffentlichung im Vereins-Mitteilungsblatt."

Zu Beweiszwecken muss dann im Fall der ersten Alternative in einem Postausgangsbuch oder in einem Aktenvermerk festgehalten werden, dass und an welchem Tag die Einladungsschreiben an die letztbekannte Anschrift sämtlicher Mitglieder zur Post gegeben wurden. Im Fall der zweiten Alternative wird es notwendig sein, diese Daten auch für die Versendung des Vereinsmitgliedsblatts in gleicher Weise festzuhalten (das Datum kann von Bedeutung sein für den Nachweis der Einhaltung von Ladungsfristen). Selbstverständlich zulässig ist es, zu bestimmen, dass **zusätzlich** zur schriftlichen Einladung auf die Versammlung noch im Vereins-Mitteilungsblatt hingewiesen werden soll.

Bei schriftlicher Einberufung genügt die Versendung der Einladung durch einfachen Brief. Auch die Nutzung von E-Mail ist ausreichend.[81] Der Zeitpunkt der Mitgliederversammlung kann im Übrigen auch auf andere Weise bestimmt werden, so in der Satzung selbst. Unzweckmäßig ist natürlich die Bestimmung eines bestimmten Kalendertags, wohl aber kann es sinnvoll sein, die ordentliche Mitgliederversammlung an ein bestimmtes Ereignis zu knüpfen. Auch in diesem Fall wird jedoch in der Regel eine gesonderte Einladung mit der Tagesordnung erforderlich sein. Außerdem muss die Satzung auch die Form für die Einladung zu außerordentlichen Mitgliederversammlungen regeln, weshalb es zweckmäßig ist, die Form der Einberufung allgemein zu fassen.

BEISPIEL: „Die ordentliche Mitgliederversammlung findet jährlich einmal statt, und zwar regelmäßig am Tag vor der Eröffnung der X-Messe am jeweiligen Messeort. Sollte das Stattfinden der X-Messe in einem Jahr nicht gewährleistet sein, bestimmt der Vorstand Ort und Zeit der ordentlichen Mitgliederversammlung.
Eine außerordentliche Mitgliederversammlung ist vom Vorstand unverzüglich einzuberufen:

- auf Beschluss des Vorstands, insbesondere wenn das Interesse des Vereins es erfordert,
- auf schriftliches Verlangen eines Zehntels der Mitglieder des Vereins unter Angabe des Zwecks und der Gründe."

Die letztgenannte Klausel entspricht dem Minderheitenschutz des § 37 Abs. 1 BGB, der durch die Satzung modifiziert, jedoch nicht ausgeschlossen werden kann. Sie können hier auch $^1/_3$ oder $^1/_4$ der Mitglieder vorsehen, wobei stets der Minderheitenschutz gewährleistet sein muss. Die Bestimmung von Ort und Zeit der nächsten Mitgliederversammlung kann jedoch auch durch die vorausgehende Mitgliederversammlung erfolgen; in diesem Fall empfiehlt es sich jedoch, in der Satzung eine Ersatzzuständigkeit festzulegen für den Fall, dass es zu einem solchen Beschluss (beispielsweise wegen Beschlussunfähigkeit) nicht mehr kommt.

BEISPIEL: „Die ordentliche Mitgliederversammlung findet jährlich einmal statt. Zeit und Ort bestimmt die letzte Mitgliederversammlung oder, falls sie hierüber keinen Beschluss fasst, der Vorstand."

Wie diese Beispiele zeigen, gehört zur Form der Einberufung auch die Bestimmung darüber, wer sie vorzunehmen hat. Enthält die Satzung hierüber keine Bestimmung, obliegt die Einladung dem Vorstand. Üblich sind Satzungsbestimmungen folgender Art:

BEISPIELE:
- „Mitgliederversammlungen sind vom 1. Vorsitzenden oder im Falle seiner Verhinderung vom 2. Vorsitzenden einzuberufen."
- „Die Einladung zu Mitgliederversammlungen (Delegiertenversammlungen) erfolgt durch den Vorstand. Er kann sich hierzu des Geschäftsführers bedienen."

Nach § 32 Abs. 1 S. 2 BGB ist zur Gültigkeit des Beschlusses der Mitgliederversammlung (bzw. der sie ersetzenden Delegiertenversammlung) erforderlich, dass der Gegenstand der Beschlussfassung bei der Einberufung bezeichnet wird, also die Tagesordnung mitgeteilt wird. Da § 32 BGB gem. § 40 BGB voll zur Disposition steht, könnte die Satzung hiervon befreien. Eine durch Satzung erlaubte Befreiung von der Mitteilung der Tagesordnung ist jedoch generell abzulehnen, auch soweit das Gesetz sie zulässt. Zum einen vermag die Kenntnis vom Gegenstand der Beschlussfassung einmal die individuelle Entscheidung der Mitglieder, ob sie den Besuch der Versammlung für erforderlich halten (oder – wo die Satzung Stellvertretung erlaubt, also insbesondere im Verbandsbereich –, wer entsandt werden soll), zu beeinflussen. Zum anderen ist auch eine sinnvolle Vorbereitung auf die Versammlung ohne Kenntnis der Tagesordnung nicht möglich. Ein Abweichen von dem generellen Erfordernis stellen jedoch die Dringlichkeitsanträge dar. Diese können sich aber nur auf Angelegenheiten beschränken, die keine besondere Bedeutung aufweisen. Eine Satzungsänderung kann nicht im Rahmen eines Dringlichkeitsantrages behandelt werden.[82]

Hinweis

Planen Sie daher damit, dass zusätzliche Anträge gestellt werden können. Um diese rechtzeitig den Mitgliedern mitteilen zu können, sollte die Ladungs- und Antragsfrist großzügig bemessen sein.

In der Rechtsliteratur wird vereinzelt die Meinung vertreten, an den Schutz einer Delegiertenversammlung könnten geringere Anforderungen gestellt werden, weil die Delegierten Amtsträger und kraft des ihnen erteilten Auftrags verpflichtet seien, an der Delegiertenversammlung teilzunehmen. Das rechtfertige geringere Anforderungen an den Inhalt der mit der Einladung mitzuteilenden Tagesordnung, weil die Entscheidung einer Teilnahme davon nicht abhängig sein könne. Diese Ansicht überzeugt nicht, weil sie zwei mögliche Fallgestaltungen unberücksichtigt lässt: Zwar ist der gewählte Delegierte verpflichtet, an der Delegiertenversammlung teilzunehmen; für den Fall seiner Verhinderung werden jedoch in der Regel Ersatz-Delegierte gewählt, so dass ein Rest Entscheidungsfreiheit verbleibt. Auch werden aus der Mitte der Delegierten in der Regel Mitglieder von Kommissionen gewählt, die während der Plenardebatte tagen (z. B. Antrags- und Wahlkommissionen). Auch diese mit Sonderaufgaben betrauten Delegierten haben ein Interesse daran, sicherzustellen, dass ein ihnen wichtiger Punkt nicht in ihrer Abwesenheit behandelt wird, die Information darüber können sie nur der Tagesordnung entnehmen.

Sieht die Satzung eine **Delegiertenversammlung** vor, müssen jedoch gleichzeitig festgelegt werden die Modalitäten der Wahl der Delegierten und ein Vertretungsschlüssel, also die Regelung, wie viele Mitglieder (mindestens/höchstens) ein Delegierter vertritt. Zweckmäßig kann es sein, die Kompetenzen der Delegierten und ihre Amtsdauer zu regeln.

Auch **Ladungsfristen** sollte die Satzung festsetzen. Dagegen wird es in der Regel unzweckmäßig sein, den Ort der Versammlung in der Satzung zu bestimmen, es sei denn, die Versammlung wird regelmäßig im Zusammenhang mit einer bestimmten Veranstaltung (etwa einer Fachmesse) abgehalten. Zeit und Ort der Versammlung, sowie die Ladungsfrist müssen zumutbar sein. Das Erfordernis der Zumutbarkeit hängt wiederum von der Art des Vereins ab. Eine internationale wissenschaftliche Vereinigung benötigt andere Kriterien als ein geselliger Verein mit örtlich konzentrierter Mitgliedschaft, eine Massenorganisation andere, als ein Verein mit wenigen Mitgliedern. Auch für Vereine, deren Mitglieder am gleichen Ort wohnen, ist eine Frist von mindestens zwei Wochen zu empfehlen und üblich. Für einen Verein mit überregionaler Mitgliedschaft (insbesondere für Verbände und andere Vereinigungen, deren Mitglieder oder Vertreter gezwungen sind, langfristig zu terminieren) wird eine Einberufungsfrist von zwei bis drei Monaten angemessen sein.

Ferner empfiehlt es sich, in der Satzung eine **Antragsfrist** festzulegen: einen Termin, bis zu dem spätestens Sachanträge schriftlich vorliegen müssen, andernfalls sie von der Behandlung in der Mitgliederversammlung ausgeschlossen sind oder nur als Dringlichkeitsanträge eingebracht werden können, deren Zulassung an qualifizierte Mehrheiten gebunden werden kann. Diese Antragsfrist muss dann so bemessen werden, dass nach ihrem Ablauf erst die Ladungsfrist beginnt, damit die Anträge erforderlichenfalls auf die Tagesordnung gesetzt werden und den Mitgliedern bekanntgegeben werden können. Zwischen dem Ende der Antragsfrist und dem Beginn der Ladungsfrist muss ausreichende Zeit vorhanden sein, um die angekündigten Anträge auf ihre Zulässigkeit hin zu prüfen, zu sortieren und – wenn und soweit dies erforderlich ist – sie in die Tagesordnung aufzunehmen. Ein solches Verfahren setzt voraus, dass vor der Einladung zur Mitgliederversammlung eine Vorankündigung erfolgt mit der Aufforderung, Anträge einzureichen. Zweckmäßiger kann es sein, in der Satzung für die Ankündigung von Anträgen eine Nachfrist festzulegen, innerhalb der die Ergänzung der Tagesordnung verlangt werden kann. Allerdings muss auch in diesem Fall die ergänzte Tagesordnung den Mitgliedern gesondert bekanntgemacht werden. Da § 32 Abs. 1 S. 2 BGB durch die Satzung geändert werden kann, kann diese derartige Bestimmungen treffen.

BEISPIELE:

- „Die Einladung zur Mitgliederversammlung erfolgt mit einer Frist von zwei Wochen. Sie ist den Mitgliedern jedoch mindestens zwei Monate vor dem Zusammentritt der Versammlung schriftlich anzukündigen mit der Aufforderung, bis zu einem vom Vorstand festzusetzenden Zeitpunkt Anträge schriftlich einzureichen. Diese, sowie die Anträge des Vorstands sind den Mitgliedern nach Ablauf dieser Frist unverzüglich mitzuteilen. Anträge, die nach diesem Zeitpunkt eingehen, können von der Versammlung nur behandelt werden, wenn die Einhaltung der Frist objektiv nicht möglich war und die Versammlung sie als dringlich zulässt."
- „Die Einladung zur Vertreterversammlung erfolgt mit einer Frist von zwei Monaten. Anträge müssen spätestens einen Monat vor der Versammlung dem Vorstand schriftlich zugehen..."

Zum notwendigen und üblichen Inhalt der Tagesordnung vgl. S. 149 f. Die Satzung kann über den notwendigen Inhalt der Tagesordnung hinaus strengere Anforderungen stellen, sie kann aber auch weitergehend entheben. Ist die Ankündigungspflicht durch die Satzung nicht abbedungen oder eingeschränkt, können Beschlüsse über Gegenstände, die nicht angekündigt sind, nicht wirksam gefasst werden. Dies betrifft insbesondere die beliebten Tagesordnungspunkte „Verschiedenes" oder „Sonstiges".

Gelegentlich enthalten Vereinssatzungen auch eine Bestimmung darüber, wer die Mitglieder- bzw. Delegiertenversammlung leitet. Dies ist insbesondere in Verbandssatzungen üblich, wo dann meist bestimmt ist, dass der Vorsitzende (oder der Präsident), im Verhinderungsfall sein Stellvertreter, die Versammlung leitet. Hier kann es sinnvoll sein, einen gesonderten Versammlungsleiter zu bestellen. Weitere Formalien über die Leitung der Versammlung und deren Ablauf sollten in der Regel nicht in die Satzung aufgenommen werden, sondern in eine Geschäftsordnung oder Versammlungsordnung ausgelagert werden, die dann aber in der Satzung verankert werden muss. Doch kann es zweckmäßig sein, in der Satzung von mitgliederstarken Vereinen – insbesondere von Gewerkschaften, politischen Parteien –, die in der Regel die Mitgliederversammlung durch eine Vertreterversammlung ersetzt haben, zu bestimmen, dass eine Mandatsprüfungskommission, eine Antragskommission und bei der Durchführung von Wahlen ein Wahlausschuss zu bilden sind. Das Verfahren dieser Gremien sollte wiederum in gesonderten Geschäftsordnungen außerhalb der Satzung geregelt werden, die mitunter auch als „Richtlinien" bezeichnet werden. In der Bezeichnung kann zum Ausdruck kommen, welches unterschiedliche Gewicht der Verein diesen internen Rechtsnormen beimisst.

BEISPIEL: So kann die Satzung bestimmen, dass das Wahlverfahren in einer von der Mitgliederversammlung zu beschließenden Wahlordnung näher geregelt wird. Diese Wahlordnung kann für Einzelfragen – etwa für die Grundsätze, nach denen der Wahlausschuss zu bilden ist – auf „Richtlinien des Wahlausschusses" verweisen, die ebenfalls von der Mitgliederversammlung beschlossen werden.

Zur rechtlichen Qualifizierung der Geschäftsordnungen unterschiedlicher Art und zur Abgrenzung zwischen Satzung, „Vereinsordnungen" und bloßen verfahrensrechtlichen Geschäftsordnungen vgl. S. 125.

f) Formalien der Beschlussfassung einschließlich der Wahlen

Besonderer Satzungsbestimmung bedürfen Wahlen und sonstige Beschlüsse der Mitgliederversammlung und der Organe, denen Aufgaben übertragen sind, die nach dem Gesetz der Mitgliederversammlung obliegen, soweit gem. § 40 BGB vom dispositivem Recht abgewichen werden soll. Dieses bestimmt in § 32 Abs. 1 S. 3 BGB, dass bei der Beschlussfassung durch die Mitgliederversammlung die Mehrheit der abgegebenen Stimmen entscheidet und in § 27 Abs. 1 BGB, dass die Bestellung des Vorstands durch Beschluss der Mitgliederversammlung erfolgt, also nach der Regel des BGB in gleicher Weise wie bei sonstigen Beschlüssen.

Soll die Vorstandswahl einem anderen Vereinsorgan übertragen werden, muss das folglich in der Satzung ausdrücklich bestimmt werden (zulässig nach § 40 BGB). Soll die Vorstandswahl zwar durch die Mitgliederversammlung erfolgen, oder aber durch ein anderes Vereinsorgan, jedoch nicht nach dem Prinzip der absoluten Mehrheit, muss das ebenfalls in der Satzung ausdrücklich bestimmt werden. Die Satzung kann festlegen, dass auch relative Mehrheit genügt, sie kann die Wahl aber auch an eine höhere qualifizierte Mehrheit (z. B.: zwei Drittel der Erschienenen, die Hälfte aller Vereinsmitglieder) knüpfen. Gleiches gilt für die Wahl anderer Vereinsorgane sowie für sonstige Beschlüsse. Die Abweichung von der gesetzlichen Regel muss in der Satzung festgelegt sein (§ 40 BGB). Das Wahlverfahren selbst hingegen kann in einer Wahlordnung geregelt werden, der Versammlungsverlauf in einer Versammlungsordnung (z. B. „Geschäftsordnung der Mitgliederversammlung“). Es kann zweckmäßig sein, in der Satzung ausdrücklich zur Aufstellung solcher Ordnungen zu verpflichten.

Das BGB selbst sieht von § 32 Abs. 1 S. 3 BGB abweichende Mehrheiten in folgenden Fällen vor:

- für einen Beschluss, der eine Änderung der Satzung enthält, ist eine Mehrheit von drei Vierteln der abgegebenen Stimmen erforderlich (§ 33 Abs. 1 S. 1 BGB), doch kann die Satzung ein anderes bestimmen (§ 40 BGB);
- zur Änderung des Vereinszwecks ist die Zustimmung aller Mitglieder erforderlich, nicht erschienene Mitglieder müssen schriftlich zustimmen (§ 33 Abs. 1 S. 2 BGB), doch kann auch hierfür die Satzung eine andere Regelung treffen (§ 40 BGB);

- zur Auflösung des Vereins ist zwingend ein Beschluss der Mitgliederversammlung erforderlich, der einer Mehrheit von drei Vierteln der abgegebenen Stimmen bedarf, doch kann die Satzung eine andere (auch eine geringere) Mehrheit zulassen (nicht jedoch, der Mitgliederversammlung die Kompetenz zum Auflösungsbeschluss entziehen, doch kann die Auflösung im schriftlichen Verfahren einstimmig nach § 32 Abs. 2 BGB beschlossen und auch der Delegiertenversammlung übertragen werden).

In allen diesen Fällen kann der Beschluss der Mitgliederversammlung durch einen einstimmigen schriftlichen Beschluss aller Mitglieder ersetzt werden (§ 32 Abs. 2 BGB, „Urabstimmung"), doch kann auch hierüber die Satzung anderes bestimmen (§ 40 BGB).

Vorstandsbeschlüsse erfolgen nach § 28 BGB nach den für die Beschlüsse der Mitgliederversammlung geltenden Vorschriften. Auch diese Bestimmung ist nach § 40 BGB dispositiv, eine Abweichung bedarf daher ebenfalls einer ausdrücklichen Satzungsbestimmung. Insbesondere bei Vereinen mit erheblichem Vermögen kann es zweckmäßig sein, für Beschlüsse, die die Vermögenssubstanz oder finanziell risikoreiche Geschäfte betreffen, eine qualifizierte Mehrheit oder die Zustimmung eines Aufsichtsorgans vorzuschreiben (z. B. für Grundstücksgeschäfte). Im Übrigen sollte es dem Vorstand überlassen werden, sein Verfahren selbst in einer Geschäftsordnung zu regeln. Die Satzung kann – muss jedoch nicht – eine entsprechende Verpflichtung hierzu aussprechen.

Es war vorstehend die Rede von verschiedenen Arten von **Mehrheiten.** Man unterscheidet:

- einfache (absolute) Stimmenmehrheit, das ist eine Stimme mehr als die Hälfte der abgegebenen Stimmen;
- qualifizierte (besondere) Stimmenmehrheit, sie ist höher als eine einfache (absolute) Stimmenmehrheit (z. B. Zweidrittel-, Dreiviertel-Mehrheit) und kann durch Gesetz oder Satzung bestimmt sein;
- relative Stimmenmehrheit, sie kann niedriger als die einfache (absolute) Mehrheit sein.

BEISPIEL: Satzungsbestimmung: „Gewählt ist, wer die meisten Stimmen auf sich vereinigt."
A erhält 40, B 30, C 20 Stimmen: A ist mit relativer Stimmenmehrheit gewählt; nach der Regel des § 32 Abs. 1 S. 3 BGB hingegen wäre keiner der Kandidaten gewählt, weil keiner die (absolute) „Mehrheit der erschienenen Mitglieder" erhalten hat (= 46 Stimmen).

Es empfiehlt sich daher, bei Wahlen – zumindest im zweiten Wahlgang – relative Mehrheit vorzusehen, um zu vermeiden, dass die Wahl gänzlich scheitert, wenn ein Kompromiss nicht gefunden werden kann.

Stimmengleichheit führt stets zur Ablehnung eines Antrags (bzw. zum Scheitern der Wahl). Mitglieder, die sich der Stimme enthalten, gelten als abwesend, ihre Stimmen sind nicht mitzuzählen, die Mehrheit ist nur nach der Zahl der abgegebenen Ja- und Nein-Stimmen zu berechnen. Soll abweichend hiervon die Zahl der anwesenden Mitglieder entscheiden, so dass Stimmenthaltungen mit der Wirkung von Nein-Stimmen mitgezählt werden, muss das aus der Vereinssatzung ausdrücklich hervorgehen.[83]

In vielen Satzungen finden sich noch solche Regelungen, dass die Mehrheit der „anwesenden Mitglieder" entscheidet. Das entspricht der Fassung des § 32 Abs. 1 S. 3 BGB, welche bis zum 30.9.2009 galt. Dies ist unschädlich, sollte aber dennoch bei einer kommenden Satzungsänderung überarbeitet werden. Wichtig ist, dass die Mehrheitserfordernisse in der Satzung einheitlich festgelegt sind.

Zu den Förmlichkeiten der Beschlussfassung gehört auch die Feststellung der **Beschlussfähigkeit** einer Mitglieder- oder Delegiertenversammlung, eines mehrgliedrigen Vorstands oder anderen Vereinsorgans oder eines sonstigen Gremiums. Das Gesetz enthält hierzu keine Bestimmung, so dass das einzig erschienene Mitglied wirksam Beschlüsse fassen könnte (oder – falls man die Möglichkeit einer Ein-Mann-Vereinsversammlung ablehnt – jedenfalls eine Minderheit von zwei oder drei Mitgliedern). Eine Festlegung in der Satzung, dass die Mitglieder- oder Delegiertenversammlung nur beschlussfähig ist, wenn eine bestimmte Mindestzahl von Mitgliedern (Delegierten) anwesend ist, sollte allenfalls auf Ausnahmefälle beschränkt werden (beispielsweise für die Auflösung des Vereins). Auch kann bestimmt werden, dass die Beschlussfähigkeit der Versammlung davon abhängt, dass ein bestimmter Funktionsträger (z. B. ein Mitglied des geschäftsführenden Vorstands) anwesend ist.

BEISPIEL: „Die Auflösung des Vereins kann nur beschlossen werden, wenn wenigstens ein Zehntel der Vereinsmitglieder anwesend ist."

Empfehlenswert kann es auch sein, zu bestimmen, dass gültige Beschlüsse ab einer bestimmten Uhrzeit (etwa: nach 22 Uhr) nicht mehr gefasst werden können, um zu vermeiden, dass durch Marathondebatten Entscheidungen solange hinausgeschoben werden, bis durch Abwandern ermüdeter Versammlungsteilnehmer eine manipulierte Mehrheit entsteht. Doch kann eine solche Regelung auch der Geschäftsordnung überlassen bleiben. Diese Grundsätze gelten entsprechend auch für Sitzungen eines mehrgliedrigen Vorstands oder eines anderen Vereinsorgans, doch kann die Regelung der Beschlussfähigkeit hier ebenfalls der Geschäftsordnung des entsprechenden Organs überlassen bleiben.

Zweckmäßig kann es ferner sein, in der Satzung zu bestimmen, dass Mitglieder in der Mitgliederversammlung nur nach einer Mindestmitgliedsdauer stimmberechtigt sind, um zu vermeiden, dass konkurrierende Interessengruppen durch kurzfristige Mitgliederwerbung langfristig bestehende Mehrheiten kippen.

BEISPIEL: „Stimmberechtigt sind nur Mitglieder, die mindestens drei Monate vor der Mitgliederversammlung rechtmäßig in den Verein aufgenommen wurden."

Selbstverständlich dürfen solche Fristen nicht unzumutbar lang sein.

Nach § 38 BGB ist die Mitgliedschaft nicht übertragbar. Die Ausübung der Mitgliedschaftsrechte kann nicht einem anderen überlassen werden. Gem. § 40 BGB kann die Satzung jedoch anderes bestimmen, so dass durch Satzung Stellvertretung zugelassen werden kann. Sie ist insbesondere bei Verbänden und sonst repräsentativ besetzten Vereinigungen üblich. Das Vertretungsrecht kann auch beschränkt zugelassen werden, um eine unerwünschte Stimmenkumulierung in einer Hand zu vermeiden.

BEISPIEL: „Die Vertreter jeder Mitgliedsorganisation können sich unter Übertragung des Stimmrechts gegenseitig schriftlich bevollmächtigen, doch ist die Vereinigung von mehr als fünf Stimmen in einer Hand unzulässig."

Hinzuweisen in diesem Zusammenhang ist, dass in Fällen der Stimmrechtsübertragung eine Stimmrechtsbindung durch den Vollmachtgeber grundsätzlich zulässig ist, wenn sie unentgeltlich erfolgt (Verbot des Stimmenkaufs). Umstritten ist, ob das Mitglied (der Delegierte), der durch Stimmrechtsübertragung über mehrere Stimmen verfügt, uneinheitlich abstimmen kann, also mit einem Teil seiner Stimmen für, mit einem Teil gegen einen Antrag. Die Rechtsprechung tendiert wohl zur Zulässigkeit der gespaltenen Stimmabgabe, so dass – lässt man die Stimmrechtsübertragung in der Satzung zu – auch über die Zulässigkeit unterschiedlichen Abstimmungsverhaltens eine Satzungsbestimmung getroffen werden sollte.

g) Sonderrechte

In § 35 BGB ist hierzu nur negativ bestimmt, dass Sonderrechte eines Mitglieds nicht ohne dessen Zustimmung durch Beschluss der Mitgliederversammlung (zu ergänzen: oder eines anderen Vereinsorgans) beeinträchtigt werden können. Sonderrechte in diesem Sinn sind besondere Mitgliedschaftsrechte. Sie werden durch Satzungsbestimmung begründet und können bestimmten (natürlichen und juristischen) Einzelpersonen, Repräsentanten anderer Organisationen (auch wenn sie nicht juristische Personen sind) sowie abstrakt umschriebenen Gruppen von Mitgliedern verliehen werden. Sonderrechte dieser Art sind in der Praxis durchaus nicht selten, sie müssen – um gegenüber dem Gleichheitsgrundsatz aller Mitglieder Bestand zu haben – sachlich begründet sein. In der Praxis kommen insbesondere vor: Anspruch auf Vorstandssitz, erhöhtes Stimmrecht, Schutzrechte (Unzulässigkeit des Ausschlusses) und Befreiung von Pflichten (insbesondere: Beitragszahlung).

BEISPIELE:

- Das Gründungsmitglied Felix Frisch schenkt dem Verein das für den Vereinszweck erforderliche Grundstück. Die Satzung bestimmt daher: „Felix Frisch ist Mitglied des erweiterten Vorstands auf Lebenszeit."
- Die Satzung eines Vereinsverbands bestimmt:
  „Jeder Mitgliedsverein benennt ein Vorstandsmitglied und dessen Stellvertreter; diese bilden den Gesamtvorstand, der aus seiner Mitte den geschäftsführenden Vorstand (Vorstand im Sinn des § 26 BGB), bestehend aus... wählt."
  „Mitglieder und Förderer des Vereins, sowie sonstige Personen, die sich um den Verein besondere Verdienste erworben haben, können durch die Mitgliederversammlung zu Ehrenmitgliedern ernannt werden. Nehmen sie die Mitgliedschaft an, haben sie volles Stimmrecht, sind jedoch beitragsfrei."

Diese Sonderrechte gelten jedoch grundsätzlich nur, solange die Mitgliedschaft besteht.[84]

h) Vereinsstrafen, Ausschluss

Sanktionen dieser Art gehören zu den „Grundentscheidungen des Vereinslebens".[85] Sie können nur rechtsgültig verhängt werden, wenn die Vereinssatzung selbst (nicht nur eine Vereinsordnung) diese Rechtsfolgen ausdrücklich zulässt. Ein Vereinsmitglied muss sich durch Einblick in die Vereinssatzung die Kenntnis davon verschaffen können, dass ihm im Falle eines bestimmten (von der Vereinssatzung missbilligten) Verhaltens ein Rechtsverlust droht und mit welchen Sanktionen es zu rechnen hat.[86]

Nahezu jede Vereinssatzung, auch des kleinsten Vereins, enthält die Androhung des Ausschlusses wegen vereinsschädigenden Verhaltens eines Mitglieds. Das Recht zur Ausschließung kann der Mitgliederversammlung vorbehalten oder dem Vorstand übertragen werden; in letzterem Fall kann eine Berufung an die Mitgliederversammlung vorgesehen werden. Die Satzung kann jedoch auch bestimmen, dass für Sanktionen ein besonderes Organ – ein Vereinsgericht, Ehrengericht usw. – zuständig ist und die Einzelheiten des Verfahrens in einer Vereinsordnung regeln. Die Satzung muss jedoch enthalten: die Art der zulässigen Sanktion, das sie begründende Verhalten und die Zuständigkeit.

Größere Vereine – insbesondere Wirtschafts- und Sportverbände, aber auch politische Parteien, Gewerkschaften, Arbeitgeberverbände und ähnliche Organisationen – benötigen jedoch eine wesentlich differenziertere Sanktionenskala, weil der Ausschluss als einzige Sanktion in vielen Fällen unangemessen wäre. Kennt die Vereinssatzung nur den Ausschluss, so ist als mildere Maßregel zwar auch der Ausschluss auf Zeit zulässig, nicht jedoch eine andere, in der Satzung nicht vorgesehene Sanktion. Die Satzung kann insbesondere folgende Maßregeln zulassen:

- Rüge, Ermahnung, Warnung, Verweis (in dieser Stufenfolge oder auch nur eine dieser Maßnahmen auf dieser Sanktionsebene);
- Geldbuße, wobei in der Satzung zumindest der „Strafrahmen" oder ein Höchstbetrag ausgewiesen werden sollte;
- Suspendierung von Mitgliedschaftsrechten (soweit sie entziehbar sind; insbesondere des aktiven und/oder passiven Wahlrechts zu den Vereinsorganen auf Zeit; Verlust eines Mandats oder Amts; Ruhen der Mitgliedschaft auf Zeit);
- Verlust oder Minderung erworbener Befugnisse (z. B. Nichtzulassung zu Vereinseinrichtungen auf Zeit);
- Aberkennung von Ehrenrechten und Qualifikationen;
- Ausschließung aus dem Verein als oberste Sanktion;
- zusätzlich mit Wirkung nach Beendigung der Mitgliedschaft: Betretungsverbot der Anlagen des Vereins (auf Grund Hausrechts);
- ferner: Auferlegung von Verfahrenskosten.

Die Satzung muss nicht jeder Sanktion ein bestimmtes Verhalten zuordnen, sondern kann den gesamten Sanktionenkatalog zur Disposition des Disziplinarorgans stellen, wobei die Wahl der einzelnen Maßnahme dann dem missbilligten Verhalten angemessen sein muss. Dieses missbilligte Verhalten, das die Sanktion auslösen kann, muss jedoch in der Satzung zumindest abstrakt umschrieben werden; die Verwendung unbestimmter Rechtsbegriffe reicht hierzu aus, wie:

- „vereinsschädigendes Verhalten";
- „Zuwiderhandlung gegen die Vereinsziele";
- Verletzung von Mitgliederpflichten, insbesondere Loyalitätspflichten gegenüber anderen Vereinsmitgliedern, dem übergeordneten Verband usw. Je nach der Eigenart des Vereins sollte der Pflichtenkreis umschrieben sein, dessen Verletzung die Sanktionen auslöst.

Der Vereins-Disziplinargewalt unterliegen nur Mitglieder, die sich ihr durch den Beitritt zum Verein unterworfen haben, nicht dagegen: Arbeitnehmer des Vereins in dieser ihrer Eigenschaft und außenstehende Dritte (etwa Benutzer von Vereinseinrichtungen, doch können diese sich durch rechtsgeschäftlichen Einzelakt der Disziplinargewalt eines Vereins, dessen Einrichtungen sie nutzen, unterwerfen).[87]

Dagegen unterliegen Mitglieder eines **Monopolvereins** einem nach ihrem Eintritt durch Satzungsänderung beschlossenen Schiedsgericht als Disziplinarorgan **nicht,** wenn sie dieser Satzungsänderung nicht zugestimmt haben und sich vor den ordentlichen Gerichten gegen eine Vereinsstrafe wehren und sich nicht dem Schiedsspruch unterwerfen wollen. Der BGH hat das mit dem Rechtsstaatsprinzip (Recht auf Zugang zu den staatlichen Gerichten) und dem Recht auf den gesetzlichen Richter (Art. 101 Abs. 1 S. 2 GG) und damit begründet, dass bei Monopolvereinen der Vereinsaustritt als mögliche Alternative mit erheblichen wirtschaftlichen Schäden für das Mitglied verbunden sein könne.[88]

Die Vereinsstrafe ist weder Vertragsstrafe nach § 339 BGB noch Betriebsbuße. Insbesondere die Abgrenzung zu letzterer ist von erheblicher praktischer Bedeutung. Die Betriebsbuße ist eine betriebliche Disziplinarmaßnahme gegen Arbeitnehmer wegen eines Verstoßes gegen die betriebliche Ordnung.[89]

Ordnungsverstöße von Arbeitnehmern des Vereins (seien sie dessen Mitglieder oder nicht) gegen die **betriebliche** Ordnung können daher nicht mit Vereinsstrafen geahndet werden.

Der **Ausschluss** eines Mitglieds aus dem Verein aus **wichtigem Grund** ist jedoch auch dann zulässig, wenn die Satzung keine entsprechende Bestimmung enthält (§ 314 BGB). Der Ausschluss muss in diesem Fall auch nicht notwendig Disziplinarcharakter haben, er kann reine Organisationsmaßnahme sein und setzt dann natürlich kein Verschulden der betroffenen Mitglieder voraus.

BEISPIEL: Nachträgliche Beschränkung der Mitglieder auf juristische Personen durch Satzungsänderung (beispielsweise in einer Verbandssatzung).

Durch satzungsändernden Beschluss können auch die objektiven Voraussetzungen für die Zugehörigkeit einer bestimmten Mitgliedergruppe verschärft werden und Mitglieder, die den geänderten Merkmalen dieser Gruppe nicht mehr entsprechen, in eine Gruppe von Mitgliedern minderen Rechts herabgestuft werden. Auch eine solche Maßnahme hat keinen disziplinären Charakter; der bisherigen Rechtsposition der betroffenen Mitglieder kommt jedenfalls dann kein Bestandsschutz zu, wenn das am Vereinszweck zu messende Interesse des Vereins an einer solchen Regelung den Vorzug verdient.

Für politische Parteien gelten die Sondervorschriften des § 14 ParteienG. Gewerkschaften dürfen Mitglieder ausschließen, die aktiv für eine gewerkschaftsfeindliche politische Partei tätig sind.[90]

i) Schiedsgericht

Soll ein echtes Schiedsgericht[91] geschaffen werden, muss das ebenfalls in der Satzung geschehen. Die Satzung selbst muss die Einrichtung des Schiedsgerichts, seine Zuständigkeit, seine Besetzung[92] und – falls es auch, was zulässig ist, über die Verhängung von Vereinsstrafen entscheiden soll – den Sanktionenkatalog bestimmen. Das Verfahren kann in einer Schiedsordnung geregelt werden. Das Schiedsgericht kann jedoch nur über solche Streitigkeiten entscheiden, die schiedsfähig sind, also über vermögensrechtliche Ansprüche und über nicht vermögensrechtliche, die durch Vergleich geregelt werden können.

Unwirksam kann jedoch die Bestellung eines Schiedsgerichts in der Satzung eines Vereins sein, wenn die Schiedsvereinbarung einer Partei bei der Zusammensetzung des Schiedsgerichts ein Übergewicht gibt, das die andere Partei benachteiligt. In diesem Fall kann die betroffene Person beim staatlichen Gericht beantragen, den oder die Schiedsrichter abweichend von der erfolgten Ernennung oder der Ernennungsregelung in der Satzung zu bestellen (§ 1034 Abs. 2 ZPO). Zuständig ist das OLG (§ 1062 Abs. 1 Nr. 1 ZPO). Frist: zwei Wochen nach Kenntnis von der Zusammensetzung des Schiedsgerichts (§ 1034 Abs. 2 S. 2 ZPO).

j) Steuerbegünstigte Zwecke, insbesondere Gemeinnützigkeit

Von erheblicher praktischer Bedeutung sind Steuervergünstigungen, die Körperschaften gewährt werden, die ausschließlich und unmittelbar gemeinnützige, mildtätige oder kirchliche Zwecke („steuerbegünstigte Zwecke", § 51 AO) verfolgen. Die §§ 51 bis 68 AO enthalten den allgemeinen Teil des Steuervergünstigungsrechts; die Steuervergünstigungen selbst (Befreiungen oder Ermäßigungen, vor allem bei Körperschafts-, Grund-, Umsatz-, Gewerbe-, Erbschaft- und Schenkungsteuer) werden in den betreffenden Spezialgesetzen gewährt, nicht in der Abgabenordnung.

Steuervergünstigung kann ein nicht eingetragener Verein ebenso erlangen wie ein rechtsfähiger Verein, wenn er die gesetzlichen Voraussetzungen erfüllt, wozu insbesondere eine körperschaftliche Organisation gehört.

Nach §§ 59 bis 61 AO wird Steuervergünstigung nur gewährt, wenn sich die Voraussetzungen hierfür formell aus der Satzung des Vereins ergeben („formelle Gemeinnützigkeit") und die tatsächliche Geschäftsführung diesen Satzungsbestimmungen entspricht. Zur formellen Gemeinnützigkeit ist erforderlich, dass sich aus der Vereinssatzung ergibt

- welchen Zweck der Verein verfolgt (das ist für den rechtsfähigen Idealverein auch Eintragungsvoraussetzung nach § 57 Abs. 1 BGB),
- dass dieser Zweck den Anforderungen der §§ 52 bis 55 AO entspricht (diese Vorschriften regeln, unter welchen Voraussetzun-

gen gemeinnützige, mildtätige und kirchliche Zwecke im Sinn der Steuervergünstigung verfolgt werden und in § 55 AO, unter welchen Voraussetzungen eine Förderung oder Unterstützung selbstlos geschieht),

- dass dieser Zweck ausschließlich und unmittelbar verfolgt wird (§§ 56, 57 AO),
- dass die Satzungszwecke und die Art ihrer Verwirklichung so genau bestimmt sind, dass auf Grund der Satzung geprüft werden kann, ob die satzungsmäßigen Voraussetzungen für Steuervergünstigungen gegeben sind und die Satzung die in der Anlage zum Gesetz bezeichneten Festlegungen enthält (§ 60 Abs. 1 AO mit Anlagen)
- und dass bei Auflösung oder Aufhebung des Vereins oder bei Wegfall seines steuerbegünstigten Zwecks gewährleistet ist, dass das Vermögen nur für steuerbegünstigte Zwecke verwendet wird (Grundsatz der Vermögensbindung, § 55 Abs. 1 Nr. 4 AO), weshalb der Zweck, für den das Vermögen in diesem Fall verwendet werden soll, in der Satzung so genau zu bestimmen ist, dass auf Grund der Satzung geprüft werden kann, ob der Verwendungszweck steuerbegünstigt ist (§ 61 Abs. 1 AO); das erfordert entweder die Benennung der (steuerbegünstigten) Körperschaft, der das Vermögen in diesen Fällen zufallen soll (Eventualbenennung ist zulässig und ggf. zu empfehlen: „… fällt das Vermögen des Vereins an den gemeinnützigen X-Verein e. V. oder, falls dieser nicht mehr besteht, an das Deutsche Rote Kreuz, …“). Nicht mehr zulässig ist es, zu bestimmen, dass das Vermögen bei Auflösung oder Aufhebung des Vereins oder Wegfall seines steuerbegünstigten Zwecks zu steuerbegünstigten Zwecken zu verwenden ist und dass der künftige Beschluss des Vereins über die Verwendung erst nach Einwilligung des Finanzamts ausgeführt werden darf. Dies ergab sich aus § 61 Abs. 2 AO, welcher aufgehoben wurde. Eine Satzung braucht aber nicht allein deswegen geändert zu werden, weil sie eine vor der Aufhebung des § 61 Abs. 2 zulässige Bestimmung über die Vermögensbindung enthält. Wird die Satzung jedoch an anderer Stelle geändert, muss auch die Vermögensbindungsklausel angepasst werden.[93]

Die Formulierungen der Satzungsbestimmungen, die die Steuervergünstigungen begründen sollen, müssen sich an den Text der Mustersatzung halten.[94] Ferner empfiehlt es sich, mit dem zuständigen Finanzamt für Körperschaften, das für die Veranlagung zuständig sein wird (es ist das Finanzamt des Verwaltungssitzes, nicht das des satzungsmäßigen Sitzes) rechtzeitig vor Feststellung der Satzung Kontakt aufzunehmen, ob ein in Aussicht genommener Vereinszweck voraussichtlich als steuerbegünstigt angesehen werden wird und die Satzung den Anforderungen an die Gemeinnützigkeit genügt. Die Finanzverwaltung gewährt in diesen Fällen meist einen gewissen Vertrauensschutz. Der Verein wird dann als steuerbegünstigt behandelt und erhält die Möglichkeit, die Satzung nachzubessern. Dies gilt aber nicht, wenn bei der tatsächlichen Geschäftsführung gegen Vorschriften des Gemeinnützigkeitsrechts verstoßen wurde oder wenn der Verein die Satzung nachträglich geändert hat.

Zu beachten ist ferner, dass Steuerbegünstigung nur gewährt wird, wenn die Voraussetzungen während des gesamten Veranlagungszeitraums, also bereits am Beginn eines Kalenderjahrs oder bei der Gründung des Vereins vorliegen.

Die Förderung der in § 52 Abs. 2 AO genannten Zwecke ist steuerbegünstigt, unter der Voraussetzung, dass auch die übrigen Anforderungen erfüllt werden. Seit 2007 ist der Katalog abschließend. Das Gesetz enthält nur noch eine Klausel zur Fortentwicklung der Zwecke, die aber eine entsprechende Verlautbarung der Finanzbehörden voraussetzt. Folgende Zwecke sind in den Katalog des § 52 Abs. 2 AO aufgenommen:

1. die Förderung von Wissenschaft und Forschung;
2. die Förderung der Religion;
3. die Förderung des öffentlichen Gesundheitswesens und der öffentlichen Gesundheitspflege, insbesondere die Verhütung und Bekämpfung von übertragbaren Krankheiten, auch durch Krankenhäuser im Sinne des § 67 AO, und von Tierseuchen;
4. die Förderung der Jugend- und Altenhilfe;
5. die Förderung von Kunst und Kultur;

6. die Förderung des Denkmalschutzes und der Denkmalpflege;
7. die Förderung der Erziehung, Volks- und Berufsbildung einschließlich der Studentenhilfe;
8. die Förderung des Naturschutzes und der Landschaftspflege im Sinne des Bundesnaturschutzgesetzes und der Naturschutzgesetze der Länder, des Umweltschutzes, des Küstenschutzes und des Hochwasserschutzes;
9. die Förderung des Wohlfahrtswesens, insbesondere der Zwecke der amtlich anerkannten Verbände der freien Wohlfahrtspflege (§ 23 der Umsatzsteuer-Durchführungsverordnung), ihrer Unterverbände und ihrer angeschlossenen Einrichtungen und Anstalten;
10. die Förderung der Hilfe für politisch, rassisch oder religiös Verfolgte, für Flüchtlinge, Vertriebene, Aussiedler, Spätaussiedler, Kriegsopfer, Kriegshinterbliebene, Kriegsbeschädigte und Kriegsgefangene, Zivilbeschädigte und Behinderte sowie Hilfe für Opfer von Straftaten; Förderung des Andenkens an Verfolgte, Kriegs- und Katastrophenopfer; Förderung des Suchdienstes für Vermisste;
11. die Förderung der Rettung aus Lebensgefahr;
12. die Förderung des Feuer-, Arbeits-, Katastrophen- und Zivilschutzes sowie der Unfallverhütung;
13. die Förderung internationaler Gesinnung, der Toleranz auf allen Gebieten der Kultur und des Völkerverständigungsgedankens;
14. die Förderung des Tierschutzes;
15. die Förderung der Entwicklungszusammenarbeit;
16. die Förderung von Verbraucherberatung und Verbraucherschutz;
17. die Förderung der Fürsorge für Strafgefangene und ehemalige Strafgefangene;
18. die Förderung der Gleichberechtigung von Frauen und Männern;
19. die Förderung des Schutzes von Ehe und Familie;

20. die Förderung der Kriminalprävention;
21. die Förderung des Sports (Schach gilt als Sport);
22. die Förderung der Heimatpflege und Heimatkunde;
23. die Förderung der Tierzucht, der Pflanzenzucht, der Kleingärtnerei, des traditionellen Brauchtums einschließlich des Karnevals, der Fastnacht und des Faschings, der Soldaten- und Reservistenbetreuung, des Amateurfunkens, des Modellflugs und des Hundesports;
24. die allgemeine Förderung des demokratischen Staatswesens im Geltungsbereich dieses Gesetzes; hierzu gehören nicht Bestrebungen, die nur bestimmte Einzelinteressen staatsbürgerlicher Art verfolgen oder die auf den kommunalpolitischen Bereich beschränkt sind;
25. die Förderung des bürgerschaftlichen Engagements zugunsten gemeinnütziger, mildtätiger und kirchlicher Zwecke.

Die bisher außerhalb des gesetzlichen Beispielkatalogs als steuerbegünstigt anerkannten Zwecke dürften weitgehend unter die gesetzlich genannten Zwecke zu zählen sein.

Darüber hinaus sind als steuerbegünstigte Zwecke anerkannt:

- die Förderung mildtätiger Zwecke. Dies setzt voraus, dass die Tätigkeit des Vereins darauf gerichtet ist, Personen selbstlos zu unterstützen die die infolge ihres körperlichen, geistigen oder seelischen Zustands auf die Hilfe anderer angewiesen sind (persönliche Hilfsbedürftigkeit) oder deren Bezüge bestimmte Grenzen nicht überschreiten (§ 53 AO).
- die Förderung kirchlicher Zwecke. Dies setzt voraus, dass die Tätigkeit des Vereins darauf gerichtet ist, eine Religionsgemeinschaft selbstlos zu fördern. Diese Religionsgemeinschaft muss aber Körperschaft des öffentlichen Rechts sein. Ist sie es nicht, so kommt aber auch die Anerkennung als gemeinnützig gem. § 52 Abs. 2 Nr. 2 AO wegen der Förderung der Religion in Betracht.

Im Einzelfall kann die Abgrenzung schwierig sein, insbesondere zu den nicht steuerbegünstigten Zwecken der Förderung wirtschaftlicher und politischer Interessen.

BEISPIEL: Das Eintreten einer Bürgerinitiative für den Umweltschutz rechtfertigt es für sich allein nicht, eine solche Bürgervereinigung wegen möglicher politischer Auswirkungen ihrer Tätigkeit steuerlich als politischen, nicht begünstigten Verein einzustufen.[95]

Wie eingangs erwähnt, setzt die Steuerbegünstigung gemeinnütziger, mildtätiger und kirchlicher Zwecke voraus, dass die Förderung oder Unterstützung selbstlos und unmittelbar geschieht. Der Grundsatz der Unmittelbarkeit verlangt, dass der Verein selbst oder durch von Hilfspersonen (§ 57 AO) tätig wird. Daher können nicht alle steuerbegünstigten Tätigkeiten auf Tochtergesellschaften ausgelagert werden, selbst wenn diese wiederum gemeinnützige Zwecke verfolgen. Ausnahmen von der Unmittelbarkeit lässt das Gesetz aber für Dachverbände zu. Selbstlosigkeit liegt vor, wenn nicht in erster Linie eigenwirtschaftliche Zwecke (Beispiel für eigenwirtschaftliche Zwecke: gewerbliche oder sonstige Erwerbszwecke oder wirtschaftliche Interessen der Mitglieder, wie im Fall von Berufsverbänden) verfolgt werden und wenn folgende in § 55 Abs. 1 AO aufgeführten Voraussetzungen gegeben sind:

- Mittel des Vereins dürfen nur für die satzungsmäßigen Zwecke verwendet werden, die Mitglieder dürfen keine Gewinnanteile und in ihrer Eigenschaft als Mitglieder auch keine sonstigen Zuwendungen aus Mitteln des Vereins erhalten, diese darf ihre Mittel weder für die unmittelbare noch für die mittelbare Unterstützung oder Förderung politischer Parteien verwenden;
- der Verein darf keine Person durch Ausgaben, die dem Zweck des Vereins fremd sind, oder durch unverhältnismäßig hohe Vergütungen begünstigen;
- bei Auflösung oder Aufhebung des Vereins oder bei Wegfall seines bisherigen Zwecks darf das Vermögen nur für steuerbegünstigte Zwecke verwendet werden (Grundsatz der Vermögensbindung).

Der **Grundsatz der Ausschließlichkeit** (§ 56 AO) fordert ferner, dass die steuerbegünstigten Zwecke ausschließlich verfolgt werden, soweit nicht § 58 AO Ausnahmen zulässt. Nach § 58 AO wird die Steuervergünstigung nicht dadurch ausgeschlossen, dass:

- der Verein Mittel für die Verwirklichung der steuerbegünstigten Zwecke einer anderen Körperschaft oder für die Verwirklichung steuerbegünstigter Zwecke durch eine Körperschaft des öffentlichen Rechts beschafft; die Beschaffung von Mitteln für eine unbeschränkt steuerpflichtige Körperschaft des privaten Rechts setzt voraus, dass diese selbst steuerbegünstigt ist. Zudem muss der Verein diesen Zweck der Mittelbeschaffung in seine Satzung aufnehmen.
- der Verein seine Mittel teilweise (höchstens zur Hälfte)[96] einer anderen, ebenfalls steuerbegünstigten Körperschaft des privaten oder öffentlichen Rechts zur Verwendung zu steuerbegünstigten Zwecken zuwendet,
- der Verein seine Arbeitskräfte anderen Personen, Unternehmen oder Einrichtungen für steuerbegünstigte Zwecke zur Verfügung stellt,
- der Verein seine ihm gehörenden Räume einer anderen steuerbegünstigten Körperschaft zur Benutzung für deren steuerbegünstigte Zwecke überlässt,
- der Verein seine Mittel ganz oder teilweise einer Rücklage zuführt, soweit das erforderlich ist, um seine steuerbegünstigten satzungsmäßigen Zwecke nachhaltig erfüllen zu können,
- der Verein höchstens ein Drittel des Überschusses der Einnahmen über die Unkosten aus Vermögensverwaltung und darüber hinaus höchstens 10 % seiner sonstigen zeitnah zu verwendenden Mittel einer freien Rücklage zuführt,
- der Verein Mittel zum Erwerb von Gesellschaftsrechten zur Erhaltung der prozentualen Beteiligung an Kapitalgesellschaften ansammelt oder im Jahr des Zuflusses verwendet; diese Beträge sind auf die vorgenannten in demselben Jahr oder künftig zulässigen Rücklagen anzurechnen. Nicht begünstigt ist der erstmalige Erwerb von Gesellschaftsrechten.
- der Verein Mittel einer Rücklage für die beabsichtigte Wiederbeschaffung von Wirtschaftsgütern zuführt, die zur Verwirklichung der steuerbegünstigten, satzungsmäßigen Zwecke erforderlich sind (Rücklage für Wiederbeschaffung). Die Höhe der Zufüh-

rung bemisst sich nach der Höhe der regulären Absetzungen für Abnutzung eines zu ersetzenden Wirtschaftsguts.

- der Verein gesellige Zusammenkünfte veranstaltet, die im Vergleich zu seiner steuerbegünstigten Tätigkeit von untergeordneter Bedeutung sind (sie sind – auch wenn sie lediglich vereinsintern abgehalten werden – ab 1990 nicht mehr steuerbegünstigte Zweckbetriebe),
- ein Sportverein neben dem unbezahlten auch den bezahlten Sport fördert.

Ein Zweckbetrieb liegt vor, wenn der wirtschaftliche Geschäftsbetrieb eines Vereins in seiner Gesamtrichtung dazu dient, seine steuerbegünstigten satzungsmäßigen Zwecke zu verwirklichen, diese Zwecke nur durch einen solchen Geschäftsbetrieb erreicht werden können und der wirtschaftliche Geschäftsbetrieb zu nicht begünstigten Betrieben der gleichen oder ähnlichen Art nicht in größerem Umfang in Wettbewerb tritt, als das bei Erfüllung der steuerbegünstigten Zwecke unvermeidbar ist (§ 65 AO). Der Begriff des Zweckbetriebs ist eng auszulegen, Mittelbeschaffungsbetriebe (durch die dem Verein zusätzliche Finanzierungsquellen erschlossen werden) gehören nicht hierzu (wie: gesellige Veranstaltungen, Basare, Verwertung gesammelter Gegenstände). Wirtschaftliche Geschäftsbetriebe, die Zweckbetriebe sind, sind steuerbegünstigt (§ 64 Abs. 1 AO). Nicht steuerbegünstigt sind hingegen andere wirtschaftliche Geschäftsbetriebe des Vereins. Sie beeinträchtigen zwar nicht die Gemeinnützigkeit des Vereins, wenn nicht sie, sondern die steuerbegünstigten Tätigkeiten dem Verein das Gepräge geben. Für die diesem wirtschaftlichen Geschäftsbetrieb (soweit er kein Zweckbetrieb ist) zuzuordnenden Besteuerungsgrundlagen (Einkünfte, Umsätze, Vermögen) verliert der Verein jedoch die Steuervergünstigung, er ist insoweit also voll steuerpflichtig.

BEISPIEL: Kulturelle Einrichtungen und Veranstaltungen eines Vereins gelten zwar stets als Zweckbetriebe, allerdings mit der Maßgabe, dass der Verkauf von Speisen und Getränken sowie die Werbung zu den nicht begünstigten Betätigungen gehören.

Mehrere wirtschaftliche Geschäftsbetriebe, die der Verein unterhält, werden als ein wirtschaftlicher Geschäftsbetrieb behandelt (§ 64 Abs. 2 AO). Übersteigen die Einnahmen einschließlich der Umsatzsteuer aus wirtschaftlichen Geschäftsbetrieben, die keine Zweckbetriebe sind, insgesamt nicht den Betrag von 35.000 EUR jährlich, so unterliegen die diesen Geschäftsbetrieben zuzuordnenden Besteuerungsgrundlagen jedoch nicht der Körperschaftsteuer und der Gewerbesteuer (§ 64 Abs. 3 AO). Die Aufteilung eines Vereins in mehrere selbstständige Körperschaften zum Zweck der mehrfachen Inanspruchnahme der Steuervergünstigung nach § 64 Abs. 3 AO gilt als Missbrauch von rechtlichen Gestaltungsmöglichkeiten mit der Folge, dass steuerrechtlich die mehreren Körperschaften als eine einheitliche Körperschaft behandelt wird (§§ 64 Abs. 4, 42 AO).

Besonders riskant für die Steuerbefreiung des Vereins ist es, wenn Verluste aus wirtschaftlichen Geschäftsbetrieben oder aus dem Bereich der Vermögensverwaltung mit Mitteln aus dem steuerbegünstigten Bereich ausgeglichen werden. Nach der Rechtsprechung des Bundesfinanzhofs, verliert der Verein dann in jedem Fall die Steuerbegünstigung. Die Finanzverwaltung akzeptiert zwar gegenüber der Rechtsprechung einige Erleichterungen. In solchen Fällen sollte aber immer rechtzeitig fachlicher Rat herangezogen werden, denn u. U. droht die Steuerpflicht für die letzten zehn Jahre. Insbesondere im Zusammenhang mit dem Verlust von Vorteilen bei der Umsatzsteuer und im Zusammenhang mit der Spendenhaftung können hohe Steuerzahlungen im Raum stehen.

Für sportliche Veranstaltungen eines Sportvereins enthält § 67a AO ferner besondere Vorschriften.

k) Auflösungsbestimmungen

Die Auflösung des Vereins hat sein Ende zur Folge. Nach dem Ereignis, das die Auflösung herbeiführt, kommt es zur Liquidation: Beendigung der laufenden Geschäfte, Einziehung von Forderungen, Versilberung des Vermögens, Befriedigung der Gläubiger und schlussendlich die Übertragung des Vermögensüberschusses an den Berechtigten (§ 49 Abs. 1 BGB). Bis zur Beendigung der Liquidation gilt der Verein als fortbestehend, soweit der Zweck der Liquidation das erfordert (§ 49 Abs. 2 BGB), die Rechtsfähigkeit des Vereins bleibt bis dahin insoweit (beschränkt) bestehen. Nach § 41 BGB kann der Verein durch Beschluss der Mitgliederversammlung aufgelöst werden. Zu diesem Beschluss ist eine Mehrheit von drei Vierteln der abgegebenen Stimmen erforderlich wenn nicht die Satzung ein anderes bestimmt. Nach § 45 BGB fällt mit der Auflösung des Vereins oder der Entziehung der Rechtsfähigkeit das Vermögen an die in der Satzung bestimmten Personen, doch kann die Satzung bestimmen, dass die Anfallberechtigten durch Beschluss der Mitgliederversammlung oder eines anderen Vereinsorgans bestimmt werden. Ist der Zweck des Vereins nicht auf einen wirtschaftlichen Geschäftsbetrieb gerichtet, so kann die Mitgliederversammlung auch ohne eine solche Vorschrift das Vermögen einer öffentlichen Stiftung oder Anstalt zuweisen. Enthält die Satzung keine Bestimmung darüber, wem das Vermögen zufallen soll, so fällt es, wenn der Verein satzungsgemäß ausschließlich den Interessen seiner Mitglieder diente, an den Fiskus.

Diese für den voll rechtsfähigen Verein geltenden Bestimmungen sind auf den nicht eingetragenen Verein entsprechend anwendbar. Umstritten ist, ob die Liquidation in diesem Fall nach Vereinsrecht (§§ 47 ff. BGB) oder nach Gesellschaftsrecht (§§ 730 ff. BGB) vorzunehmen ist; keinesfalls fällt jedoch das Vermögen des aufgelösten nicht eingetragenen Vereins nach § 45 Abs. 3 BGB an den Fiskus, solange Mitglieder des Vereins oder Rechtsnachfolger von ihnen vorhanden sind.

Enthält die Vereinssatzung keine abweichenden Bestimmungen über die Auflösung und Liquidation, verbleibt es bei der gesetzlichen Regelung. Der nicht eingetragene Verein sollte schon wegen der umstrittenen Rechtslage, nach welchen Vorschriften die Liquidation durchzuführen ist, ausdrückliche Bestimmungen hierüber in seiner Satzung treffen. Vereine, die Steuervergünstigungen in Anspruch nehmen wollen, müssen abweichende und ausdrückliche Liquidationsbestimmungen treffen (siehe S. 119). Je nach dem Zweck des Vereins, seiner Größe, seiner Organisation und der Streuung seiner Mitglieder kann es aber auch im Übrigen zweckmäßig sein, in der Satzung die Voraussetzungen für die Auflösung des Vereins abweichend vom Gesetz zu regeln.

In der Praxis selten wird der Fall sein, dass ein Verein nur für eine bestimmte Dauer gegründet wird, doch kann das durch Satzungsbestimmung vorgesehen werden (§ 74 Abs. 2 BGB). Vereine, die die Aufgaben der Mitgliederversammlung auf eine Delegiertenversammlung übertragen haben, werden dieser in der Regel auch die Entscheidung über die Auflösung des Vereins übertragen. Die Satzung sollte in diesem Fall Vorkehrungen dagegen treffen, dass der Auflösungsbeschluss nicht Zufallsmehrheiten überantwortet wird, und ferner für eine möglichst repräsentative (direkte oder indirekte) Beteiligung der Mitglieder sorgen. Das kann dadurch geschehen, dass der Auflösungsbeschluss an eine qualifizierte Mehrheit gebunden wird und zusätzlich entweder erhöhte Anforderungen an die Beschlussfähigkeit gestellt werden oder zusätzlich eine Urabstimmung unter den Mitgliedern vorgesehen wird.

BEISPIELE:

- „Die Auflösung des Vereins kann nur mit einer Mehrheit von drei Vierteln der Mitglieder der Delegiertenversammlung beschlossen werden. Der Beschluss ist sämtlichen Vereinsmitgliedern schriftlich bekanntzugeben. Er wird rechtswirksam, wenn nicht innerhalb von zwei Monaten nach Absendung dieser Benachrichtigung ein Zehntel aller Mitglieder des Vereins eine schriftliche Urabstimmung hierüber fordert und der Auflösungsbeschluss in dieser Urabstimmung nicht aufgehoben wird. Für die Aufhebung genügt die einfache Mehrheit der abgegebenen Stimmen, doch müssen sich mindestens mehr als ein Fünftel aller Vereinsmitglieder daran beteiligen."
- „Der Verein kann durch Beschluss der Delegiertenversammlung aufgelöst werden. Die Versammlung ist in diesem Fall nur beschlussfähig, wenn mindestens drei Viertel aller Delegierten daran teilnehmen. Er bedarf einer Mehrheit von zwei Dritteln der abgegebenen Stimmen."

Das erste dieser Beispiele ist für einen mehr basisdemokratisch orientierten Verein geeignet, das zweite eher für einen Verband. Die Schwelle für einen Auflösungsbeschluss sollte zwar hoch gesetzt werden, aber nicht praktisch unerreichbar werden. Dem ist im ersten Beispiel dadurch Rechnung getragen, dass der Beschluss nicht an die Zustimmung aller Vereinsmitglieder gebunden wird, sondern einer Minderheit lediglich ein Widerspruchsrecht eingeräumt wird, dessen Voraussetzungen in der gewählten Formulierung – je nach Mitgliederstruktur – nicht leicht zu erreichen sein wird.

3. Exkurs: „Vereinsordnungen"

Neben der Satzung des Vereins gibt es in der Praxis häufig „Vereinsordnungen", das sind gegenüber der Satzung körperschaftliche Normen untergeordneter Art, auch „nachrangige Körperschaftsnormen" genannt. Durch diese können flexible Regelungen geschaffen werden, da eine Eintragung in das Vereinsregister in der Regel nicht erforderlich ist. Hierher gehören die bereits mehrfach erwähnten Geschäftsordnungen für den Ablauf der Mitglieder- oder Delegiertenversammlung und für Vorstandsbeschlüsse, die Verfahrensordnungen für Schiedsgerichte oder sonstige Gremien der Konfliktlösung, Benutzungsordnungen für Vereinsanlagen, Sport- und Rennordnungen, die das Verhalten beim Sportbetrieb näher regeln, insbesondere Wettkampfordnungen, ferner Richtlinien für Fachausschüsse oder auch Beitragsordnungen. Die Liste ist beliebig erweiterbar.

Da die Vereinssatzung nicht notwendigerweise in einer einheitlichen Urkunde zusammengefasst sein muss, kommen in der Praxis jedoch auch „Ordnungen" mit Satzungsqualität vor. Sie sind jedoch nur dann Satzungsbestandteil, wenn sie in der hierfür vorgeschriebenen Form erlassen und – beim eingetragenen Idealverein – in das Vereinsregister eingetragen sind.

Im Übrigen sind die „Vereinsordnungen" als nachrangige Vereinsnormen nur dann rechtsverbindlich, wenn sie keine Regelungen enthalten, die zwingend der Vereinssatzung vorbehalten sind und wenn sie nach dem in der Vereinssatzung bestimmten Verfahren ordnungsgemäß (insbesondere auch vom zuständigen Organ) beschlossen wurden.

Vereinsordnungen oder Richtlinien müssen daher in der Satzung vorgesehen werden.

BEISPIELE: „Der Vorstand kann sich eine Geschäftsordnung geben." „Die Mitgliederversammlung kann sich eine Versammlungsordnung geben."

V. Die Mitgliedschaft

Die Mitglieder eines Vereins sind dessen Träger: kein Verein ohne Mitglieder. Die Mitgliedschaft ist zugleich subjektives Recht und Rechtsverhältnis, das beim nicht wirtschaftlichen Verein nicht (oder allenfalls schwach) durch vermögensrechtliche Beziehungen bestimmt ist, sondern (zumindest vorwiegend) personenrechtlich. Die Mitgliedschaft begründet Rechte und Pflichten zwischen dem Mitglied und dem Verein als Körperschaft oder als körperschaftlich organisiertem Personenverband (nicht eingetragener Verein), nicht zwischen den einzelnen Mitgliedern des Vereins. Für politische Parteien gilt § 10 ParteienG.

Der BGH[97] hat das Mitgliedschaftsrecht auch als „sonstiges Recht" im Sinn des § 823 Abs. 1 BGB gesehen, dessen Verletzung durch den Verein oder eines seiner Organe zu Schadensersatzansprüchen des betroffenen Mitglieds führen könne. Zwar überlagere die zwischen dem Verein und seinen Mitgliedern bestehende Sonderbeziehung mit den aus ihr fließenden spezifischen Rechten und Pflichten die Anwendung der allgemeinen, außerhalb spezieller Rechtsverhältnisse geltenden Normen. Doch könne das Vereinsrecht nicht generell von dem Grundsatz ausgenommen werden, dass das Recht der unerlaubten Handlungen bei Verletzung deliktsrechtlich geschützter Positionen auch im Rahmen besonderer Schuldverhältnisse zur Anwendung komme.

BEISPIEL: Das Vorstandsmitglied eines Vereins erteilt einem Vereinsmitglied eine objektive falsche Auskunft, das daraufhin überflüssige finanzielle Investitionen macht.

1. Erwerb der Mitgliedschaft

Die Mitgliedschaft wird erworben durch Beteiligung an der Gründungsvereinbarung oder durch späteren Beitritt; ist dieser von einer Aufnahmeerklärung durch den Verein abhängig, wird die Mitgliedschaft durch die Aufnahmeerklärung begründet. Sieht die Vereinssatzung vor, dass die Mitgliedschaft erst mit Aushändigung einer Mitgliedskarte rechtswirksam wird, erwirbt der Bewerber ohne Aushändigung dieser Karte weder die Mitgliedschaft noch einen Anspruch darauf, auch wenn das zuständige Organ seine Aufnahme bereits beschlossen hat.[98] Der Beitritt ist – ebenso wie die Beteiligung an der Gründungsvereinbarung – Rechtsgeschäft, und zwar ein Vertrag eigener Art. Die Rechtswirksamkeit der Begründung der Mitgliedschaft setzt daher grundsätzlich volle Geschäftsfähigkeit voraus. Für **Minderjährige** gelten jedoch die gleichen Grundsätze wie bei der Vereinsgründung, siehe S. 48.

Umstritten war lange, ob die Bestimmungen über den Widerruf von Haustürgeschäften (Begriff: § 312 Abs. 1 S. 1 BGB) auf den Vereinsbeitritt anwendbar sind, doch ist kein vernünftiger Grund ersichtlich, dieses Verbraucherschutzgesetz auf Vereine, die Mitglieder durch organisierte Werber akquirieren, nicht anzuwenden, wenn die übrigen Voraussetzungen des § 312 BGB gegeben sind:

- ein Vertrag zwischen einem Verein als Unternehmer (Begriff: § 14 BGB)
- die Beitrittserklärung (auch) auf eine entgeltliche (Gegen-)Leistung des Vereins gerichtet ist,
- der Beitretende zum Beitritt bestimmt wurde durch mündliche Verhandlungen an seinem Arbeitsplatz oder im Bereich einer Privatwohnung, anlässlich einer im Gesetz näher gekennzeichneten Freizeitveranstaltung oder im Anschluss an ein überraschendes Ansprechen in Verkehrsmitteln oder im Bereich öffentlich zugänglicher Verkehrswege.

Es ist heute gefestigte Rechtsprechung, dass das organisationsrechtliche Geschäft des Vereinsbeitritts jedenfalls dann in den Anwendungsbereich des § 312 BGB fällt, wenn das Mitglied durch den

Beitritt einen Anspruch auf Leistung erhält, für die es selbst kein Entgelt zu zahlen hat (Beispiel: Flugrettungsdienste). Jedenfalls liegt zumindest eine „anderweitige Gestaltung“ im Sinn von § 312 f. S. 2 (verbotenes Umgehungsgeschäft) vor.[99]

In diesen Fällen wird die Beitrittserklärung erst wirksam, wenn sie nicht innerhalb einer Frist von zwei Wochen ab Aushändigung einer schriftlichen Widerrufsbelehrung widerrufen wurde (§§ 312 Abs. 1 S. 1, 355 Abs. 1 BGB). Diese zwingenden Vorschriften gehen etwaigen Satzungsbestimmungen vor.

Die Mitgliedschaft in einem Verein kann durch Satzung beschränkt sein:

- durch Abhängigkeit von einer Aufnahmeerklärung des Vereins;
- durch zahlenmäßige Begrenzung des Vereins;
- durch objektive Kriterien: Geschlecht, Alter, Beruf, Staatsangehörigkeit, Wohnsitz, Erfordernis einer bestimmten rechtlichen Qualifikation.

BEISPIELE: „Mitglieder können nur Arbeitnehmer sein.“
„Ordentliche Mitglieder können nur Organisationen der Filmwirtschaft sein, und zwar nur Spitzenverbände von Sparten der Filmwirtschaft im Arbeitsgebiet des Vereins, denen alle Angehörigen der einzelnen Sparten mittelbar oder unmittelbar beitreten können.“

Die Mitgliedschaft kann auch in der Satzung abschließend geregelt sein, so bei Verbänden zur Förderung der Wirtschaft und der Wissenschaft.

Je enger die Voraussetzungen gefasst werden, desto schwieriger ist die Anerkennung als gemeinnützige Organisation zu erlangen. Dies ergibt sich aus dem Umstand, dass eine gemeinnützige Organisation die „Allgemeinheit“ fördern muss (§ 52 Abs. 1 AO).[100]

Die Aufnahmebeschränkung findet jedoch ihre Grenzen beim Monopolverein, wenn sie sich sachlich nicht rechtfertigen lässt. In einem solchen Fall kann ein Aufnahmeanspruch gegen einen Verein bestehen, wenn der Verein dem Bewerber mit der Ablehnung in einer gegen die guten Sitten verstoßenden Weise vorsätzlich Schaden zufügt. Die beherrschende Stellung des Vereins ist jedoch Tatfrage und bedarf in jedem Fall der konkreten Feststellung. Sie kann insbesondere bei Sportverbänden,[101] kulturellen und Wirtschaftsverbänden sowie Tierzuchtvereinen, die das Zucht- und Körbuch führen, vorhanden sein, wird jedoch auch hier regelmäßig Ausnahme sein.

Ein Anspruch auf Aufnahme in einen Verein kann außer bei Monopolvereinigungen auch dann bestehen, wenn ein Verein oder Verband im wirtschaftlichen oder sozialen Bereich eine überragende Machtstellung innehat und ein schwerwiegendes Interesse von Beitrittswilligen am Erwerb der Mitgliedschaft besteht. Das gilt auch für Gewerkschaften. Allerdings ist eine Gewerkschaft (und Gleiches wird für Interessenverbände ähnlicher Art gelten) nicht verpflichtet, Bewerber aufzunehmen, die als geschlossene Gruppe von vornherein die Solidarität gegenüber der von der Mehrheit der Mitglieder getragenen inneren Vereinsordnung verweigert und mit der ausdrücklichen Erklärung die Aufnahme verlangt, dass sie als geschlossene Gruppe mit eigenem Publikationsorgan in der Gewerkschaft selbstständig und ohne Bereitschaft zur Integration agieren will.[102] Politische Parteien unterliegen grundsätzlich keinem Aufnahmezwang.[103]

2. Mitgliedschaftsrechte

Die Mitgliedschaft begründet Rechte und Pflichten des Mitglieds gegenüber dem Verein.

a) Allgemeines

Es gilt der Grundsatz der gleichmäßigen Behandlung aller Vereinsmitglieder. Als Rechtsgrund für die Geltung dieses auch nicht der Satzungsdisposition unterliegenden Gleichbehandlungsgebots wird man seit Geltung des Grundgesetzes wohl den allgemeinen Gleichheitsgrundsatz des Art. 3 Abs. 1 GG anzusehen haben, der als allgemeines rechtsstaatliches Prinzip auch innerhalb der Privatrechtsordnung gilt. Wie dieser verfassungsrechtliche Gleichheitsgrundsatz, so besagt auch der körperschaftsrechtliche Gleichbehandlungsgrundsatz jedoch nicht, dass alle Mitglieder des Vereins gleichberechtigt sein müssen. Durch die Satzung können vielmehr Vereinsmitglieder mit unterschiedlichem Rechtsstatus vorgesehen werden, die Differenzierung muss jedoch auf sachlichen Gründen beruhen. Einzelheiten hierzu S. 134 mit Beispielen.

Unter Beachtung dieser Kriterien ist daher auch die Einräumung von Sonderrechten für einzelne Mitglieder oder eine Gruppe von Mitgliedern durch die Satzung zulässig. Auch die Einschränkung von Mitgliedschaftsrechten durch eine repräsentativ-demokratische Verfassung (Übertragung von Aufgaben der Mitgliederversammlung auf die Delegiertenversammlung) und sogar der fast völlige Ausschluss der Mitgliederversammlung durch Übertragung ihrer Aufgaben auf ein anderes Vereinsorgan (z. B. den Vorstand) stellt keine Verletzung des Gleichbehandlungsgrundsatzes dar, wenn die Einschränkung der Mitgliedschaftsrechte für alle Mitglieder in gleicher Weise gilt.

So sehen manche Satzungen eine „Fördermitgliedschaft" vor. Diese Fördermitglieder haben i. d. R. keine gesonderten mitgliedschaftlichen Rechte.

Die Mitgliedschaft ist nach § 38 S. 1 BGB nicht übertragbar und nicht vererblich. Sie kann dann auch nicht verpfändet werden (§ 1274 Abs. 2 BGB) und unterliegt nicht der Pfändung im Wege der Zwangsvollstreckung (§ 857 Abs. 3 ZPO). Nach § 38 S. 2 BGB kann ferner die Ausübung der Mitgliedschaftsrechte nicht einem anderen überlassen werden. Nach dem Gesetz ist die Mitgliedschaft also an die Person des Mitglieds gebunden. Da § 38 BGB jedoch nach § 40 BGB dispositives Recht ist, kann die Satzung anderes bestimmen. Hiervon wird in der Praxis insbesondere Gebrauch gemacht durch die Einsetzung einer Delegiertenversammlung (Vertreterversammlung), der (soweit zulässig) weitgehend die Rechte der Mitgliederversammlung übertragen werden; durch die Wahl eines Delegierten überträgt ein Mitglied einen Teil seiner Verwaltungsrechte auf diesen. Ferner ist vor allem bei Verbänden in der Praxis häufig die Zulassung von Bevollmächtigten zur Ausübung der Mitgliedschaftsrechte. Dagegen wird die Übertragbarkeit und Vererblichkeit der Mitgliedschaft im Wesentlichen nur beim wirtschaftlichen Verein in Betracht kommen.

b) Verwaltungsrechte

Sie werden auch noch Mitverwaltungs- Organschafts- oder Körperschaftsrechte genannt. Jedem Mitglied steht – im Rahmen der Satzung und unter Beachtung etwaiger dort geregelter Beschränkungen – das Recht auf aktive Teilnahme am Vereinsleben zu, insbesondere: das Recht auf Teilnahme an der Mitgliederversammlung, das Rede-, Antrags-, Auskunfts- und Stimmrecht, das aktive und passive Wahlrecht, ferner die Wahrnehmung von Minderheitenrechten wie das auch durch Satzung nicht entziehbare Recht, die Berufung der Mitgliederversammlung zu verlangen (§ 37 Abs. 1 BGB) und notfalls zu erzwingen (§ 37 Abs. 2 BGB), die Ergänzung der Tagesordnung zu fordern, schließlich Schutzrechte wie: das Recht auf rechtliches Gehör, auf Anrufung von Konfliktlösungsorganen und auf Austritt aus dem Verein (§ 39 BGB). Das Auskunftsrecht des Vereinsmitglieds über vereinsinterne Angelegenheiten beschränkt sich jedoch auf die Mitgliederversammlung.[104] Landesverbänden steht gegen den Vorstand ihres Dachverbandes auf dessen Verbandversammlung ein Auskunftsrecht nach §§ 27 Abs. 3, 666 BGB über alle wesentlichen tatsächlichen und rechtlichen Verhältnisse des Dachverbandes zu.[105]

c) Wertrechte

Sie werden auch Vermögensrechte oder Genussrechte genannt und durch die Satzung eingeräumt. Hierzu gehören:

- das Recht auf Benutzung von Vereinseinrichtungen,
- auf Bezug der Vereinszeitschrift (z. B. einer Fachzeitschrift, die im freien Handel nicht erhältlich ist),
- auf Gewährung von Vergünstigungen (z. B. die Möglichkeit, von einem als wirtschaftlichem Verein betriebenen Buchclub Bücher, Schallplatten usw. zum Mitgliederpreis zu beziehen),
- auf Beteiligung an Vereinsveranstaltungen (z. B. einer von einem Fachverband veranstalteten Messe),
- auf Fach- und Rechtsberatung (diese natürlich nur, soweit sie gesetzlich zulässig ist).

BEISPIEL: Nach § 8 Abs. 1 Nr. 4 des Rechtsdienstleistungsgesetzes ist die außergerichtliche Besorgung von Rechtsangelegenheiten von Verbrauchern durch für ein Bundesland errichtete, mit öffentlichen Mitteln geförderte Verbraucherzentralen im Rahmen ihres Aufgabenbereichs zulässig; nach § 7 Abs. 1 Nr. 1 dieses Gesetzes dürfen ferner auf berufsständischer oder ähnlicher Grundlage gebildete Vereinigungen oder Stellen im Rahmen ihres Aufgabenbereichs ihren Mitgliedern Rat und Hilfe in Rechtsangelegenheiten gewähren.

Zu den Wertrechten gehört auch ein Anspruch auf den Anfall des anteiligen Vereinsvermögens nach Auflösung des Vereins an die zu diesem Zeitpunkt noch vorhandenen Mitglieder, sofern die Satzung dies vorsieht (was nicht möglich ist, wenn der Verein steuerbegünstigte Zwecke verfolgt).

d) Gläubigerrechte

Sie werden auch Drittgläubigerrechte genannt und beruhen nicht auf der Mitgliedschaft, sondern auf Rechtsverhältnissen zwischen einem Mitglied und dem Verein, etwa aus Darlehensgewährung, Bürgschaft, Garantievertrag, Kauf, Miete, Arbeits- oder Dienstverhältnis. Die Mitgliedschaft ist hier nur Motiv für die Eingehung der Rechtsbeziehung. Das Mitglied steht dem Verein wie ein Dritter gegenüber. Die Rechte aus diesen Rechtsverhältnissen sind daher stets übertragbar und pfändbar.

Hierzu zählen auch die „gläubigerrechtsähnlichen Wertrechte“, das sind Ansprüche, die zwar aus der Mitgliedschaft entstanden sind, weil sie nur ein Mitglied erwerben konnte, dann jedoch von der Mitgliedschaft losgelöst fortbestehen, z. B. Ansprüche auf Gewinnanteile nach Festsetzung durch das zuständige Vereinsorgan. Auch sie sind übertragbar und pfändbar.

3. Mitgliedschaftspflichten

Den Rechten der Mitglieder entsprechen Pflichten gegenüber dem Verein. Sie können nur in der Satzung begründet werden, und zwar entweder ausdrücklich, oder sie folgen aus dem Zweck des Vereinsbeitritts.

Mit der Beteiligung am Gründungsvertrag oder mit dem späteren Beitritt zum Verein unterwirft sich das Mitglied der Satzung, und zwar unabhängig davon, ob es vom Inhalt der Satzung positive Kenntnis hat. Es genügt die Möglichkeit der Kenntnisnahme.[106] Die Vorschriften über Allgemeine Geschäftsbedingungen (§§ 305 bis 310 BGB) finden keine Anwendung.[107] Folglich gelten auch nicht deren Einbeziehungsvorschriften (§ 305 BGB).

a) Treuepflichten

Die Mitglieder müssen auf Grund ihres Beitritts die Vereinszwecke und die gemeinsamen Interessen fördern. Sie sind verpflichtet, hierzu mit den übrigen Vereinsmitgliedern zusammenzuarbeiten. Daraus folgt, dass sie eine Loyalitätspflicht zum Verein haben und vereinsschädigendes Verhalten zu unterlassen haben.

Zu diesen Förderpflichten gehört auch die Bereitschaft zur Übernahme von Vereinsämtern sowie zu geringfügigen Dienstleistungen, die mehr zum Bereich der Gefälligkeiten zählen: als Saalordner, Wahlhelfer, Stimmenzähler bei Abstimmungen zu fungieren.

Vereinssatzungen enthalten bisweilen, Verbandssatzungen in der Regel auch Pflichtenkataloge, etwa in der Beschreibung der Betätigung, durch die der Verein die gesetzten Zwecke erfüllen will. Ferner können sich spezielle Pflichten aus den Sanktionenkatalogen ergeben, in denen für Handlungsweisen, die die Vereinssatzung missbilligt, Vereinsstrafen angedroht werden. Denn die Mitglieder sind insbesondere verpflichtet, die Satzung und die sonstigen Ordnungen des Vereins zu beachten, Anordnungen zu befolgen, die Vereinsorgane im Rahmen ihrer Zuständigkeit erteilen.

Verletzt ein Mitglied die Förderpflichten, kann der Verein bzw. das zuständige Organ oder ein dafür bestelltes Schiedsgericht die in der Satzung dafür angedrohten Sanktionen verhängen.

b) Zahlungspflichten

Den vermögenswerten Rechten entsprechen die vermögenswerten Pflichten der Mitglieder, insbesondere die satzungsmäßig festgelegte Pflicht zur Leistung finanzieller Beiträge, die in der Regel die Grundlage für die Finanzverwaltung des Vereins bilden. Beschlüsse über Beitragsänderungen unterliegen dem Gleichbehandlungsgrundsatz. Danach sind Unterschiede zwar möglich (z. B. Ermäßigung für Studenten, Rentner, Erlass für Ehrenmitglieder), sie müssen jedoch sachgemäß sein.

Neben den Beiträgen kommen außerordentliche Umlagen in Betracht, die zur Deckung eines finanziellen Sonderbedarfs oder von unerwarteten Fehlbeständen erforderlich sind. Ihre Erhebung muss jedoch – wie auch die Beitragspflicht – eine Rechtsgrundlage in der Satzung haben. Aus dieser Satzungsklausel muss sich weiter entweder der Höchstbetrag oder ein Berechnungsmodus ergeben. Es muss für das Mitglied erkennbar sein, welche finanziellen Verpflichtungen durch die Mitgliedschaft entstehen können.[108] Andernfalls kann eine Umlage nicht oder nur nach Satzungsänderung für die Mitglieder verbindlich beschlossen werden.

c) Sonderpflichten

Den Sonderrechten bestimmter Mitglieder oder Mitgliedsgruppen entsprechen Sonderpflichten. Der in der Praxis häufigste Fall ist, dass einer bestimmten Gruppe von Mitgliedern ein erhöhter Beitrag auferlegt wird, so: fördernden Mitgliedern, Mitgliedern, die juristische Personen sind. Ferner können bestimmte Mitglieder zu besonderen Zuschüssen verpflichtet werden (etwa ein Dachverband an notleidende Mitgliedsvereine, ein Mutterverein an eine Tochtergründung, Organisationen der öffentlichen Hand bei Vereinen, die öffentliche Aufgaben erfüllen).

Die Satzung eines Vereins kann auch bestimmen, dass der Vorstand und (oder nur) die Mitgliederversammlung mehrheitlich alle Mitglieder verpflichten kann, über den laufenden satzungsmäßigen Mitgliedsbeitrag hinaus einmalige Sonderleistungen zu erbringen, die auch in der Leistung einer bestimmten Anzahl von Arbeitsstunden, ersatzweise Zahlung eines Geldbetrages, bestehen können.[109]

4. Erlöschen der Mitgliedschaft

Die Mitgliedschaft endet durch Austritt, Ausschluss aus dem Verein, Anfechtung des Beitritts, durch Tod des Mitglieds, sonstige in der Satzung genannte Umstände sowie durch die Auflösung des Vereins (hierzu S. 185 ff.).

Der **Austritt** ist einseitige empfangsbedürftige Willenserklärung, die wirksam wird mit Zugang an den Vorstand. Wenn die Satzung nichts anderes bestimmt, genügt Zugang an **ein** Vorstandsmitglied (§ 26 Abs. 2 S. 2 BGB). Der Austritt kann durch Satzung nicht ausgeschlossen werden (§ 39 Abs. 1 BGB), die Satzung darf ihn daher auch nicht unangemessen erschweren. Er bedarf keiner Begründung. Die Satzung kann jedoch bestimmen, dass der Austritt nur am Schluss eines Geschäftsjahres oder erst nach Ablauf einer Kündigungsfrist zulässig ist, die jedoch höchstens zwei Jahre betragen darf (§ 39 Abs. 2 BGB). Auch wenn die Satzung eine Kündigungsfrist vorsieht, ist der fristlose Austritt aus wichtigem Grund zulässig. Der Austritt aus einem religiösen oder weltanschaulichen Verein wird stets fristlos zulässig sein (Art. 4 Abs. 1 GG: Garantie der Freiheit des Glaubens, des Gewissens und des religiösen und weltanschaulichen Bekenntnisses), doch kann es zulässig sein, den Ausgetretenen noch bis zum Ablauf des auf die Austrittserklärung folgenden Kalendermonats (jedoch nicht länger) mit finanziellen Beitragspflichten zu belasten.[110] Jederzeit ist ein Mitglied zum sofortigen Austritt aus einer politischen Partei berechtigt (§ 10 Abs. 2 S. 3 ParteienG). Wegen der grundgesetzlichen Garantie der Koalitionsfreiheit muss auch für den Austritt aus einer Gewerkschaft eine kürzere Frist als zwei Jahre vorgesehen werden (negative Koalitionsfreiheit). Ob die Verhältnisse bei einer Gewerkschaft und einem Arbeitgeberverband vergleichbar sind, ist umstritten. Der BGH hat sich in einer aktuellen Entscheidung[111] dafür ausgesprochen, so dass bei einem Arbeitgeberverband auch nur eine Austrittsfrist von bis zu einem halben Jahr zulässig ist.[112]

Mit dem Wirksamwerden des Austritts erlöschen grundsätzlich die Mitgliedschaftsrechte und Mitgliedschaftspflichten.

Der **Ausschluss aus dem Verein** wird mit der Bekanntgabe an den Betroffenen wirksam. Sieht die Satzung einen Einspruch gegen den Ausschließungsbeschluß vor, hat er aufschiebende Wirkung, es sei denn, dass die Satzung anderes bestimmt. Der Ausschluss kann von Fall zu Fall Vereinsstrafe oder Kündigung sein. Kündigung aus wichtigem Grund ist stets zulässig; ohne wichtigen Grund ist Kündigung durch den Verein nur zulässig, wenn die Satzung sie zulässt und die Kündigungsgründe konkret benennt.[113]

Anfechtung des Beitritts und sonstige Willensmängel: Der Beitritt zum Verein – sei es in der Gründungsversammlung, sei es später – kann wegen Willensmängeln angefochten werden; bei einem Minderjährigen kann die Verweigerung der Genehmigung zur Unwirksamkeit führen. Der Beitritt kann auch wegen fehlender Geschäftsfähigkeit rechtsunwirksam sein. Umstritten ist, ob die Mitgliedschaftsrechte rückwirkend erlöschen (also gar nicht rechtswirksam entstanden sind) oder die Anfechtung usw. lediglich das Erlöschen der Mitgliedschaft für die Zukunft bewirkt (so wohl die herrschende Meinung).

Nach § 38 S. 1 BGB ist die Mitgliedschaft nicht vererblich. Sie erlischt folglich mit dem **Tod des Mitglieds,** es sei denn, dass ausnahmsweise in der Satzung die Vererblichkeit bestimmt ist. Derartige Regelungen finden sich häufig in wirtschaftlichen Vereinen, wie beispielsweise Forstbetriebsgemeinschaften.

Die **Satzung** kann **sonstige Gründe** bestimmen, die die Mitgliedschaft zum Erlöschen bringt. Der praktisch bedeutsamste ist die Streichung aus der Liste der Mitglieder wegen Verzugs mit der Beitragszahlung für einen in der Satzung zu bezeichnenden Zeitraum (ein Jahr, zwei Jahre) oder wenn das Mitglied unbekannt verzogen ist. Die Satzung kann jedoch auch andere Gründe bestimmen, die die Mitgliedschaft zum Erlöschen bringen, so bei Berufsverbänden die Aufgabe des Berufs, bei Wirtschaftsverbänden die Aufgabe des Gewerbes.

5. Vereinsstrafen

Der Satzungsautonomie des Vereins entspricht seine Befugnis, Vereinsstrafen über Mitglieder zu verhängen, das sind Akte der Missbilligung gegenüber Mitgliedern, die die Mitgliedschaftspflichten verletzen. Es handelt sich nicht um Vertragsstrafen; da sie auch keine Kriminalstrafen sind (wenngleich der Ausschluss aus einem Verein oder die Aberkennung eines Vereinsamts einen erheblichen gesellschaftlichen Prestigeverlust zur Folge haben kann), bestehen gegen die Zulässigkeit von Vereinsstrafen auch keine verfassungsrechtlichen Bedenken. Der Verein bedarf zum Schutz seines Bestands und des Vereinsfriedens vielmehr einer solchen Disziplinargewalt.

Der Disziplinargewalt eines Sportverbandes können sich allerdings auch Nichtmitglieder unterstellen, jedenfalls, soweit sie seine Einrichtungen in Anspruch nehmen oder an dem in seinem Organisations- und Verantwortungsbereich nach seinen Regeln (Sport- oder Spielordnungen o. Ä.) ausgeschriebenen Sportbetrieb teilnehmen wollen. Die dazu erforderliche Unterwerfung kann allerdings nicht in der Satzung sondern nur durch rechtsgeschäftlichen Einzelakt erfolgen.[114]

a) Zulässigkeit

Vereinsstrafen sind nur zulässig, wenn und soweit sie in der Satzung zugelassen sind. Einzelheiten hierzu siehe S. 110 ff. Auch wenn die Satzung keine Bestimmung über den Ausschluss von Mitgliedern enthält, ist dieser bei Vorliegen eines wichtigen Grundes zulässig (siehe S. 113). Sieht die Satzung den Ausschluss eines Mitglieds aus dem Verein vor, so ist auch der Ausschluss auf Zeit als mildere Maßnahme zulässig, wenn ein den Ausschluss rechtfertigender Tatbestand gegeben ist. Ein gruppenweiser Ausschluss ist unzulässig.

Die Verhängung einer Vereinsstrafe erfordert nicht stets ein Verschulden des Betroffenen, insbesondere nicht beim Ausschluss, weil es hier entscheidend auf die Frage der Verträglichkeit mit anderen Vereinsmitgliedern und die Zumutbarkeit der weiteren Mitgliedschaft des Betroffenen ankommen kann. Für alle übrigen Vereinsstrafen – insbesondere für Geldbußen, wo die Satzung sie zulässt, aber auch für andere „geringere" Disziplinarmaßnahmen, die sich bei der nächsten Missbilligung „strafschärfend" auswirken können – wird man Verschulden des Betroffenen als Voraussetzung für eine Bestrafung fordern müssen (Rechtsprechung und Literatur sind in dieser Frage uneinheitlich). Das ergibt sich schon aus dem Charakter der Vereinsstrafe als „Missbilligung", also als Ausdruck eines Unwerturteils.

Mit dem Ausschluss aus dem Verein verliert das ausgeschlossene Mitglied, wenn die Satzung nichts anderes bestimmt, auch das Vorstandsamt und sonstige Vereinsfunktionen (nicht aber erlischt dadurch ein bestehendes Arbeits- oder Dienstverhältnis, doch kann gleichzeitig ein Grund zur fristlosen Kündigung dieses Rechtsverhältnisses gegeben sein, wobei etwaige einzuhaltende Fristen beachtet werden müssen, so die Zwei-Wochen-Frist des § 626 Abs. 2 BGB).

b) Vereinsstrafverfahren

Die Satzung muss die Zuständigkeit des Vereinsorgans (oder eines Schiedsgerichts) für die Durchführung des Vereinsstrafverfahrens bestimmen. Die Einzelheiten können dann in einer Vereinsordnung (vgl. S. 125) geregelt werden. Enthält die Satzung keine Zuständigkeitsregelung, entscheidet das für Vereinsbeschlüsse zuständige Organ, nach § 32 BGB folglich die Mitgliederversammlung. Die Ausschließung durch ein satzungsmäßig unzuständiges Vereinsorgan ist unwirksam.[115]

Ist die Zuständigkeit dem Vorstand übertragen, so kann dieser jedoch kein Vorstandsmitglied ausschließen.[116] Dies kann nur durch die Mitgliederversammlung beschlossen werden.

Das Verfahren muss rechtsstaatlichen Grundsätzen entsprechen. Das entscheidende Organ (selbstverständlich auch ein Schiedsgericht nach §§ 1025 ff. ZPO) muss ordnungsgemäß besetzt sein und geleitet werden, doch ist (anders als beim Schiedsgericht nach §§ 1025 ff. ZPO) nicht Voraussetzung, dass die Mitglieder des Gremiums, das über die Verhängung einer Vereinsstrafe beschließt, unparteilich sind. Dem betroffenen Mitglied steht daher auch kein Ablehnungsrecht zu, es sei denn, die Satzung enthalte eine entsprechende Bestimmung. Äußerst umstritten ist, ob das betroffene Mitglied auch selbst mit stimmberechtigt ist (so in der Mitgliederversammlung, wenn diese über die Vereinsstrafe beschließt). Der BGH hat unter dem Gesichtspunkt, niemand könne Richter in eigener Sache sein, dem betroffenen GmbH-Gesellschafter bei der Abstimmung darüber, ob gegen ihn eine Ausschließungsklage nach § 47 Abs. 4 GmbHG zu erheben sei, das Stimmrecht versagt.[117] Nicht anders ist es beim Beschluss über den Ausschluss aus dem Verein: das betroffene Mitglied hat kein Stimmrecht (auch analog § 34 BGB).[118] Die gegenteilige Meinung in Vorauflagen wird ausdrücklich aufgegeben.

Sind allerdings die Mitglieder des für Ordnungsmaßnahmen zuständigen Vereinsorgans selbst durch das Verhalten verletzt worden, das Gegenstand des Ordnungsverfahrens ist, dürfen sie am Verfahren nicht mitwirken.[119]

Dem Betroffenen ist rechtliches Gehör zu gewähren, folglich auch seinem gesetzlichen Vertreter und auch in der Mitgliederversammlung, die über seinen Ausschluss beschließt und in der er kein Stimmrecht hat. Nicht erforderlich ist eine mündliche Verhandlung oder eine persönliche Anhörung, wenn nicht die Verfahrensordnung sie obligatorisch vorschreibt. Wird mündlich verhandelt, hat der Betroffene ein Zutrittsrecht, das durch Satzung nicht rechtswirksam ausgeschlossen werden kann.[120] Beweisaufnahme ist zulässig, doch kann ein Vereinsorgan natürlich nicht das Erscheinen oder die Äußerung von Zeugen und Sachverständigen erzwingen (ein Schiedsgericht im Sinn der §§ 1025 ff. ZPO könnte sich hierzu des staatlichen Gerichts bedienen, § 1050 ZPO Sachverständige kann es selbst bestellen, § 1049 ZPO). Auf Personen, die selbst dem Verein angehören, kann der Verein allerdings indirekt einwirken, indem entweder in der Satzung die Aussageverweigerung (ohne rechtfertigenden Grund) mit Sanktionen bedroht wird oder das Verhalten des Mitglieds, auf dessen Mitwirkung als Zeugen das Disziplinarorgan angewiesen ist, als vereinsschädigend angesehen wird.

Umstritten ist, ob und inwieweit die Verteidigung durch Vertreter, insbesondere Rechtsanwälte, ausgeschlossen werden kann. Rechtsprechung und Literatur haben hierzu folgende Grundsätze entwickelt: Bei einfachen Vorgängen des Vereinslebens soll die Nichtzulassung eines Rechtsanwalts den Anspruch auf rechtliches Gehör nicht verletzen, und zwar selbst dann, wenn der Vorsitzende des Disziplinargremiums Volljurist ist; je gravierender die drohende Sanktion ist, umso eher soll der Betroffene einen Anspruch auf Zulassung eines Rechtsanwalts haben. Insbesondere kann das Gebot der Waffengleichheit die Zulassung eines Rechtsanwalts als Verteidiger gebieten, so wenn sich die Vereinsorgane, die die Entziehung von Mitgliedschaftsrechten gegen ein Mitglied betreiben, selbst zur Vertretung ihres Antrags eines Rechtsanwalts bedienen.[121] Es wird ferner angenommen, Vereinsordnungen könnten den Kreis der zugelassenen Vertreter (auch von Rechtsanwälten) auf vereinsangehörige Personen beschränken, jedenfalls dann, wenn dem Betroffenen noch eine ausreichende Auswahl für einen Verteidiger seines Vertrauens verbleibt.

Diese Grundsätze sind insgesamt nicht unbedenklich. Zweifellos ist das Interesse des Vereins, vereinsinterne Streitigkeiten möglichst intern auszutragen, berechtigt, um weitere Friedensstörungen zu vermeiden. Auch ist die Mitgliederversammlung – wenn ihr die Verhängung der Sanktion einschließlich des Ausschlusses des betroffenen Mitglieds aus dem Verein obliegt – nicht der rechte Ort für das Plädoyer eines nicht vereinsangehörigen Rechtsanwalts, dem im Falle seiner Zulassung auch Antragsrechte eingeräumt werden müssten, die ihm als Nichtmitglied nicht zustehen. Auch wird – wenn die Mitgliederversammlung entscheidet – der Betroffene in der Regel aus dem Kreis der Mitglieder ausreichend Unterstützung erhalten, es sei denn, dass er völlig isoliert ist. Schließlich ist der Beschluss der Mitgliederversammlung (wie auch anderer Disziplinarorgane) durch die ordentlichen Gerichte nachprüfbar, so dass eine Vertretung durch Rechtsanwälte in diesem Fall entbehrlich ist. Wird allerdings dem Antragsteller (und sei es der Vorstand oder ein sonstiges Vereinsorgan) der Beistand eines Rechtsanwalts zugebilligt, muss der Betroffene gleiches Recht haben.

Je formalisierter hingegen ein Verein das Disziplinarverfahren ausgestaltet hat – durch Einsetzung eines „Vereinsgerichts“, durch eine Verfahrensordnung usw. –, umso eher sollte man dem Betroffenen auch die Zuziehung eines Rechtsanwalts gestatten und Beschränkungen in der Zuziehung wie in der Auswahl eines Verteidigers durch Satzung oder Verfahrensordnung als Verstoß gegen den Anspruch auf rechtliches Gehör ansehen. Dabei sollte Kriterium nicht die Schwere der angedrohten Sanktion sein – oft wird ohnehin die gesamte Skala offen stehen –, weil die Schwere der Sanktion nicht nur objektiv sondern auch subjektiv (auf den Betroffenen) wirkt. Je rechtsstaatlicher sich eine Disziplinarordnung gibt, desto mehr sollte sie auch diesen Anspruch einlösen und die freie Anwaltswahl gewähren müssen. Wird das Verfahren vor einem Disziplinargremium geführt, wiegt auch nicht mehr der Gesichtspunkt der Friedensstörung. In der Satzung kann jedoch vorgesehen werden, dass eine Kostenerstattung generell nicht erfolgt.[122]

Das Parteiengesetz enthält in § 14 besondere Vorschriften für Parteischiedsgerichte. Ihre Einrichtung ist für politische Parteien obligatorisch. Ihre Mitglieder werden für höchstens vier Jahre gewählt, sie dürfen nicht Mitglied eines Vorstands der Partei oder eines Gebietsverbandes sein, in keinem Dienstverhältnis zu der Partei oder einem Gebietsverband stehen oder von ihm regelmäßige Einkünfte beziehen. Sie sind unabhängig und an Weisungen nicht gebunden, doch kann die Satzung vorsehen, dass die Schiedsgerichte allgemein oder im Einzelfall paritätisch mit Beisitzern besetzt werden, die von den Streitteilen benannt werden. Es muss eine Schiedsgerichtsordnung erlassen werden, die den Beteiligten rechtliches Gehör, ein gerechtes Verfahren und sogar die Ablehnung eines Mitglieds des Schiedsgerichts wegen Befangenheit gewährleistet. Auch diese „Schiedsgerichte“ müssen nicht als Schiedsgerichte nach §§ 1025 ff. ZPO errichtet werden und sind es in der Regel auch nicht.

Auch im Vereinsstrafverfahren gilt der Grundsatz, dass die zweimalige Ahndung einer Pflichtverletzung unzulässig ist (ne bis in idem).[123] Ein Schuldspruch muss grundsätzlich begründet werden. Ferner ist das Übermaßverbot zu beachten, das heißt, die Vereinsstrafe muss in einem angemessenen Verhältnis zum Pflichtenverstoß stehen.

c) Anfechtbarkeit

Die Satzung kann einen vereinsinternen Instanzenzug begründen. In der Regel wird gegen Entscheidungen des Vorstands oder eines besonderen Disziplinarorgans zunächst die Anrufung der Mitgliederversammlung vorgesehen. Bei Massenorganisationen ist dieses Verfahren wenig praktikabel, sie sollten ein besonderes Berufungsgremium vorsehen, das beim mehrgliedrigen Verein auch bei einem überörtlichen Gebietsverband eingerichtet werden kann. Dieses sorgt für mehr Neutralität und für eine Vereinheitlichung der „Rechtsprechung". Die Anrufung der ordentlichen Gerichte kann nicht ausgeschlossen werden. Sie dürfen jedoch erst nach Erschöpfung des vereinsinternen Instanzenzugs angerufen werden. Stets zuständig ist das ordentliche Gericht jedoch im Eilverfahren (Arrest und insbesondere: einstweilige Verfügung). Ferner kann das ordentliche Gericht angerufen werden, wenn die Satzung kein vereinsinternes Rechtsmittel vorsieht oder dieses dem Betroffenen nicht zugemutet werden kann, insbesondere, wenn in Sonderrechte eingegriffen wird. Das ordentliche Gericht kann auch angerufen werden, wenn das Berufungsorgan nicht innerhalb angemessener Frist einberufen wird oder seine Entscheidung böswillig verzögert.

Vereinsinterne Rechtsmittel sind in der Regel an Fristen gebunden, die das betroffene Mitglied einhalten muss. Werden diese Fristen versäumt, ist die Anrufung des ordentlichen Gerichts ausgeschlossen. Dies jedoch nur, wenn das Mitglied diese Rechtsfolge eindeutig und ausdrücklich aus der Satzung entnehmen kann.[124] Ein vereinsinternes Rechtsmittel gegen den Ausschluss hat auch aufschiebende Wirkung, es sei denn, die Satzung versagt sie ausdrücklich.[125]

Das staatliche Gericht prüft die verhängte Maßnahme daraufhin nach, ob sie eine Rechtsgrundlage im Gesetz oder in der Satzung hat, ob das satzungsmäßig vorgeschriebene Verfahren beachtet ist, sonst keine Gesetzes- oder Satzungsverstöße vorgekommen sind und ob die Maßnahme nicht grob unbillig oder willkürlich ist. Nach der Rechtsprechung des BGH[126] überprüft das staatliche Gericht auch, ob der Verein den zugrundeliegenden Sachverhalt richtig ermittelt hat. Wird der Ausschluss nicht auf einen in der Satzung ausdrücklich benannten Ausschließungstatbestand gestützt, sondern auf Vorliegen eines wichtigen Grundes, müssen die Umstände, aus denen sich die Unzumutbarkeit der Fortführung des Mitgliedschaftsverhältnisses ergibt, bereits im vereinsinternen Ausschließungsverfahren eindeutig und konkret und in gerichtlich nachprüfbarer Weise festgestellt werden.[127] Dagegen bleibt die Beurteilung der festgestellten Tatsachen, soweit sie nicht gesetzwidrig ist, grundsätzlich Sache des Vereins. Die staatlichen Gerichte haben sie hinzunehmen, es sei denn, jene Bewertung des Sachverhalts sei unter Berücksichtigung der Interessen des Verbandes und der des ausgeschlossenen Mitglieds offenbar unbillig.[128] Das bedeutet jedoch nicht, dass der Verein im gerichtlichen Verfahren neue Tatsachen, die er im vereinsinternen Verfahren nicht festgestellt hat, und damit neue Ausschlussgründe nachschieben darf.[129]

Auch Entscheidungen von Parteigerichten politischer Parteien können nicht direkt mit der Verfassungsbeschwerde zum Bundesverfassungsgericht angegriffen werden, weil sie nicht Akte der öffentlichen Gewalt im Sinn von Art. 93 Abs. 1 Nr. 4 a GG, § 90 Abs. 1 BVerfGG sind. Auch sie sind im Zivilprozess nachprüfbar.[130] Das OLG Köln hat den Beschluss der CDU über die Unvereinbarkeit der Mitgliedschaft bei Scientology und bei der CDU als Konkretisierung eines Grundsatzes der CDU im Sinn von § 10 Abs. 4 ParteienG angesehen und für sachlich gerechtfertigt gehalten.[131]

Strafbeschlüsse von Religionsgesellschaften in Vereinsform unterliegen nicht der Nachprüfung durch die staatlichen Gerichte (Art. 140 GG i.V.m. Art. 137 Abs. 3 WRV).[132] Das gilt jedoch nicht für Vereine mit lediglich kirchlichen Zwecken, deren eigene Tätigkeit also nicht Religionsausübung ist, sondern die selbstlose Förderung einer Religionsgemeinschaft.

Eine weiter eingeschränkte Überprüfung durch staatliche Gerichte lässt sich nur erzielen durch Begründung eines Schiedsgerichts nach §§ 1025 ff. ZPO, das aber – aus der Sicht der Vereinsautonomie – den „Nachteil“ größerer Unabhängigkeit hat, beispielsweise sich nicht als Instrument einer Richtliniensetzung eignet. Ferner erfordert es größeren organisatorischen Aufwand.

VI. Die Mitgliederversammlung

In der Mitgliederversammlung bzw. in der sie (weitgehend) ersetzenden Delegiertenversammlung haben die Mitglieder die – oft einzige – Möglichkeit, auf die Leitung und Verwaltung des Vereins Einfluss zu nehmen. Die Wahrnehmung dieser Chance setzt jedoch entsprechende Vorbereitung voraus. Der Vorstand, andere Vereinsorgane mit Leitungs-, Verwaltungs- oder Überwachungsfunktion, werden durch geeignete Regie versuchen, die ihnen richtig erscheinende Vereinspolitik durchzusetzen. Andere Gruppen von Mitgliedern werden Strategien entwickeln, um ihnen wichtige Entscheidungen herbeizuführen. Die Mitgliederversammlung bildet daher – soweit ihr nicht die Satzung wesentliche Aufgaben entzogen hat – ein Geflecht unterschiedlichster Interessen und Einflüsse. Die Versammlungsleitung muss versuchen, es zumindest formal in den Griff zu bekommen: mit Hilfe der Tagesordnung, von Antrags- und Wahlkommissionen. In der Regel werden zur Durchsetzung von Personal- und Sachentscheidungen lange vor der Versammlung, oft aber auch in letzter Minute unter dem Druck neuer Konstellationen, Absprachen getroffen, Zweckkoalitionen geschlossen. Der Vorstand und die Versammlungsleitung müssen zudem dafür sorgen, dass über alle nach dem Gesetz und der Satzung der Mitgliederversammlung zugewiesenen Aufgaben Beschlüsse zustande kommen, insbesondere die notwendigen Wahlen durchgeführt werden. Hier spätestens rächt es sich, wenn die Satzung einen Verein unnötig mit einer Vielzahl von Organen ausgestattet hat. Es ist nicht selten, dass Rechenschaftsberichte, die Entlastung des amtierenden Vorstands und Neuwahlen so viel Zeit in Anspruch nehmen, dass die Sachdiskussion zu kurz kommt. Für politische Parteien gilt § 9 ParteienG.

1. Zuständigkeit der Mitgliederversammlung

Nach § 32 Abs. 1 S. 1 BGB werden die Angelegenheiten des Vereins durch Beschlussfassung in einer Versammlung der Mitglieder geordnet, „soweit sie nicht von dem Vorstand oder einem anderen

Vereinsorgan zu besorgen sind". Die Satzung kann Aufgaben, die das Gesetz der Mitgliederversammlung zugewiesen hat, dem Vorstand oder einem anderen Vereinsorgan übertragen. Die Mitgliederversammlung kann dann diese Aufgaben ohne Satzungsänderung nicht an sich ziehen. Die Zuständigkeit der Mitglieder- und Delegiertenversammlung ergibt sich daher in erster Linie aus der Satzung. In der Regel enthalten Vereinssatzungen zur Klarstellung einen Katalog der Aufgaben, für die die Mitglieder- oder Delegiertenversammlung zuständig ist, zweckmäßigerweise in der Form von (nicht abschließenden) Regelbeispielen. Dass der Katalog nicht abschließend sein soll, wird durch das Wort „insbesondere" deutlich gemacht.

BEISPIEL: „Die Mitgliederversammlung ist insbesondere zuständig zur Bestimmung der Grundsätze der Vereinspolitik, für die Wahl des Vorstands, seine Entlastung, die Genehmigung des Haushaltsplans, die Festsetzung der Mitgliederbeiträge und für Satzungsänderungen. Sie kann Ehrenmitglieder ernennen und entscheidet über die Auflösung des Vereins."

Der Beschluss über die Auflösung des Vereins kann der Mitgliederversammlung auch durch Satzung nicht entzogen werden (§ 41 S. 1 BGB ist nicht dispositiv), doch kann die Satzung eine vom Gesetz abweichende höhere oder geringere Mehrheit für diesen Beschluss vorsehen (§ 41 S. 2 BGB; siehe S. 124). Enthält die Satzung für eine Angelegenheit des Vereins keine ausdrückliche Zuständigkeitsregelung, ist nach § 32 Abs. 1 BGB hierfür die Mitgliederversammlung zuständig. Diese oder die Delegiertenversammlung hat auch das Recht, die übrigen Vereinsorgane zu überwachen und ihnen Weisungen zu erteilen, sofern die Satzung nicht ausdrücklich etwas anderes bestimmt. In der Praxis häufig ist ferner die Überweisung von Anträgen an den Vorstand oder ein anderes Vereinsorgan, wenn die Mitgliederversammlung hierüber aus Zeitgründen oder mangels fachlicher Kompetenz nicht sofort selbst entscheiden kann.

2. Berufung der Mitgliederversammlung

Die Satzung des rechtsfähigen Idealvereins muss, die Satzung des nicht rechtsfähigen Vereins sollte Bestimmungen über die Voraussetzungen enthalten, unter denen die Mitgliederversammlung zu berufen ist, sowie über die Form der Berufung: siehe hierzu S. 82 und über die Formalien hierfür, soweit sie in der Satzung geregelt sind, siehe S. 97 f. Fehler bei der Einberufung der Mitgliederversammlung können zur Ungültigkeit der Beschlüsse und Wahlen führen, daher ist hier Sorgfalt angebracht (vgl. S. 160 f.).

a) Zuständigkeit zur Einberufung

Die Zuständigkeit zur Einberufung der Mitgliederversammlung ergibt sich aus der Satzung. Es wird regelmäßig der Vorstand sein, die Satzung kann aber auch ein anderes Vereinsorgan damit betrauen. Enthält die Satzung ausnahmsweise keine Vorschrift, so ist der Vorstand im Sinn des § 26 Abs. 1 S. 2 BGB, also das Vertretungsorgan, hierfür zuständig (nicht ein „erweiterter", „Gesamtvorstand" – vgl. S. 85 ff.). Demgemäß gilt – sofern die Satzung nichts anderes bestimmt – auch die Vertretungsregelung in der Satzung: Ist beim mehrgliedrigen Vorstand nach der Satzung jedes Vorstandsmitglied einzelvertretungsberechtigt, so kann jedes Vorstandsmitglied die Mitgliederversammlung wirksam einberufen; sind nach der Satzung nur mehrere Vorstandsmitglieder gemeinschaftlich vertretungsbefugt, müssen auch für die Einberufung mehrere Vorstandsmitglieder in der von der Satzung bestimmten Weise zusammenwirken. Fehlt eine Satzungsregelung, so wird die Mehrheit der Vorstandsmitglieder zuständig sein (§ 26 Abs. 2 S. 1 BGB). Allerdings müssen das oder die Vorstandsmitglieder, die die Berufung der Mitgliederversammlung vornehmen, sich ihrerseits an eine interne Vereinsordnung, etwa eine Geschäftsordnung des Vorstands, halten.

Das Vereinsorgan, das nach der Satzung die Berufung der Mitgliederversammlung vorzunehmen hat, muss zum Zeitpunkt der Einberufung noch im Amt sein. Für den Vorstand gilt jedoch, dass er noch wirksam einberufen kann, solange er noch im Vereinsregister als amtierender Vorstand eingetragen ist. Dies gilt auch für den Fall, dass seine Amtszeit eigentlich schon abgelaufen ist.[133] Zulässig ist, dass die jeweils nach der Satzung erforderlichen Maßnahmen (Einladungsschreiben, Aushang, öffentliche Bekanntmachung) von einem Beauftragten durchgeführt werden.

Voraussetzung für die Rechtswirksamkeit der Einberufung ist, dass das zuständige Vereinsorgan rechtmäßig bestellt ist. Eine fehlerhafte Berufung der Mitgliederversammlung hat regelmäßig die Nichtigkeit der dort gefassten Beschlüsse zur Folge.

Ist der nach der Satzung oder dem Gesetz zur Einberufung der Mitgliederversammlung zuständige Vorstand handlungsunfähig, weil ein für die Berufung der Mitgliederversammlung erforderliches Vorstandsmitglied fehlt, ist ein Notvorstand zu bestellen, näheres siehe S. 176. Von der Bestellung eines Notvorstands nach § 29 BGB zu unterscheiden ist die Ermächtigung einer Minderheit (der durch die Satzung bestimmte Teil oder in Ermangelung einer Bestimmung der zehnte Teil) der Vereinsmitglieder durch das Amtsgericht, die Mitgliederversammlung einzuberufen, wenn das Einberufungsorgan ihrem unter schriftlicher Angabe des Zwecks und der Gründe gestellten Verlangen nicht entspricht. Das Amtsgericht kann in diesem Fall Bestimmungen über die Führung des Vorsitzes in der Versammlung treffen (§ 37 BGB). Die Minderheit muss also zunächst dem Einberufungsorgan gegenüber den Antrag auf Einberufung einer (außerordentlichen) Mitgliederversammlung stellen; wird diesem Verlangen nicht entsprochen, ermächtigt das zuständige Amtsgericht die Mitglieder, die das Verlangen zulässigerweise gestellt haben. Auch diese Vorschrift gilt für nicht eingetragene Vereine und politische Parteien entsprechend.

b) Pflicht zur Einberufung

Eine Mitglieder- oder Delegiertenversammlung ist in den in der Satzung genannten Fällen einzuberufen sowie stets (als außerordentliche Versammlung), wenn das Interesse des Vereins es erfordert (§ 36 BGB). Schuldhafte Nichteinberufung kann zur Schadensersatzpflicht des Einberufungsorgans führen.

BEISPIEL: Der Vorsitzende Müller soll eine Mitgliederversammlung einberufen, welche einen Kaufvertragsabschluss über ein Grundstück beschließen soll. Dies unterlässt er, so dass der Verkäufer später einen höheren Kaufpreis verlangt, da ein anderer Verein nun ebenfalls sein Interesse geäußert hat. Hier besteht grundsätzlich ein Schadensersatzanspruch in Höhe der Differenz zu dem höheren Kaufpreis.

Ferner ist die Mitglieder- oder Delegiertenversammlung einzuberufen, wenn der zehnte Teil der Mitglieder (§ 37 BGB) die Berufung schriftlich unter Angabe des Zwecks und der Gründe verlangt. Dieser „zehnte Teil" kann durch die Satzung erhöht oder auch verringert werden. Üblich sind mittlerweile $^1/_3$ oder $^1/_4$ der Mitglieder. Dieses Recht steht allen Mitgliedern zu, unabhängig davon, ob sie ein Stimmrecht haben oder nicht.[134]

Der Antrag muss also den Gegenstand der beabsichtigten Beschlussfassung, die Tagesordnung, enthalten, und, wenn die Einberufung einer außerordentlichen Mitgliederversammlung verlangt wird, auch eine Begründung dafür, dass die Einberufung im Interesse des Vereins geboten ist (§ 37 Abs. 1 BGB). Das Einberufungsorgan darf keine sachliche Prüfung der Gründe vornehmen. Es kann nur einberufen oder ablehnen. Lehnt es ab oder bleibt es untätig, kann die Minderheit, die das Verlangen gestellt hat, beim Amtsgericht beantragen, sie zur Berufung der Versammlung zu ermächtigen. Zuständig ist das Amtsgericht, in dessen Vereinsregister der Verein eingetragen ist (§ 37 Abs. 2 BGB), bei nicht eingetragenen Vereinen (entsprechende Anwendung ist umstritten) das Amtsgericht des Verwaltungssitzes des Vereins. Es hat die formellen Voraussetzungen des Antrags zu prüfen und ferner, ob der Antrag missbräuchlich ist, nicht jedoch die Zweckmäßigkeit der Versammlung. Zur Einberufung muss nicht die Gesamtheit der Antragsteller ermächtigt werden, die Ermächtigung kann auch auf einzelne beschränkt werden und wird in der Regel befristet erteilt. Das Einberufungsrecht des Vorstands bleibt jedoch unberührt davon, dass das Gericht Mitglieder des Vereins nach § 37 Abs. 2 BGB zur Einberufung der Mitgliederversammlung ermächtigt hat.[135] Gehen aber den Mitgliedern zeitgleich zwei Einladungen zu, so können beide Einladungen wegen der damit verbundenen Verwirrung der Mitglieder unwirksam sein.

c) Formalien der Einberufung

Nach § 58 Nr. 4 BGB soll die Satzung des eingetragenen Idealvereins Bestimmungen über die Form der Berufung der Mitgliederversammlung enthalten. Da Formverstöße zur Nichtigkeit oder Anfechtbarkeit von Beschlüssen führen können, gilt dies auch für die Satzung des nicht eingetragenen Vereins. Welche Form der Verein wählt, stellt das Gesetz frei. In erster Linie sind also für die bei der Einberufung der Mitgliederversammlung zu beachtenden Formalien (Frist und Form, Ort und Zeit, Tagesordnung) die Satzungsbestimmungen maßgebend. Zu den Gestaltungsmöglichkeiten siehe S. 98. Enthält die Satzung (etwa eines nicht eingetragenen Vereins) keine oder nur unzureichende Bestimmungen hierüber, gelten folgende Grundsätze:

Die **Form und Frist** der Einberufung muss sicherstellen, dass sämtliche Mitglieder des Vereins Gelegenheit erhalten, von Ort, Zeit und Gegenstand der Versammlung rechtzeitig Kenntnis zu nehmen. Fehlt (beim nicht eingetragenen Verein) eine Satzungsbestimmung über die **Form** der Einladung, wird diese schriftlich durch die Post zu erfolgen haben. Eine längere andersartige Übung kann jedoch die Zulässigkeit einer anderen Einberufungsform begründen. Steht sie allerdings im Gegensatz zu einer ausdrücklichen Satzungsbestimmung, kann selbst eine ständige Übung zur Fehlerhaftigkeit der gefassten Beschlüsse und ihrer Anfechtbarkeit führen. Enthält die Satzung keine Bestimmung über die **Frist** der Einberufung (Ladungsfrist), muss diese angemessen sein und sämtlichen Mitgliedern die Gelegenheit der Kenntnisnahme von und der Teilnahme an der Versammlung gewährleisten. Wenn die Satzung nichts anderes bestimmt, beginnt die Frist erst mit Zugang der Einladung zu laufen[136]. Es empfiehlt sich daher, in der Satzung vorzusehen, dass der Tag der Absendung der Einladung maßgebend ist. Diesen Tag der Absendung können Sie im Streitfall leichter nachweisen.

Erforderlich ist ferner, dass mit der Einladung die Tagesordnung mitgeteilt wird (§ 32 Abs. 1 S. 2 BGB), es sei denn, dass die Satzung etwas anderes bestimmt; auch sie kann jedoch nicht völlig von der Mitteilung der Tagesordnung befreien, sondern nur Modalitäten festlegen. Die Mitteilung der Tagesordnung hat den Zweck, den Mitgliedern Gelegenheit zu geben, sich auf die Versammlung vorzubereiten, auch Entscheidungshilfe hinsichtlich der Notwendigkeit einer Teilnahme zu geben und die Mitglieder vor Überraschungen zu schützen. Die Tagesordnung muss daher so detailliert sein, dass daraus der Gegenstand der beabsichtigten Beschlussfassung zu entnehmen ist.

So deutet z. B. der Tagesordnungspunkt „Verkauf Clubhaus" nur auf einen Grundsatzbeschluss hin, der gefasst werden soll, nicht auf die Zustimmung zu einem bis in alle Einzelheiten ausgehandelten Kaufvertrag. Falls Gegenstand der Beschlussfassung die Durchführung eines Vertrags bildet, so soll sowohl der Vertragspartner als auch der Inhalt des Vertrags in der Tagesordnung schlagwortartig anzugeben sein, weil nur so dem Zweck der vorherigen Mitteilung entsprochen werden kann.

Insbesondere bei der Ankündigung von Anträgen zur Satzungsänderung müssen diese so genau bezeichnet sein, dass sich aus der Tagesordnung entnehmen lässt, welche Bestimmungen der Satzung geändert werden sollen. Nicht erforderlich – aber empfehlenswert – ist die Angabe des Inhalts der beabsichtigten Änderung; ungenügend ist jedenfalls die bloße Bezeichnung „Satzungsänderung".[137] Auch der Ausschluss eines Mitglieds oder die Verhängung einer Vereinsstrafe muss ausdrücklich angekündigt werden (wenn die Entscheidung hierüber der Mitgliederversammlung obliegt). Dabei ist es erforderlich, den Namen der betroffenen Mitglieder zu nennen. Dagegen sollen auch nicht Gründe des Persönlichkeitsschutzes sprechen, da eine Bloßstellung in der Mitgliederversammlung ohnehin nicht vermieden werden könne. Soll ein Mitglied des Vorstands oder eines anderen Vereinsorgans, das von der Mitgliederversammlung gewählt wird, abberufen werden, genügt die Angabe „Abberufung eines Vorstandsmitglieds" oder „Abberufung eines Kuratoriumsmitglieds". Der Grund für die Abberufung braucht in der Tagesordnung nicht mitgeteilt zu werden; ungenügend, wäre in einem solchen Fall jedoch die Ankündigung „Neuwahl des Vorstands" oder

„Neuwahl von Vereinsorganen", weil sich daraus nicht die Absicht einer „Abwahl", also einer außerordentlichen Maßnahme, ergibt.

Beispiel einer Tagesordnung:

1. Eröffnung der Versammlung durch den Vorsitzenden
2. Feststellung der Beschlussfähigkeit (soweit nach der Satzung erforderlich; bei Verbänden: Feststellung der Stimm- und Vertretungsrechte)
3. Rechenschaftsbericht des Vorstands
4. Berichte der Revisoren (Kassenprüfer, des Aufsichtsrats) und sonstiger Vereinsorgane
5. Entlastung des Vorstands
6. Neuwahl des Vorstands, der Revisoren, der Mitglieder des Schiedsausschusses (und sonstiger Organe und Gremien)
7. Satzungsänderung: § 5 Zusammensetzung des Vorstands
8. Beschluss über den Ausschluss eines Mitglieds aus dem Verein
9. Sonstige Anträge
10. Verschiedenes/Sonstiges.

Der Punkt „Verschiedenes" bzw. „Sonstiges" kann nur der allgemeinen Aussprache dienen; Beschlüsse müssen angekündigt und in der Tagesordnung aufgenommen werden.

Stellt die Satzung höhere Anforderungen an den Inhalt der Tagesordnung, bestimmt sie insbesondere die wörtliche Mitteilung der fristgerecht eingereichten Anträge, sind zusätzlich diese Satzungsbestimmungen zu beachten. Die Tagesordnung wird, wenn die Satzung nichts anderes bestimmt, vom Einberufungsorgan (vorläufig) aufgestellt, sie kann von der Mitglieder- bzw. Delegiertenversammlung geändert werden, insbesondere kann die Versammlung eine andere Reihenfolge oder die Absetzung eines Punktes von der Tagesordnung beschließen. Dagegen kann die Versammlung nicht einen Punkt neu auf die Tagesordnung setzen, der der vorherigen Ankündigung bedarf. Anträge, derartige Punkte auf die Tagesordnung zu setzen, müssen daher rechtzeitig vor der Einladung gestellt werden; weigert sich das Einberufungsorgan, kann die in der Satzung oder im Gesetz genannte Minderheit im Verfahren nach § 37 BGB die Einberufung einer Mitgliederversammlung mit diesen Tagesordnungspunkten erzwingen. Die Satzung kann zulassen, dass Gegenstände zur Beschlussfassung noch nach der Einberufung der Mitgliederversammlung auf die Tagesordnung gesetzt werden. Bedürfen sie der vorherigen Ankündigung, müssen sie den Mitgliedern dann so rechtzeitig mitgeteilt werden, dass genügend Zeit zur sachgerechten Vorbereitung bleibt. Das gilt auch für eilbedürftige Angelegenheiten.[138]

Über den **Ort** der Mitgliederversammlung wird die Satzung in der Regel keine Bestimmung enthalten, über den **Zeitpunkt** wird sie meist nur einen Zeitraum nennen („alle zwei Jahre"; „im ersten Vierteljahr eines Kalenderjahres"). Auch hier gilt, dass Sie sich in der Satzung nicht zu sehr festlegen sollten. Besser ist es, wenn Sie hinsichtlich des Zeitpunkts den Begriff „soll" verwenden. In diesen Fällen kann zunächst die Mitgliederversammlung beschließen, wo und wann die nächste Versammlung stattfinden soll; trifft sie keine Bestimmung, obliegt diese dem Einberufungsorgan, in der Regel also dem Vorstand nach § 26 BGB. Die Wahl von Ort und Zeit darf nicht zu einer Benachteiligung oder Erschwerung der Teilnahme an der Mitgliederversammlung führen. Im Einzelfall kann daher die Einberufung in der Ferienzeit unzulässig sein. Auch eine ungewöhnliche Dauer der Versammlung muss angekündigt werden. Bei Vereinen und Verbänden mit überregionaler Mitgliederstruktur kann es sinnvoll sein, Mitglieder- oder Delegiertenversammlungen an wechselnden, verkehrsgünstig gelegenen Orten abzuhalten. Im Übrigen können die unterschiedlichsten Kriterien für die Wahl des Versammlungsorts sprechen: eine gleichzeitig stattfindende andere Veranstaltung (wirtschaftlicher, wissenschaftlicher, politischer, religiöser Art), eine besondere Affinität anderer Art, das Vorhandensein eines Versammlungslokals in ausreichender Größe usw. Nur für den Verein mit ausschließlich örtlicher Mitgliedschaft gilt, dass der gegebene Ort für die Mitgliederversammlung der Ort ist, an welchem die Mitglieder ansässig sind.

Ist die Mitgliederversammlung durch eine **Delegiertenversammlung** ersetzt, muss die Satzung auch die Modalitäten für die Wahl der Delegierten enthalten. Satzungsbestimmungen sind objektiv auszulegen, maßgebend ist der Empfängerhorizont. Es gilt der Grundsatz „ein Mitglied eine Stimme"; Modifizierungen bedürfen nach § 40 BGB einer Satzungsgrundlage. Streitigkeiten über die Rechtmäßigkeit einer Wahl sind ihrer Natur nach eilbedürftig, der vereinsinterne Instanzenzug muss daher nicht ausgeschöpft werden. Das gilt auch für politische Parteien.[139]

3. Leitung der Mitgliederversammlung

Die Leitung der Mitgliederversammlung bestimmt in erster Linie die Satzung. Enthält sie keine Bestimmung hierüber, steht die Leitung dem Vorstand zu. Sie können durch die Satzung jedoch auch einen gesonderten Versammlungsleiter vorsehen („Auf Vorschlag des Vorstandes kann eine gesonderte Versammlungsleitung bestellt werden.").

Der Versammlungsleiter **eröffnet** die Versammlung förmlich; er dokumentiert damit, dass die Mitglieder von nun an rechtserheblich handeln. Zur Eröffnung gehört auch erforderlichenfalls die Feststellung der Beschlussfähigkeit und bei Delegiertenversammlungen die Mandatsprüfung, die einer besonderen Kommission übertragen werden kann.

Die **Leitung** der Versammlung beginnt mit der Bekanntgabe und Feststellung der Tagesordnung, die – soweit der Gegenstand der Beratung nicht vorheriger Mitteilung bedarf – ergänzt und deren Reihenfolge geändert werden kann. Hierzu sollte stets ein Beschluss der Mitgliederversammlung herbeigeführt werden. Der Versammlungsleiter ist auch für die Zeiteinteilung verantwortlich, insbesondere dafür, dass die Tagesordnung in der zur Verfügung stehenden Zeit vollständig abgewickelt werden kann. Erforderlichenfalls sollte daher bereits zu Beginn der Versammlung eine **Redezeitbegrenzung** festgesetzt werden (besser ist es, sie generell in der Geschäftsordnung zu regeln). Auch hierüber sollte ein Beschluss der Mitgliederversammlung herbeigeführt werden; ob der Versammlungsleiter einseitig die Redezeit festsetzen kann, ist zweifelhaft. Bei einer umfangreichen Tagesordnung – insbesondere, wenn auch noch Wahlen abzuhalten sind – kann eine Beschränkung der Redezeit auf drei Minuten, für die Begründung von Anträgen auf fünf Minuten ausreichend sein. Die Redezeitbegrenzung muss nicht für sämtliche

Tagesordnungspunkte einheitlich sein. Es empfiehlt sich jedoch, zunächst eine generelle Begrenzung zu beschließen und sie im Einzelfall – wenn ein Tagesordnungspunkt besonders eingehender Erörterung bedarf – aufzuheben oder zu erweitern. Seien Sie bei der Begrenzung der Redezeit vorsichtig, da es sich hier um eine Beschneidung der Mitgliedsrechte handelt. Der Versammlungsleiter ruft sodann die einzelnen Tagesordnungspunkte in der festgelegten Reihenfolge (die die Versammlung jederzeit durch Beschluss ändern kann, wenn sich das als zweckmäßig erweist) auf. Er erteilt das Wort und kann es auch entziehen, wenn berechtigte Gründe dafür vorliegen.

BEISPIEL: Wenn ein Redner nicht zur Sache spricht, die festgesetzte Redezeit erheblich überzieht und durch sein Dauerreden den Verlauf der Mitgliederversammlung stört oder andere Vereinsmitglieder beleidigt oder sonstige strafbare Handlungen begeht, können Sie ihm das Rederecht entziehen.

Vor einem Wortentzug sollte der Redner jedoch (zwei- oder dreimal) gemahnt oder zur Ordnung gerufen und auf die Folgen hingewiesen werden. Denn ein unzulässiger Eingriff in die Debatte kann zur Nichtigkeit oder Anfechtbarkeit eines darauf folgenden Beschlusses führen.

Der Versammlungsleiter wird das Wort in der Regel nach dem Eingang der Wortmeldungen erteilen, weshalb eine Rednerliste geführt werden sollte. Er kann nach seinem Ermessen jedoch Wortmeldungen vorziehen, nach sachlichen Gesichtspunkten zusammenstellen, insbesondere abweichend von der Reihenfolge Vorstandsmitgliedern oder anderen Betroffenen zu einer Erklärung das Wort erteilen. Er kann auch – empfehlenswert insbesondere bei Großveranstaltungen – ein bestimmtes Meldeverfahren verfügen (persönliche Meldung beim Protokollführer oder einem Beisitzer; Ausgabe von Meldezetteln). Er ist überhaupt für die Führung der Rednerliste zuständig; er selbst sollte sich, während er das Amt des Versammlungsleiters ausübt, jedoch nicht an der Debatte beteiligen (mit Ausnahme von kurzen Bemerkungen). Allein hieran wird deutlich, dass die Versammlungsleitung nicht beim Vorstand liegen sollte.

Der Versammlungsleiter entscheidet, ob ein während der Debatte gestellter Antrag ein vorrangig zu behandelnder **Antrag zur Geschäftsordnung** ist; er kann im Zweifelsfall (muss jedoch nicht und sollte hierüber möglichst selbst entscheiden) den Beschluss der Versammlung herbeiführen.

Beispiele für Anträge zur Geschäftsordnung:
- Antrag, die Redezeit zu begrenzen;
- Antrag, die Tagesordnung zu ändern;
- Antrag, einen Tagesordnungspunkt abzusetzen;
- Antrag, gleichartige oder im Zusammenhang stehende Verhandlungsgegenstände zu verbinden;
- Antrag, einen teilbaren Verhandlungsgegenstand zu trennen;
- Antrag, die Sitzung zu unterbrechen;
  Antrag, ein Rauchverbot zu beschließen;
- Antrag auf Schluss der Rednerliste;
- Antrag auf Schluss der Debatte;
- Antrag, einen Verhandlungsgegenstand an den Vorstand oder einen Ausschuss zu verweisen.

Wer zur Geschäftsordnung sprechen will, erhält das Wort außerhalb der Reihe. Werden Wortmeldungen mit einem Handzeichen angekündigt, ist es üblich für Geschäftsordnungsanträge beide Arme zu erheben. Ferner ist es üblich, dass zu Geschäftsordnungsanträgen lediglich eine Gegenrede zugelassen wird und über diese Anträge anschließend ohne weitere Debatte sofort abgestimmt wird.

Der Versammlungsleiter muss sämtliche **Anträge zur Abstimmung** stellen und sie erforderlichenfalls zu diesem Zweck noch einmal bekannt machen. Liegen kontroverse, Abänderungs- und Ergänzungsanträge zu einem Verhandlungsgegenstand vor, muss er entscheiden, in welcher Reihenfolge sie zur Abstimmung zu stellen sind. Hierbei ist er nicht frei. Es gelten folgende Grundsätze:

- Geschäftsordnungsanträge gehen stets den Sachanträgen vor.
- Sowohl bei den Geschäftsordnungs- wie bei den Sachanträgen ist, wenn mehrere Anträge zum gleichen Gegenstand vorliegen, zuerst über den weitestgehenden Antrag abzustimmen, das ist der, der andere Anträge überflüssig macht (die richtige Entschei-

dung kann im Einzelfall schwierig sein); Zusatz- und Abänderungsanträge werden in der Regel als weitergehende Anträge vorzuziehen sein.

BEISPIELE:
- Der Antrag auf Schluss der Debatte ist weitergehend als der Antrag auf Schluss der Rednerliste.
- Der Antrag, künftig auf Beiträge zu verzichten, geht dem Antrag vor, den Jahresbeitrag auf einen bestimmten Betrag festzusetzen.

Im Einzelfall kann jedoch auch der Antrag zuerst zur Abstimmung gestellt werden, der voraussichtlich die meisten Stimmen auf sich vereinigen wird (im vorherigen Beispiel also der Antrag auf Beitragsfestsetzung, wenn die Debatte gezeigt hat, dass der Verzicht auf Beiträge nur von einer Minderheit gefordert wird).

- Hauptanträge gehen Hilfsanträgen hierzu vor.

BEISPIEL: Für den Fall, dass der Jahresbeitrag auf 200 EUR festgesetzt wird, der Hilfsantrag, Schülern und Studenten eine Ermäßigung von 50 % zu gewähren.

- Im Übrigen werden die Anträge nach der zeitlichen Reihenfolge zur Abstimmung gestellt.

Ist mit einer Vielzahl von Anträgen zum gleichen Verhandlungsgegenstand zu rechnen, kann eine Antragskommission gebildet werden. Ihre Aufgabe ist es, Anträge mit gleicher Zielrichtung – erforderlichenfalls im Zusammenwirken mit den Antragstellern – in einen einheitlichen Wortlaut zu fassen, dem Versammlungsleiter unter Beachtung der vorstehenden Grundsätze die Reihenfolge vorzuschlagen, in der die Anträge zur Abstimmung zu stellen sind, die Anträge in Sachgruppen zu gliedern usw. sowie auch die Zulässigkeit der Anträge vorzuprüfen. Die Entscheidung hierüber steht dem Versammlungsleiter zu. Zuzulassen sind alle Sachanträge, die in einem inneren Zusammenhang mit dem angekündigten Tagesordnungspunkt stehen. Sie dürfen nicht wesentlich über ihn hinausgehen. Ist ein Zusammenhang **offensichtlich** nicht mehr vorhanden, muss der Antrag (von der nachstehenden Ausnahme abgesehen) nicht zur Abstimmung gestellt werden; fehlt der Zusammenhang aber nicht offensichtlich, ist im Zweifel über den Antrag abzustimmen. Zur Abstimmung zuzulassen sind daher auch Anträge, die auf Grund der Debatte oder vorhergehender Beschlüsse abgeändert wurden, die geteilt oder zusammengefasst wurden, sofern die Abänderung nicht so weit geht, dass offensichtlich der Zusammenhang zum Tagesordnungspunkt entfallen ist. Wenn die Satzung dies zulässt, können jedoch – unter Einhaltung der in der Satzung vorgeschriebenen Modalitäten, in der Regel auf Grund ausdrücklicher Zustimmung, die oft an eine qualifizierte Mehrheit gebunden ist – Dringlichkeits- und Initiativanträge ohne vorherige Ankündigung eingebracht werden, über sie ist ggf. abzustimmen.

Die **Art der Abstimmung** bestimmt in erster Linie die Satzung oder eine Vereinsordnung, mangels einer solchen Regelung die Versammlung durch Beschluss. Sie kann auch dem Ermessen des Versammlungsleiters überlassen werden. Üblich sind:

- Akklamation bei offensichtlicher allgemeiner Zustimmung („Erhebt sich Widerspruch?“);
  Diese Abstimmungsmethode empfiehlt sich jedoch nicht, da im Protokoll ein eindeutiger Nachweis des Abstimmungsergebnisses gefordert wird.
- offene Abstimmung durch Handzeichen;
- namentliche Abstimmung (selten);
- geheime Abstimmung (meist bei Wahlen, jedoch nicht zwingend).

Sind Gäste zugelassen, empfiehlt es sich, für offene Abstimmungen an die Stimmberechtigten farbige Stimmkarten auszugeben. Einen Rechtssatz des Inhalts, dass namentlich oder geheim abgestimmt werden müsse, wenn auch nur ein Mitglied einen solchen Antrag stellt, gibt es nicht. Schweigt die Satzung, entscheidet der Versammlungsleiter. Er kann auch die Mitgliederversammlung entscheiden lassen.

Der Versammlungsleiter hat allgemein für die **Einhaltung der Förmlichkeiten** nach der Satzung, einer Vereinsordnung oder der Übung zu achten und auch für die erforderliche Beurkundung von

Vereinsbeschlüssen zu sorgen. Er muss die Abstimmungsergebnisse bekannt geben. Für Wahlen kann ein besonderer Wahlausschuss gebildet werden, was jedoch nicht zwingend ist. Dies soll auch ohne eine Satzungsregelung möglich sein.[140] Der Versammlungsleiter hat ferner etwaige Widersprüche gegen Beschlüsse entgegenzunehmen und – soweit dies möglich ist – zu klären. Er kann eine Abstimmung wiederholen lassen, jedoch nur, wenn zwischenzeitlich keiner der Abstimmenden den Saal verlassen hat. Dem Versammlungsleiter steht auch **Ordnungsgewalt** zu, soweit er sie benötigt, um einen ordnungsgemäßen Ablauf der Versammlung herbeizuführen. Er kann hierzu insbesondere – neben dem bereits erwähnten Wortentzug – auch ein Mitglied des Saales verweisen oder ganz von der Versammlung ausschließen, sofern es die Versammlung stört und die Störung nicht auf andere Weise behoben werden kann.[141] Diese Befugnis obliegt dem Versammlungsleiter unabhängig davon, ob ihm das Hausrecht übertragen ist (dessen er insbesondere Nichtmitgliedern gegenüber bedarf). Der Versammlungsleiter kann sich zur Aufrechterhaltung der Ordnung, aber auch für die Zählung bei Abstimmungen Gehilfen bedienen. Nach Erledigung der Tagesordnung **schließt** er die Versammlung.

4. Beurkundung der Beschlüsse

Die Rechtsgültigkeit der Vereinsbeschlüsse und auch der Wahlen ist nicht von ihrer Beurkundung abhängig. Das Protokoll ist lediglich **Beweismittel** für den Ablauf der Mitglieder- oder Delegiertenversammlung sowie für den Inhalt der gefassten Beschlüsse und das Ergebnis der Wahlen. Für den eingetragenen Idealverein bestimmt § 58 Nr. 4 BGB, dass die Satzung eine Bestimmung über die Beurkundung der Beschlüsse enthalten soll; fehlt sie, ist die Anmeldung zurückzuweisen. Ferner bestimmt § 59 Abs. 2 Nr. 2 BGB, dass der Anmeldung zum Vereinsregister eine Abschrift der Urkunde über die Bestellung (die Wahl) des Vorstandes beizufügen ist und § 67 Abs. 1 BGB, dass der Anmeldung der Änderung des Vorstands zum Vereinsregister ebenfalls eine Abschrift der Urkunde über die Änderung (die Neuwahl) beizufügen ist. Aus § 71 BGB folgt schließlich, dass auch Satzungsänderungen protokolliert werden müssen, denn sie sind vom Vorstand zur Eintragung anzumelden und der Anmeldung ist eine Abschrift des die Änderung enthaltenden Beschlusses beizufügen. Insoweit enthält also das Gesetz eine indirekte Verpflichtung zur Beurkundung der wichtigsten Vereinsbeschlüsse. Im Übrigen bestimmt die Satzung Form und Inhalt der Beurkundung, eine Vereinsordnung (Geschäftsordnung für die Mitgliederversammlung) kann ergänzende Bestimmungen enthalten. In der Regel beschränkt sich die Satzung jedoch auf die Bestimmung, dass die Beschlüsse der Mitgliederversammlung (privat-)schriftlich zu beurkunden sind und das Protokoll vom Versammlungsleiter und dem Protokollführer zu unterzeichnen ist.

Das Protokoll sollte, auch wenn nähere Regelungen in der Satzung oder einer Vereinsordnung fehlen, folgende Angaben enthalten:

- ordentliche oder außerordentliche Mitgliederversammlung des (Name des Vereins);
- Ort und Datum der Versammlung sowie die Stunde ihres Beginns;
- die Namen des Versammlungsleiters und des Protokollführers sowie jeweils den personellen Wechsel in diesen Ämtern;
- die Feststellung, dass die Versammlung satzungsgemäß einberufen wurde;
- die Anzahl der erschienenen Mitglieder (Delegierten), erforderlichenfalls die Feststellung der Beschlussfähigkeit und bei Delegiertenversammlungen die Feststellung der ordnungsgemäßen Vertretung;
- die Feststellung der Tagesordnung und, soweit erforderlich, deren vorherige Mitteilung;
- die zur Abstimmung gestellten Anträge (nicht ihre Begründung), und zwar sowohl Geschäftsordnungs- sowie Sachanträge;
- die Art der Abstimmung (Handzeichen, schriftlich);
- das Abstimmungsergebnis, getrennt nach Ja-, Nein- und ungültigen Stimmen (Stimmenthaltungen zählen überhaupt nicht!), bei nur wenigen Nein- und ungültigen Stimmen kann es ausreichen, festzustellen „mit Mehrheit bei drei Nein-Stimmen“, wenn deren

Anzahl die erforderliche Mehrheit eindeutig und ausreichend kennzeichnet;

- bei Wahlen: die Namen und die Anschrift der Gewählten und deren Erklärung, dass sie die Wahl annehmen;
- Schließung der Versammlung;
- Unterschriften des Versammlungsleiters und des Protokollführers sowie etwaiger nach der Satzung oder einer Vereinsordnung erforderlicher weiterer Personen.

Ein solches Ergebnisprotokoll kann zum Ablaufprotokoll erweitert werden, indem zusätzlich aufgenommen wird, wer welche Erklärungen abgegeben hat (Bericht des Vorstands, des Kassenwarts, der Revisoren usw.), die Wiedergabe des Inhalts dieser Erklärungen wird jedoch in aller Regel entbehrlich sein.

Das Protokoll kann später erforderlichenfalls ergänzt werden, jedoch nur mit Zustimmung der Personen, die es unterzeichnet haben.

5. Mangelhafte Beschlüsse

Beschlüsse der Mitgliederversammlung werden rechtlich unterschiedlich qualifiziert: als Rechtsgeschäfte oder als korporationsrechtliche Akte. Umstritten ist, ob fehlerhafte Beschlüsse nichtig oder anfechtbar sind. Nichtig (absolut rechtsunwirksam) sind Beschlüsse, die gegen zwingende gesetzliche Bestimmungen (§ 134 BGB) oder gegen die guten Sitten (§ 138 BGB) oder gegen grundlegende Verfassungsbestimmungen der Satzung verstoßen, das sind „die das Vereinsleben bestimmenden Grundentscheidungen“.[142] Grundsätzlich ungültig ist auch ein Vereinsbeschluss oder eine Wahl, wenn nicht alle Mitglieder zur Mitgliederversammlung entsprechend den Bestimmungen der Satzung eingeladen worden waren, es sei denn, es werde nachgewiesen, dass der Beschluss nicht auf diesem Mangel beruhen könne.[143] Auch wenn der Gegenstand der Beschlussfassung nicht oder so ungenau bestimmt ist, dass den Mitgliedern eine sachgerechte Vorbereitung der Versammlung und eine Entscheidung, ob sie an der Versammlung teilnehmen wollen, nicht möglich ist, so sind die auf der Versammlung gefassten Beschlüsse gem. § 32 Abs. 1 S. 2 BGB nichtig.

Nach früherer Auffassung des BGH führte ein Verfahrensfehler nur dann zur Ungültigkeit eines Beschlusses, wenn das Abstimmungsergebnis darauf beruht. An Stelle von Kausalitätserwägungen ist nach neuerer Rechtsprechung[144] bei der Rechtmäßigkeitskontrolle auf die Relevanz des Verfahrensfehlers für die Ausübung der Mitwirkungsrechte durch ein objektiv urteilendes Verbandsmitglied abzustellen. D. h. an die Stelle des auf das Abstimmungsergebnis bezogenen Kausalitätskriteriums ist danach zu fragen, welche Relevanz der Verfahrensfehler für die Ausübung der Mitwirkungsrechte des Einzelnen hat. Maßgebend ist daher, ob ein objektiv urteilendes Mitglied bei richtiger Handhabung zu einer anderen Entscheidung gelangt sein könnte.[145]

Als (grundsätzlich gültig, jedoch) **anfechtbar** werden dagegen Beschlüsse angesehen, die unter Verstoß gegen minderwichtige Verfahrensvorschriften, die in erster Linie dem Schutz der einzelnen Mitglieder dienen, zustande kamen, wobei anfechtungsberechtigt diejenigen Mitglieder sind, denen gegenüber die Schutzvorschriften verletzt wurden; sind sie in der Mitgliederversammlung anwesend, haben sie zu Protokoll sofort zu **widersprechen,** andernfalls dem Vorstand oder dem Registergericht gegenüber den Widerspruch zu erklären.

Nichtige Beschlüsse darf der Vorstand nicht ausführen, andernfalls kann er sich schadensersatzpflichtig machen. Die Ungültigkeit eines Beschlusses der Mitgliederversammlung kann durch Feststellungsklage geltend gemacht werden; Kläger kann jeder sein, der ein Rechtsschutzbedürfnis und das Feststellungsinteresse des § 256 ZPO hat. Auch der Verein selbst kann im Zweifelsfall die Gültigkeit eines Beschlusses durch Feststellungsklage klären lassen. Auch wenn diese Feststellungsklage nicht fristgebunden ist, wird durch die Rechtsprechung eine Klagefrist von einem Monat angenommen.[146]

VII. Der Vorstand

Nach der zwingenden Vorschrift des § 26 Abs. 1 S. 1 BGB muss der Verein einen Vorstand haben. Für den nicht eingetragenen Verein gilt Gleiches, auf ihn sind deshalb die Bestimmungen der §§ 26 bis 28 BGB entsprechend anzuwenden. Das gilt auch für § 29 BGB (Bestellung eines Notvorstands), doch ist letzteres umstritten. Für politische Parteien gilt § 11 ParteienG.

1. Rechtsstellung des Vorstands

Er ist kraft Gesetzes notwendiges Organ des Vereins. Dieser kann (abgesehen vom besonderen Vertreter nach § 30 BGB) nur durch den Vorstand handeln. Nur dieser kann ihn zur Eintragung in das Vereinsregister anmelden (§ 59 Abs. 1 BGB). Er ist sowohl Vertretungs- wie Geschäftsführungsorgan.

a) Vertretungsorgan

Der Vorstand vertritt den Verein gerichtlich und außergerichtlich; er ist jedoch nicht gesetzlicher Vertreter des Vereins, sondern hat nur die Stellung eines gesetzlichen Vertreters (§ 26 Abs. 1 S. 2 BGB). Das heißt, dass der Vorstand dem Verein nicht als Dritter gegenübersteht, sondern selbst Teil der Vereinsorganisation ist: durch den Vorstand tritt der Verein handelnd im Rechtsverkehr auf, wie eine gebräuchliche Formulierung lautet. Daher wird das Verhalten des Vorstands, sein Wissen (auch nur eines Vorstandsmitglieds) dem Verein als eigenes zugerechnet, auch über die Amtszeit des jeweiligen Vorstands hinaus, allerdings nur innerhalb seiner Amtssphäre.

BEISPIEL: Der alleinvertretungsberechtigte 1. Vorsitzende V des X-Vereins schließt für diesen einen Kaufvertrag über die Lieferung eines Fotokopiergerätes ab: der Verein als solcher wird aus diesem Rechtsgeschäft berechtigt (z. B. auf Lieferung, auf Mängelansprüche und Garantieleistungen) und verpflichtet (z. B. zur Zahlung des Kaufpreises).

Wusste V allerdings, dass der Verkäufer nicht Eigentümer des Geräts war und auch nicht darüber verfügen durfte, kann der Verein nicht gutgläubig daran Eigentum erwerben (§ 932 BGB). Das Wissen des V wird dem Verein zugerechnet. Gleiches gilt, wenn nicht V, sondern sein Mit-Vorstandsmitglied M den Mangel der Verfügungsbefugnis kannte, auch wenn M an dem Erwerbsgeschäft nicht beteiligt war.

Die Kenntnis eines Vorstandsmitglieds (eines mehrgliedrigen Vorstands) reicht also aus, um ein rechtserhebliches Wissen des Vereins zu begründen, es ist „das Wissen des Vereins".[147] Gleichgültig ist dabei auch, ob das Wissen „als Vorstandsmitglied" oder privat erlangt wurde und auch, ob der Betreffende vor Abschluss des Rechtsgeschäfts aus dem Vorstand ausgeschieden ist, wenn er nur während seiner Amtszeit als Vorstandsmitglied Kenntnis erlangt hat. Die Grundsätze der §§ 164 ff. BGB (Stellvertretung, Vollmacht) gelten grundsätzlich für die rechtsgeschäftliche Vertretung durch den Vorstand entsprechend (nicht jedoch § 166 Abs. 2 BGB: Handeln nach Weisung; umstritten).

Der Umfang der Vertretungsmacht des Vorstands kann durch die Satzung mit Wirkung gegen Dritte beschränkt werden (einziger Fall der Außenwirkung der Satzung, § 26 Abs. 1 S. 3 BGB). Voraussetzung ist, dass die Beschränkung der Vertretungsmacht eindeutig aus der Satzung zu entnehmen ist. Insbesondere muss klargestellt sein, ob es sich um eine Beschränkung mit Wirkung gegen Dritte oder nur um eine vereinsinterne Bindung handelt.

BEISPIELE:

- „Die Vertretungsmacht des Vorstands wird mit Wirkung gegen Dritte in der Weise beschränkt, dass er über Grundstücke und grundstücksgleiche Rechte nur mit Zustimmung der Delegiertenversammlung verfügen darf." (Beschränkung mit Außenwirkung)
- „Der Vorstand bedarf zur Verfügung über Grundstücke und grundstücksgleiche Rechte der Zustimmung der Mitgliederversammlung." (Lediglich interne Bindung)

Eine Beschränkung mit Außenwirkung wird beim eingetragenen Idealverein in das Vereinsregister eingetragen (§ 64 BGB); die Eintragung wirkt konstitutiv, die Beschränkung wird erst mit der Eintragung wirksam. Eine Beschränkung der Vertretungsmacht des Vorstands kann sich auch aus dem Vereinszweck ergeben: Geschäfte, die nach dem typischen Tätigkeitsbereich des Vereins für Dritte erkennbar ganz außerhalb des Vereinszwecks liegen, fallen nicht unter die Vertretungsmacht des Vorstands; es entscheiden die Umstände des Einzelfalls.

Der Vorstand kann rechtsgeschäftliche Handlungsvollmacht erteilen (z. B. einem „Geschäftsführer"), auch Generalvollmacht, wenn sie widerruflich ist. Er kann jedoch nicht seine Organstellung als Vorstand übertragen. Ferner kann die Satzung bestimmen, dass **neben** dem Vorstand für bestimmte Geschäfte besondere Vertreter zu bestellen sind (§ 30 BGB); die Vertretungsmacht eines solchen Vertreters ist auf seinen Geschäftsbereich beschränkt. Keinesfalls darf die Satzung dem Vorstand die Vertretungsmacht ganz entziehen. Zur Entgegennahme von Willenserklärungen (z. B. Kündigung eines Mietverhältnisses, eines Anstellungsverhältnisses, der Mitgliedschaft) ist stets die Abgabe gegenüber **einem** Vorstandsmitglied ausreichend, auch wenn bei einem mehrgliedrigen Vorstand Gesamt- oder Mehrheitsvertretung besteht (§ 26 Abs. 2 S. 2 BGB).

Beim mehrgliedrigen Vorstand (der also kraft Satzung aus mehreren Personen besteht) wird der Verein durch die Mehrheit der Vorstandsmitglieder vertreten (§ 26 Abs. 2 S. 1 BGB). Die Satzung kann jedoch eine andere Vertretungsregelung bestimmen: sie kann jedem Vorstandsmitglied Einzelvertretungsmacht erteilen oder bestimmen, dass jeweils zwei Vorstandsmitglieder den Verein gerichtlich und außergerichtlich vertreten. Diese Vertretungsregelung wird im Vereinsregister eingetragen (§ 64 BGB). Unzulässig ist jedoch Gesamtvertretung eines Vorstandsmitglieds mit einer nicht dem Vorstand angehörigen Person (etwa einem Geschäftsführer). Unwirksam ist eine Einschränkung der Vertretungsmacht von Vorstandsmitgliedern durch Vorstandsbeschluss, wenn dieser in der Satzung keine Grundlage hat, und zwar auch im Verhältnis des Betroffenen, dem Beschluss zuwiderhandelnden Vorstandsmitglieds zum Verein. Wenn die Satzung den Vorstandsmitgliedern Alleinvertretungsmacht einräumt, kann diese daher auch im Innenverhältnis nicht durch Vorstandsbeschluss beschränkt werden.[148]

Der Vorstand vertritt den Verein auch gegenüber Verwaltungsbehörden. Er hat die steuerlichen Pflichten des Vereins zu erfüllen (§ 34 AO).[149] Im Prozess hat er die Stellung eines gesetzlichen Vertreters des Vereins und kann deshalb, wenn der Verein Prozesspartei ist, nicht Zeuge sein. Er ist verantwortlich für die Stellung des Antrags auf Eröffnung des Insolvenzverfahrens (§ 15 Abs. 1 InsO) sowie zur Abgabe der eidesstattlichen Versicherung.

Der Vorstand vertritt den Verein auch nach innen, gegenüber den Vereinsmitgliedern: er beruft die Mitgliederversammlung ein, er ist Adressat des Verlangens ihrer Einberufung durch eine Minderheit der Mitglieder (§ 37 BGB).

b) Geschäftsführungsorgan

Der Vorstand führt die Geschäfte des Vereins, ihm obliegt die Vereinsverwaltung, soweit die Satzung sie nicht einem anderen Organ zugewiesen hat. Hierzu gehört insbesondere die Bestimmung der Vereinspolitik, die Verwaltung des Vereinsvermögens, Kassen- und Buchführung, die Erfüllung öffentlich-rechtlicher Pflichten (Steuererklärungen, Einholung von Erlaubnissen usw.), Vorbereitung und Einberufung der Mitgliederversammlung, Erfüllung der Auskunfts- und Rechenschaftspflichten gegenüber den Mitgliedern (jedoch nur in der Mitglieder- oder Delegiertenversammlung) bzw. gegenüber hierfür besonders bestellten Organen (etwa einem Aufsichtsrat).

Die Satzung kann bestimmen, dass die Erledigung der laufenden Verwaltungsangelegenheiten einem „Geschäftsführer“ übertragen wird, der nicht Vorstandsmitglied sein muss, jedoch der Weisung und Aufsicht des Vorstands unterliegt. Enthält die Satzung keine entsprechende Bestimmung, darf der Vorstand nicht allgemein die gesamte laufende Geschäftsführung einem Dritten übertragen, doch kann er sich Hilfspersonen bedienen und muss das auch in der Regel (für die Bürotätigkeit, die Mitgliederverwaltung, die Buchführung usw.).

Nach § 27 Abs. 3 BGB finden auf die Geschäftsführung des Vorstands die für den Auftrag geltenden Vorschriften der §§ 664 bis 670 BGB entsprechende Anwendung; die Satzung kann ein anderes bestimmen (§ 40 BGB), doch kann sie trotz dieser Vorschrift nicht generell von der Auskunfts- und Rechenschaftspflicht des § 666 BGB und nicht von der Herausgabepflicht des § 667 BGB den Vorstand befreien. Aus der Verweisung auf die BGB-Vorschriften über den Auftrag folgt die Verpflichtung zur persönlichen Amtsführung (§ 664 Abs. 1 S. 1 BGB, soweit nicht ausdrücklich oder durch Herkommen im Rahmen des Zulässigen Übertragung gestattet ist) sowie bei zulässiger Zuziehung von Gehilfen die Beschränkung der Haftung auf ein Verschulden bei ihrer Auswahl (§ 664 Abs. 1 S. 2 BGB).

Ferner folgt daraus die Weisungsgebundenheit des Vorstands, doch ist er berechtigt, von Weisungen abzuweichen, wenn er den Umständen nach annehmen darf, dass die Abweichung gebilligt wird (§ 665 BGB). Allerdings wird der Vorstand durch seine Weisungsgebundenheit nicht von der Pflicht enthoben, die ihm erteilten Weisungen daraufhin zu überprüfen, ob sie mit dem Gesetz und der Satzung bzw. Vereinsordnungen vereinbar sind; einen nichtigen Vereinsbeschluss darf er trotz Weisung nicht ausführen, über fehlerhafte Beschlüsse darf er eine gerichtliche Entscheidung herbeiführen.

Die Auskunfts- und Rechenschaftspflicht des Vorstands sowie seine Pflicht zur Herausgabe dessen, was er aus der Amtsführung erlangt, also insbesondere des Vereinsvermögens (§§ 666, 667 BGB) wurde bereits erwähnt.

Auf die zur Amtsführung erforderlichen Aufwendungen kann er einen Vorschuss fordern (§ 669 BGB), ferner kann er den Ersatz seiner Aufwendungen im angemessenen Umfang verlangen (§ 670 BGB). Aufwendungsersatz bedeutet jedoch nicht, dass der Vorstand eine Vergütung verlangen kann. Vielmehr ist die Vorstandstätigkeit unentgeltlich und ehrenamtlich, wenn die Satzung nichts anderes vorsieht (§ 27 Abs. 3 S. 2 BGB). Dabei stellt auch die seit 2007 steuerlich begünstigte sog. Ehrenamtspauschale (§ 3 Nr. 26 a EStG) eine Vergütung dar. Wird sie ohne satzungsrechtliche Grundlage von einem i. S. d. § 51 ff. AO steuerbegünstigten Verein gezahlt, so liegt ein Satzungsverstoß vor, aufgrund dessen die Gemeinnützigkeit verloren gehen kann. Darüber hinaus kann die Zahlung einer Vergütung ohne Satzungsgrundlage den Straftatbestand der Untreue begründen.[150]

Das Geschäftsführungsorgan des Vereins muss nicht identisch sein mit dem Vertretungsorgan; die Satzung kann die interne Beschlussfassung (Geschäftsführung) einem anderen Organ als dem Vorstand im Sinn des § 26 Abs. 1 Satz 2 BGB (Vertretung nach außen) übertragen.[151] Insbesondere sehen Satzungen häufig vor, dass für die Geschäftsführung ein „erweiterter", „Gesamtvorstand", „Präsidium" oder ein ähnliches Gremium zuständig ist, dem die Mitglieder des Vorstands im Sinn des § 26 Abs. 1 S. 2 BGB meist angehören (jedoch nicht angehören müssen). Hierzu ausführlich S. 85 ff. Besteht der Vorstand des § 27 Abs. 3 BGB (Geschäftsführungsorgan) aus mehreren Personen, so gilt grundsätzlich Gesamtgeschäftsführung (auch wenn nach außen hin Einzelvertretungsbefugnis erteilt ist). Zu Vorstandssitzungen sind folglich sämtliche Vorstandsmitglieder einzuladen, Beschlüsse werden aber mit der Mehrheit der abgegebenen Stimmen gefasst (§§ 28, 32 BGB).

Bei der Geschäftsführung muss der Vorstand die allgemeinen rechtlichen Bestimmungen beachten. Immer wieder stellt sich dabei die Frage, ob ein Verein bestimmte Anforderungen bei den Angaben auf seinen Geschäftsbriefen erfüllen muss. Vergleichbare Vorschriften, wie sie § 35a GmbHG für eine GmbH vorsieht, kennt das Vereinsrecht jedoch nicht. Es ergeben sich aber entsprechende Verpflichtungen aus der Verordnung über Informationspflichten für Dienstleistungserbringer (Dienstleistungs-Informationspflichten-Verordnung – DL-InfoV).

Weiter kann es vorkommen, dass ein eingetragener Verein als Kaufmann i. S. d. HGB vergleichbaren Verpflichtungen unterliegt (§ 37a HGB). Gemeinnützige Organisationen sind keine Kaufleute, wenn sie nicht unternehmerisch organisiert sind und es sich um rein karitative Unternehmungen handelt, die etwa bloß Sammeltätigkeiten ausüben. Hingegen kommt es nicht darauf an, für welche Zwecke ein etwaiger Gewinn verwendet werden muss.

Selbstverständlich sollte gleichwohl im Rechtsverkehr unmissverständlich zum Ausdruck gebracht werden, welcher Verein handelt und wer ihn vertritt. Die freiwillige Angabe der für die GmbH genannten Angaben ist daher zu empfehlen. Sie ist insbesondere bei den Vereinen zu empfehlen, deren Geschäftstätigkeit einen gewissen

Umfang angenommen hat und für die das Vorliegen der Kaufmannseigenschaften in Betracht kommen könnte. Zu empfehlen sind damit in entsprechender Anwendung von § 37a HGB, § 35a GmbHG und der DL-InfoV folgende Angaben:

- Name und Rechtsformzusatz („e. V.") des Vereins,
- Sitz des Vereins,
- Registergericht, in dessen Vereinsregister der Verein eingetragen ist sowie die VR-Nummer,
- alle Vorstandsmitglieder und besonderen Vertreter mit Familiennamen und mindestens einem ausgeschriebenen Vornamen.

Ferner gelten für einen eingetragenen Verein auch die allgemeinen Regelungen aus dem Umsatzsteuerrecht. Stellt ein Verein Rechnungen als umsatzsteuerlicher Unternehmer aus, so gelten für ihn die gleichen Anforderungen wie für alle Unternehmer: Die Rechnungen müssen die in § 14 UStG geforderten Angaben enthalten.

2. Willensbildung beim mehrgliedrigen Vorstand

Besteht der Vorstand aus mehreren Personen, so erfolgt nach § 28 BGB die Beschlussfassung nach den für die Beschlüsse der Mitglieder des Vereins geltenden Vorschriften der §§ 32, 34 BGB, doch kann die Satzung anderes bestimmen (§ 40 BGB). Der Ausschluss von Stimmrecht nach § 34 BGB ist jedoch zwingend (§ 40 S. 2 BGB). In erster Linie gelten folglich die Satzungsbestimmungen, ferner ist der Inhalt einer bestehenden Vereinsordnung (etwa einer Geschäftsordnung des Vorstands) zu beachten.

Schweigt die Satzung, so erfolgt die Geschäftsführung durch Beschluss in einer Versammlung der Vorstandsmitglieder, wobei entsprechend der Berufung der Mitgliederversammlung die Tagesordnung mitzuteilen ist (siehe S. 149 f.). Bei der Beschlussfassung entscheidet die Mehrheit der abgegebenen Stimmen der Vorstandsmitglieder. Auch hier kann in der Satzung oder der Geschäftsordnung für den Vorstand eine abweichende Regelung („Bei Stimmengleichheit entscheidet die Stimme des Vorsitzenden") getroffen werden. Ohne Versammlung kann ein Beschluss gefasst werden, wenn alle Mitglieder ihre Zustimmung schriftlich erteilen (§§ 28, 32 Abs. 2 BGB). Auch im Übrigen sollten Vorstandsbeschlüsse beurkundet werden. Ein Mitglied ist nicht stimmberechtigt, wenn der Beschluss die Vornahme eines Rechtsgeschäfts mit ihm oder die Einleitung oder Erledigung eines Rechtsstreits zwischen ihm und dem Verein betrifft (§§ 28, 34 BGB).

3. Bestellung des Vorstands

Zu unterscheiden ist zwischen der Wahl des Vorstands und seiner Bestellung, ggf. auch seiner Anstellung.

a) Wahl des Vorstands

Der Vorstand wird nach den Vorschriften der Satzung bestimmt. In der Regel wird er von der Mitglieder- oder Delegiertenversammlung gewählt, doch kann die Wahl auch einem anderen Gremium obliegen (einem Aufsichtsrat, einem Kuratorium etwa), der Vorstand kann sich auch selbst durch Zuwahl neuer Mitglieder ergänzen, wenn die Satzung dies vorsieht, und im Ausnahmefall sogar von einem Dritten ausgewählt werden. Es ist umstritten, ob mit dieser Wahl oder Auswahl bereits die „Bestellung" im Sinn des § 27 Abs. 1 und 2 BGB erfolgt. Jedenfalls bedarf die Wahl der Annahme, welche sich aus dem Protokoll zwingend ergeben muss.[152]. In der Praxis wird man sich in der Regel zuvor der Zustimmung des Betroffenen versichern. Umstritten ist auch, ob die Bestellung ein vertragsähnlicher Vorgang oder ein korporationsähnlicher Akt ist; jedenfalls geht man davon aus, dass sich die Annahmefrist nach §§ 147 ff. BGB (sei es direkt, sei es analog) richtet: der einem Anwesenden gemachte Antrag kann nur sofort angenommen werden, der einem Abwesenden bis zu dem Zeitpunkt, in welchem der Antragende den Eingang der Antwort unter regelmäßigen Umständen erwarten darf. Erfolgt die Wahl durch die Mitglieder- oder Delegiertenversammlung, ist es aus praktischen Gründen unerlässlich, dass zuvor die Annahmebereitschaft des Kandidaten geklärt wird, weil andernfalls die Versammlung zur Wiederholung der Wahl erneut zusammentreten muss. Rechte und Pflichten kann der Gewählte jedenfalls erst mit seiner Annahmeerklärung haben.

Die Satzung kann Vereinsmitglieder nicht zur Annahme eines Vorstandsamts verpflichten, auch wenn die Übernahme von Ehrenämtern grundsätzlich zu den Mitgliederpflichten zählt. Falls die Satzung keine ausdrückliche gegenteilige Bestimmung enthält, kann auch ein Nichtmitglied zum Vorstand bestellt werden (sog. „Fremdorganschaft"), ebenso ein Minderjähriger. Auch eine juristische Person (ein anderer Verein, eine GmbH oder auch eine AG) kann als Vorstand bestellt werden. Die Bestellung unter einer Bedingung ist unzulässig, doch kann, wer um eine Kandidatur gebeten wird, die Annahme des Amtes von einer Bedingung abhängig machen.

b) Anstellung des Vorstands

Das Vorstandsamt ist grundsätzlich Ehrenamt, insbesondere beim Idealverein. Doch kann zwischen dem Verein und dem Vorstand auch ein Anstellungsverhältnis begründet werden. Das geschieht durch gesonderten Dienstvertrag. Er beruht auf der Bestellung, ist mit ihr jedoch nicht gleichzusetzen und keineswegs notwendig verbunden. Die Zuständigkeit für den Abschluss des Anstellungsvertrages mit einem Vorstandsmitglied liegt grundsätzlich bei dem Organ das zu dessen Bestellung berufen ist, nach dem Gesetz also bei der Mitgliederversammlung (§ 27 Abs. 1 BGB). Die Satzung kann allerdings davon abweichend die Zuständigkeit eines anderen Vereinsorgans bestimmen.[153] Weist sie die Zuständigkeit dem Vorstand oder „den übrigen Vorstandsmitgliedern" zu, muss in der Satzung sichergestellt werden, dass eine ausreichende Anzahl vertretungsberechtigter weiterer Vorstandsmitglieder vorhanden ist oder aber, das betreffende Vorstandsmitglied muss vom Verbot des Selbstkontrahierens (§ 181 BGB) in der Satzung befreit werden (was jedoch nicht zu empfehlen ist). Eine Umgehung durch Bestellung eines Unterbevollmächtigten zum Zweck des Abschlusses des Anstellungsvertrags ist unzulässig.

Nach der Neuregelung des § 27 Abs. 3 S. 2 BGB[154]darf an den Vorstand nur dann eine Vergütung bezahlt werden, wenn dies in der Satzung bestimmt ist. Andernfalls ist nur Aufwendungsersatz zulässig, die Zahlung einer Vergütung würde gegen die Satzung verstoßen, was auch die Gemeinnützigkeit gefährden kann. Dies gilt auch für die sog. Ehrenamtspauschale i. S. d. § 3 Nr. 26 a EStG (vgl. S. 166).

c) Eintragung im Vereinsregister

Beim Idealverein sind die Mitglieder des Vorstands wie auch jede Vorstandsänderung zur Eintragung in das Vereinsregister anzumelden (§§ 64, 67 BGB). Die Eintragung wirkt nur deklaratorisch, d. h., dass die Wirksamkeit der Bestellung nicht von der Eintragung abhängig ist. Wird jedoch zwischen den bisherigen Mitgliedern des Vorstands und einem Dritten ein Rechtsgeschäft vorgenommen, so kann die Änderung des Vorstands dem Dritten nur entgegengesetzt werden, wenn sie zurzeit der Vornahme des Rechtsgeschäfts im Vereinsregister eingetragen oder dem Dritten bekannt ist. Ist die Änderung eingetragen, so braucht der Dritte sie nicht gegen sich gelten zu lassen, wenn er sie nicht kennt und seine Unkenntnis auch nicht auf Fahrlässigkeit beruht (§ 68 BGB „negative Publizität des Vereinsregisters"). Die Bestimmung ist naturgemäß auf nicht eingetragene Vereine nicht anwendbar.

4. Rechtsverhältnis des Vorstands zum Verein und den Vereinsmitgliedern

Die Rechtsbeziehungen zwischen dem Vorstand (dem einzelnen Vorstandsmitglied) und dem Verein werden, wenn der Vorstand unentgeltlich tätig ist, etwas missverständlich als Geschäftsbesorgungsvertrag eigener Art bezeichnet. Auf ihn finden ausschließlich die BGB-Vorschriften über den Auftrag der §§ 664 bis 670 BGB entsprechende Anwendung (siehe S. 165 f.). Erhält das Vorstandsmitglied dagegen eine Vergütung für seine Tätigkeit (also nicht nur Auslagenersatz), liegt ein entgeltlicher Geschäftsbesorgungsvertrag gem. § 675 BGB vor, auf den neben den Vorschriften des Auftragsrechts die des Dienstvertrags (§§ 611 ff. BGB) anzuwenden sind. Da Vorstandsmitglieder eines Vereins in der Regel nicht Arbeitnehmer sein werden, sondern entweder Arbeitgeber oder eine arbeitgeberähnliche Position haben, wird der Anstellungsvertrag in der Regel nicht dem Arbeitsrecht unterliegen.

Größere Vereine und Verbände gewähren Vorstandsmitgliedern eine **Aufwandsentschädigung.** Es ist nicht immer leicht, zu entscheiden, wo die rechtliche Grenze zwischen Auslagenersatz und Vergütung liegt. Als Faustregel gilt: **Aufwendungen** im Sinn der §§ 27 Abs. 3, 670 BGB sind alle Vermögensopfer mit Ausnahme der eigenen Arbeitszeit und Arbeitskraft des Vorstandsmitglieds, die es zum Zweck der Ausführung seiner Tätigkeit erbringt. Dazu zählen alle Auslagen für Telekommunikation und Reisekosten, soweit sie tatsächlich angefallen und angemessen sind.[155] Ein Pauschalierungsverbot ist nicht mehr zeitgemäß (streitig), doch müssen auch Pauschalen dem tatsächlichen und angemessenen Aufwand entsprechen, um als Aufwendung anzusehen zu sein. Alle darüber hinausgehenden finanziellen- oder Sachleistungen sind **Vergütungen** für Arbeitsleistungen und Zeitaufwand und steuerrechtlich sowie sozialversicherungsrechtlich auch so zu behandeln. Seit dem 1.1.2015 gilt das Mindestlohngesetz (MiLoG). Danach darf eine Vergütung auch an den Vorstand den Mindestlohn von 8,84 EUR nicht unterschreiten.

Wird ein bisheriger Arbeitnehmer eines Vereins zum Vorstandsmitglied bestellt und im Hinblick darauf ein Dienstvertrag mit höheren als den bisherigen Bezügen abgeschlossen, ist zu beachten, dass damit im Zweifel das bisherige Arbeitsverhältnis aufgehoben und ein Dienstvertrag nach § 611 BGB begründet wird mit der Folge, dass für künftige Rechtsstreitigkeiten der Zivilrechtsweg, nicht der zu den Arbeitsgerichten eröffnete wird und der ehemalige Arbeitnehmer auch nicht mehr unter die Bestimmungen des Kündigungsschutzgesetzes fällt.[156] Dies gilt jedoch nicht, wenn ein Arbeitnehmer zusätzlich ein ehrenamtliches Vorstandsamt übernimmt.

Auch besondere Vertreter eines Vereins nach § 30 BGB gelten nicht als Arbeitnehmer im Sinn des Arbeitsgerichtsgesetzes, wenn ihre Vertretungsmacht auf der Satzung beruht und die Satzung die Bestellung ausdrücklich zulässt.[157] Zweifel diesbezüglich konnten nur deshalb aufkommen, weil die Rechtsprechung sich zum Teil über das Erfordernis des § 30 BGB, wonach die Bestellung besonderer Vertreter eine satzungsmäßige Grundlage haben müsse, in Einzelfällen hinweggesetzt hat, um die Haftung des Vereins nach § 31 BGB zu ermöglichen, wenn Vertretern eines Vereins eine selbstständige

Stellung eingeräumt wurde, ohne dass die Satzung eine Bestellung nach § 30 BGB vorsah.

Zwischen dem Vorstand und den einzelnen Vereinsmitgliedern entstehen keine Rechtsbeziehungen.

5. Beendigung des Vorstandsamts

Gründe der Beendigung sind: Zeitablauf, Widerruf (Abwahl), Rücktritt, Tod, Ausschluss aus dem Verein (nicht dagegen ohne weiteres der Verlust der Mitgliedschaft aus anderen Gründen, weil der Vorstand nicht Mitglied des Vereins sein muss).

a) Zeitablauf

Enthält die Satzung oder der Beschluss (die Wahl) des bestellenden Organs eine zeitliche Beschränkung, erlischt das Vorstandsamt mit Ablauf der Frist.

BEISPIEL: „Der Vorstand wird auf die Dauer von drei Jahren gewählt."

Die Frist beginnt mit dem Bestellungsakt. Es muss dann dafür gesorgt werden, dass rechtzeitig vor dem Amtsende des amtierenden Vorstands ein neuer Vorstand bestellt wird. Der Vorstand bleibt jedoch bis zur Neubestellung im Amt, wenn die Satzung dies ausdrücklich vorsieht.

BEISPIEL: „Der Vorstand wird auf die Dauer von drei Jahren gewählt. Er bleibt bis zu einer Neuwahl im Amt."

Ferner kann ein Vorstand auch nach Ablauf seiner Amtszeit noch eine Mitgliederversammlung wirksam einberufen, wenn er noch im Vereinsregister eingetragen ist.

b) Widerruf

In § 27 Abs. 2 BGB ist unabdingbar bestimmt, dass die Bestellung zum Vorstand jederzeit widerruflich ist, unabhängig vom etwaigen Anspruch des Vorstands auf eine vertragsmäßige Vergütung. Nach § 27 Abs. 2 S. 2 BGB kann die Satzung die Widerruflichkeit jedoch auf den Fall des Vorliegens eines wichtigen Grundes beschränken; ein solcher Grund ist nach dem Gesetzeswortlaut insbesondere grobe Pflichtverletzung oder Unfähigkeit zur ordnungsmäßigen Geschäftsführung. Weitere wichtige Gründe können sein: eine gravierende Bestrafung durch ein staatliches Gericht, auch wenn das Delikt nicht im Zusammenhang mit der Vereinstätigkeit begangen wurde, Entzug des Vertrauens durch das Bestellungsorgan, länger dauernde Erkrankung, Verdacht der Geschäftsunfähigkeit (da ein Geschäftsunfähiger nicht Vorstand sein kann), Verlust der Vereinsmitgliedschaft.

Zuständig für den Widerruf ist im Zweifel das für die Berufung des Vorstands zuständige Organ. Mit dem Widerruf endet die Organstellung, nicht aber ohne Weiteres ein Anstellungsvertrag, der jedoch möglicherweise ebenfalls aus wichtigem Grund vorzeitig gekündigt werden kann. Hierfür sind dann die Formalien des § 626 BGB zu beachten (Ausschlussfrist von zwei Wochen, Begründungspflicht auf Verlangen). Das abberufene Vorstandsmitglied kann gegen den Widerruf Klage erheben, jedoch kann das Gericht nicht den organschaftlichen Akt des Widerrufs aufheben, weshalb der abberufene Vorstand auch nicht durch einstweilige Verfügung wieder in sein Amt eingesetzt werden kann. Beim mehrgliedrigen Vorstand kann die Abberufung auf eines von mehreren Vorstandsmitgliedern beschränkt werden.

c) Rücktritt

Ein ehrenamtlich tätiger Vorstand (oder ein einzelnes Vorstandsmitglied) kann sein Amt jederzeit niederlegen, jedoch hat er darauf Rücksicht zu nehmen, dass der Verein Vorsorge für eine Ersatzbestellung treffen kann, es sei denn, dass ein wichtiger Grund für die Niederlegung zur Unzeit vorliegt (§ 671 Abs. 2 BGB). Die kollektive Niederlegung der Ämter aller Vorstandsmitglieder eines Vereins außerhalb der Mitgliederversammlung kann jedoch treuwidrig sein und zur Versagung der Eintragung im Vereinsregister führen.[158]

Um eine Planungssicherheit zu haben, kann in der Satzung eine Regelung für den Rücktritt vorgesehen werden:

„Die Mitglieder des Vorstandes können ihren Rücktritt nur schriftlich mit einer Frist von mindestens drei Wochen erklären."

Besteht zwischen dem Verein und dem Vorstand ein Anstellungsvertrag, so kann dieser vorzeitig nur aus wichtigem Grund gem. § 626 BGB gekündigt werden. Wichtige Gründe dieser Art sind: längere Erkrankung, Vertrauensentzug durch das Bestellungsorgan, tiefgreifendes Zerwürfnis mit den übrigen Vorstandsmitgliedern, Zahlungsverzug des Vereins usw.

Die Erklärung der Amtsniederlegung ist eine einseitige empfangsbedürftige Willenserklärung. Sie ist daher an eines der verbleibenden Vorstandsmitglieder zu richten (§ 26 Abs. 2 S. 2 BGB). Sofern das letzte oder einzige Vorstandsmitglied ausscheidet, ist der Rücktritt dem Bestellungsorgan, also im Zweifel der Mitgliederversammlung, mitzuteilen.[159]

Auch wenn der Rücktritt grundsätzlich formlos möglich ist, kann durch das Registergericht ein schriftlicher Nachweis des Rücktritts verlangt werden.[160]

d) Folgen der Beendigung

Der ausscheidende Vorstand (das Vorstandsmitglied) ist verpflichtet, dem Verein die erforderlichen Auskünfte zu erteilen und Rechenschaft abzulegen (§§ 666, 259 BGB) sowie die dem Verein gehörenden Gegenstände, insbesondere das Vereinsvermögen, herauszugeben (§ 667 BGB).

Anspruch auf Entlastung hat der Vorstand jedoch nur, wenn die Satzung oder ein langjähriger Brauch einen solchen Anspruch begründet und die Voraussetzungen der Entlastung – einwandfreie Geschäftsführung – vorliegen. Für die Entlastung ist in der Regel die Mitglieder- oder Delegiertenversammlung zuständig. Sie bewirkt das Erlöschen aller bekannter oder aus dem Rechenschaftsbericht entnehmbarer Ersatzansprüche des Vereins. Sie ist einseitige organschaftliche Willenserklärung, die keiner Annahme bedarf und wie ein Verzicht oder ein negatives Schuldanerkenntnis wirkt. Beim mehrgliederigen Vorstand kann, wenn die Aufgabenbereiche auf die Mitglieder verteilt waren, die Entlastung auf einzelne Vorstandsmitglieder beschränkt werden. Sie kann wegen arglistiger Täuschung oder Drohung angefochten werden (§ 123 BGB). Die Vorstände selbst können bei ihrer Entlastung nicht mitstimmen. Auch wenn die Entlastung bei einem aus mehreren Personen bestehenden Vorstand jeweils einzeln erfolgt, können sie nur mitstimmen, wenn sich die Entlastung auf Vorgänge bezieht, an denen sie selbst vollständig unbeteiligt waren.

6. Der Notvorstand

Fehlt mindestens ein nach der Satzung für die Geschäftsführung (Beschlussfassung) oder Vertretung erforderliches Vorstandsmitglied, hat das Amtsgericht in dringenden Fällen für die Zeit bis zur Behebung des Mangels ein Hilfs-Vorstandsmitglied („Notvorstand") zu bestellen, § 29 BGB. Voraussetzung ist also, dass der Verein keinen funktionsfähigen Vorstand mehr besitzt, sei es, dass das Einzige (oder letzte) Vorstandsmitglied weggefallen ist oder dass nach der Satzung eine bestimmte Anzahl von Vorstandsmitgliedern für die Geschäftsführung oder die Vertretung des Vereins erforderlich jedoch nicht mehr vorhanden ist. Ein Vorstandsmitglied fehlt im Sinn des § 29 BGB, wenn es aus tatsächlichen oder rechtlichen Gründen verhindert ist, zu handeln. Das ist der Fall, wenn das Vorstandsamt erloschen ist infolge Zeitablaufs, Widerrufs (Abwahl), Rücktritts, Todes oder aus sonstigen Gründen, aber auch, wenn es handlungsunfähig ist wegen Geschäftsunfähigkeit, längerer Krankheit, längerer Abwesenheit, Ausschlusses von der Mitwirkung im Einzelfall (eigene Betroffenheit nach §§ 28, 34 BGB; Verbot des Selbstkontrahierens, § 181 BGB). Voraussetzung ist ferner, dass ein dringender Fall vorliegt: sofortiges Handeln unerlässlich ist, um Schaden von dem Verein oder anderen Beteiligten abzuwenden oder eine notwendige Handlung nur sofort vorgenommen werden kann.

BEISPIELE:

- Notwendigkeit der Einberufung einer Mitgliederversammlung, die anders rechtswirksam nicht berufen werden kann;
- Notwendigkeit sofortiger Prozessführung für oder gegen den Verein (etwa weil Verjährungseintritt oder Ablauf einer Ausschlussfrist droht);
- Ausschlagung einer Erbschaft innerhalb der Frist des § 1944 Abs. 1 BGB wegen Überschuldung des Nachlasses;
- Notwendigkeit, Antrag auf Eröffnung des Insolvenzverfahrens zu stellen.

Die Bestellung erfolgt grundsätzlich nur auf Antrag eines Beteiligten, das ist jedes Vereinsmitglied, jedes Vorstandsmitglied, jeder Gläubiger des Vereins und jeder, der gegen den Verein ein Recht verfolgen will, auch, wer sich gegen eine Klage des Vereins zu verteidigen hat. Ist im Vereinsregister ein Vorstand eingetragen, dessen Amtszeit seit langem abgelaufen ist und kommt eine Neubestellung durch das zuständige Vereinsorgan nicht zustande, kann, wenn mit Sicherheit von keinem Beteiligten ein dahingehender Antrag zu erwarten ist, auch von Amts wegen ein Notvorstand zur Anmeldung des Ausscheidens des eingetragenen Vorstands bestellt werden.[161]

Zuständig ist das Amtsgericht (Rechtspfleger), das für den Bezirk, in dem der Verein seinen Sitz hat, das Vereinsregister führt; das muss, wenn der statutarische und der Verwaltungssitz nicht identisch sind, nicht das Gericht sein, in dessen Vereinsregister der Verein eingetragen ist (§ 24 BGB).

Das vom Gericht bestellte Vorstandsmitglied erhält die volle Rechtsstellung des fehlenden, das es zu ersetzen hat. Das Gericht kann jedoch die Befugnisse des Notvorstands auf einzelne Angelegenheiten oder einen bestimmten Gegenstand beschränken (Berufung der Mitgliederversammlung; Prozessführung). Die Bestellung kann zeitlich befristet werden. Dem bestellten Notvorstandsmitglied kann die Befugnis übertragen werden, mehrere fehlende Vorstandsmitglieder, die nach der Satzung notwendig sind, zu ersetzen. Die Amtsdauer des Notvorstandes endet automatisch mit dem Wegfall des Bestellungsgrundes, also jedenfalls mit der Neuwahl eines handlungsfähigen Vorstands. Er kann sein Amt niederlegen, das Gericht kann ihn vorzeitig abberufen.

Der Notvorstand erwirbt mit der Bestellung keinen Anspruch auf eine Vergütung, weder gegen den Staat noch gegen den Verein oder den Antragsteller. Ist ein Vereinsmitglied bereit, ein nach der Satzung ehrenamtlich auszuübendes Vorstandsamt als Notvorstand zu übernehmen, hat es in der Regel nur Anspruch auf Auslagenersatz. Wird eine Person zum Notvorstand bestellt, die von Berufs wegen fremde Geschäfte besorgt (ein Rechtsanwalt, Steuerberater, Rechtsbeistand), wird diese nur bereit sein, gegen Vergütung tätig zu werden. Das Amtsgericht (Rechtspfleger) darf in diesem Fall mit dem Notvorstand eine Vergütung zulasten des Vereins vereinbaren, die Vergütung kann auch auf Antrag festgesetzt werden.

Es besteht kein Hindernis, § 29 BGB auf den nicht eingetragenen Verein entsprechend anzuwenden, doch ist die Anwendung umstritten. Aus unserer Sicht, ist § 29 BGB auch auf den nicht eingetragenen Verein anzuwenden.

VIII. Haftungsfragen

Zivilrechtlich bestehen wesentliche Unterschiede zwischen dem eingetragenen und dem nicht eingetragenen Verein.

1. Eingetragener Verein und Verein kraft Verleihung

Nach § 31 BGB ist der Verein für den Schaden verantwortlich, den der Vorstand, ein Mitglied des Vorstands oder ein anderer verfassungsmäßig berufener Vertreter durch eine in Ausführung der ihm zustehenden Verrichtungen begangene, zum Schadensersatz verpflichtende Handlung einem Dritten zufügt. Die Fassung des Gesetzestextes ist wenig glücklich. Die Rechtsprechung hat zudem die Haftung des Vereins für Handlungen seiner Vertreter über den Gesetzeswortlaut hinaus ausgedehnt. § 31 BGB enthält jedoch keinen eigenständigen Haftungstatbestand; er begründet lediglich die Mithaftung der juristischen Person „Verein“ für einen Sachverhalt, den eine für ihn handelnde natürliche Person (Vorstand, sonstiger Vertreter) gesetzt hat und der nach den allgemeinen gesetzlichen Vorschriften eine Schadenshaftung begründet.

Der voll rechtsfähige Verein haftet für Handlungen:

- des Vorstands,
- einzelner Vorstandsmitglieder,
- besonderer Vertreter nach § 30 BGB, aber auch
- aller leitenden Angestellten mit selbstständiger verantwortlicher Stellung, wenn sie auch nur begrenzt mit Außenwirkung handeln,
- und sogar für Beschlüsse der Mitgliederversammlung, wenn ihre Ausführung unmittelbar einen Dritten schädigt.

Die Rechtsprechung hat als „verfassungsmäßig berufene Vertreter" im Sinn des § 31 BGB nicht nur Personen angesehen, deren Tätigkeit in der Satzung der juristischen Person vorgesehen ist, auch müssen sie nicht mit rechtsgeschäftlicher Vertretungsmacht für den Verein ausgestattet sein. Es muss sich auch nicht um einen Aufgabenbereich innerhalb der geschäftsführenden Verwaltungstätigkeit der juristischen Person (des Vereins) handeln. Vielmehr genügt es, dass dem Vertreter durch die allgemeine Betriebsregelung und Handhabung bedeutsame, wesensmäßige Funktionen der juristischen Person (des Vereins) zur selbstständigen, eigenverantwortlichen Erfüllung zugewiesen sind, dass er (der Vertreter) also die juristische Person auf diese Weise repräsentiert.[162] Dem nach § 31 BGB haftenden rechtsfähigen Verein wird auch der Entlastungsbeweis nach § 831 BGB abgeschnitten. Er haftet auch für Organisationsmängel.

Der rechtsfähige Verein haftet im Rahmen des § 31 BGB für alle rechtsgeschäftlichen und tatsächlichen Handlungen seiner „Organe" (im untechnischen Sinn entsprechend der vorstehenden Definition), die auf Grund Privatrechts zum Schadensersatz verpflichten: für eine unerlaubte Handlung ebenso wie für Vertragsverletzung, Verschulden beim Vertragsschluss, Haftung auf Grund Vertragsanfechtung, für Unterlassungen wie Aufsichtspflichtverletzung, für reine Gefährdungshaftung und auch für rechtswidrig schuldhafte Eingriffe in das Mitgliedschaftsrecht eines Vereinsmitglieds.[163]

BEISPIELE: Das Vorstandsmitglied V sagt der Sekretärin S die Anstellung durch den Verein zu und veranlasst sie, ihr bisheriges Arbeitsverhältnis zu kündigen, der Gesamtvorstand entscheidet sich jedoch für Frau T (Haftung aus Verschulden bei Vertragsverhandlungen); der Geschäftsführer G redigiert die Vereinszeitschrift und lässt einen D beleidigenden, geschäftsschädigenden Beitrag einrücken (Haftung aus unerlaubter Handlung); ein über das Vereinsgrundstück führender öffentlich zugänglicher und allgemein benutzter Weg wird im Winter weder gesperrt noch gestreut, D gleitet deshalb aus und erleidet einen Beinbruch (Gefährdungshaftung).

Auch der Idealverein des § 21 BGB und der nicht eingetragene Verein nehmen am Geschäftsverkehr teil und können zivilrechtliche Pflichten eingehen, für deren Verletzung sie nun nach §§ 280 ff. BGB haften. Der eingetragene Verein darf zudem Zweckbetriebe unterhalten. Die Organe eines jeden Vereins sollten daher auch an die zivilrechtlichen Haftungen denken, denen sie ihren Verein bzw. (beim nicht eingetragenen Verein) sich selbst aussetzen, wenn sie sich am Rechtsverkehr beteiligen, und sei es nur, dass sie eine gebrauchte Büromaschine an einen Verbraucher (§ 13 BGB) veräußern und als Unternehmer (§ 14 Abs. 2 BGB: „rechtsfähige Personengesellschaft“) nach den Vorschriften über den Gebrauchsgüterkauf (§§ 474 ff. BGB) Haftungen auslösen.

Bei rechtsgeschäftlichen Handlungen haftet der Verein auch, wenn der für ihn Handelnde nicht die nach der Satzung erforderliche Vertretungsmacht besitzt, aber innerhalb des Aufgabenbereichs tätig wird, die seine „Organstellung“ (im untechnischen Sinn) gewöhnlich mit sich bringt, es sei denn, dass der Geschäftsgegner den Missbrauch der Vertretungsmacht kennt oder die Handlung erkennbar ganz außerhalb der Vertretungsmacht des „Organs“ liegt. Für haftungsbegründendes tatsächliches Verhalten und unerlaubte Handlungen kommt es naturgemäß auf die Vertretungsmacht des Handelnden nicht an.

Der Verein haftet nach § 31 BGB auch für Fehler seiner selbstständig handelnden leitenden Angestellten, gleichgültig, ob sie Organstellung im vereinsrechtlichen Sinn haben. Die Notwendigkeit, § 31 BGB ausdehnend auszulegen, ergibt sich nach der Rechtsprechung des BGH daraus, der juristischen Person könne es nicht frei stehen, selbst darüber zu entscheiden, für wen und wessen Handlungen sie ohne Entlastungsmöglichkeit haften wolle.[164]

Dritter, demgegenüber der Verein haftet, ist jeder, der außerhalb des Vereins steht, aber auch jedes andere Vereinsorgan und jedes Vereinsmitglied, das an der schädigenden Handlungsweise nicht beteiligt war. Neben der Haftung des Vereins bleibt die Haftung des Handelnden bestehen, der jedoch einen Ausgleichsanspruch gegen den Verein (§ 27 Abs. 3 BGB) oder aus dem Anstellungsverhältnis haben kann.

2. Der nicht eingetragene Verein

Würden, wie § 54 S. 1 BGB bestimmt, auf nicht eingetragene Vereine die Vorschriften über die Gesellschaft Anwendung finden, würden für Verbindlichkeiten eines nicht eingetragenen Vereins sämtliche Vereinsmitglieder als Gesamtschuldner mit ihrem gesamten privaten Vermögen haften. Da eine solche weitgehende Haftung weder dem Willen der Vereinsmitglieder entspricht noch der Rechtsverkehr sie erwartet, hat die Rechtsprechung nach folgenden Grundsätzen eine Haftungsbeschränkung auf das Vereinsvermögen anerkannt:

Beim **nicht eingetragenen Idealverein** im Sinn des § 21 BGB haftet für Verbindlichkeiten jeglicher Art, die durch das Bestehen des Vereins, Handlungen oder Unterlassungen seiner Organe oder sonstige ihm zurechenbare haftungsbegründende Tatbestände entstehen, nur das Vereinsvermögen (Ausnahme: die besondere Haftung des § 54 S. 2 BGB des für den Verein Handelnden).

Beim **nicht eingetragenen wirtschaftlichen Verein** im Sinn des § 22 BGB haften dagegen neben dem Vereinsvermögen sämtliche Mitglieder persönlich; betreibt ein solcher Verein ein vollkaufmännisches Handelsgewerbe, haftet er nach dem Recht der OHG,[165] sonst nach dem Recht der BGB-Gesellschaft. Die Haftung kann jedoch im Einzelfall durch Rechtsgeschäft auf das Vereinsvermögen beschränkt werden.

Anders als beim unbeschränkt rechtsfähigen Verein und auch nach Gesellschaftsrecht haftet jedoch beim nicht eingetragenen Verein **neben** dem Verein als solchem aus einem Rechtsgeschäft, das im Namen eines nicht eingetragenen Vereins einem Dritten (das ist nicht: ein Vereinsmitglied)[166] gegenüber vorgenommen wird, **zusätzlich** der Handelnde persönlich; handeln mehrere, so haften sie als Gesamtschuldner (§ 54 S. 2 BGB). Voraussetzung für diese besondere Haftung des Handelnden ist, dass er im Namen des Vereins auftritt; unerheblich ist jedoch, ob er Vertretungsmacht besitzt (besitzt er sie nicht, kann er natürlich nicht den Verein verpflichten). Voraussetzung ist ferner die Gültigkeit des Rechtsgeschäfts. Handelnder im Sinn dieser Vorschrift ist, wer im Rechtsverkehr unmittelbar und nach außen erkennbar für den Verein in Erscheinung tritt. Es haftet daher persönlich nicht der Auftraggeber (etwa der Vorstand), sondern der Beauftragte. Umstritten ist, ob dieser die Haftung von sich abwenden und den Vorstand verpflichten kann, wenn er ausdrücklich „im Namen des Vorstands" (also nicht nur: im Namen des Vereins) handelt. Insbesondere in der Rechtsprechung zum GmbH-Recht wurde der Kreis derjenigen, die als Handelnde anzusehen sind, eingeengt: danach gehört hierzu nicht, wer nur (intern) sein Einverständnis mit der Vornahme des Rechtsgeschäfts erteilt oder in sonstiger Weise das Rechtsgeschäft veranlasst, gefördert oder erst ermöglicht hat, jedoch nach außen nicht in Erscheinung getreten ist. Die Haftung besteht unabhängig davon, ob der Handelnde Vorstandsmitglied oder ob er überhaupt Vereinsmitglied ist, auch unabhängig davon, ob er zur Vertretung des Vereins berechtigt war.[167] Wichtig ist, dass die Haftung des persönlich Handelnden **vertraglich ausgeschlossen** werden kann, und zwar durch Vereinbarung des Vertreters des Vereins mit dem Geschäftsgegner. Zur Wirksamkeit bedarf es eines ausdrücklichen Haftungsausschlusses, ein stillschweigender Haftungsausschluss wird nicht unterstellt.

Die Haftung für einen vom Vorstand oder einem sonstigen Organ des Vereins im Rahmen seiner Amtsführung verursachten Schaden richtet sich nach heute herrschender Meinung auch beim körperschaftlich strukturierten nicht eingetragenen Verein analog nach § 31 BGB: hierzu S. 178 f. Das gilt insbesondere auch für große Organisationen, wie Gewerkschaften.

Hinsichtlich § 31 BGB wurde insoweit auch von einer „Brückenfunktion" gesprochen. Die Vorschrift soll sowohl die Mithaft des Vereinsvermögens bei Eigendelikten des Vorstands sichern, als auch die Exklusivhaft bei der Verletzung von Verkehrspflichten, die nur den Vermögensträger treffen, begründen: ein Brückenschlag zwischen dem Deliktssystem der §§ 823 ff. BGB, das am Leitbild der unerlaubt handelnden Einzelperson orientiert ist, und der deliktischen Verantwortlichkeit kollektiver Rechtssubjekte, wie sie auch der körperschaftlich strukturierte nicht rechtsfähige Verein darstellt.

Die Teilrechtsfähigkeit der Außen-GbR hat dazu geführt, dass sie sich auch zu Schadensersatz verpflichtendes Handeln ihrer Geschäftsführer nach § 31 BGB zurechnen lassen muss.[168] Infolge der Akzessorietät müssen die Gesellschafter einer Außen-GbR auch für gesetzlich begründete Verbindlichkeiten der Gesellschaft persönlich einstehen.[169] Das alles wird analog auch für den nicht eingetragenen Verein zu gelten haben.

3. Strafrechtliche Haftung

Organe von Vereinen sind sich oft nicht bewusst, dass sie in ihrer Tätigkeit für den Verein persönlich in eine nicht unerhebliche strafrechtliche Haftung geraten können, wobei vor allem Vermögensdelikte in Betracht kommen. Ein Unterschied zwischen dem eingetragenen und dem nicht eingetragenen Verein ist dabei nicht zu machen. Zwar hat die strafrechtliche Rechtsprechung und Literatur bislang eine Untreue zum Nachteil des Gesamthandsvermögens einer Gesellschaft rechtlich nicht für möglich gehalten. Doch wird auch hier die Rechtsprechung des 2. Zivilsenats zur beschränkten Rechtsfähigkeit der Außen-GbR möglicherweise eine Änderung der Strafrechtsprechung erforderlich machen.[170]

Nach § 266 StGB macht sich wegen Untreue strafbar, wer die ihm durch Gesetz, behördlichen Auftrag (Notvorstand!) oder Rechtsgeschäft eingeräumte Befugnis, über fremdes Vermögen zu verfügen oder einen anderen zu verpflichten, missbraucht (Missbrauchstatbestand) oder die ihm kraft Gesetzes, behördlichen Auftrags, Rechtsgeschäfts oder eines Treueverhältnisses obliegende Pflicht, fremde Vermögensinteressen (z. B. die des Vereins) wahrzunehmen, verletzt (Treubruchstatbestand) und dadurch dem, dessen Vermögensinteressen er zu betreuen hat, Nachteil zufügt.

Vor allem den Treubruchstatbestand kann erfüllen, wer als Mitglied eines Vereinsorgans mit Vermögen des Vereins unsachgemäß umgeht und dem Verein dadurch Schaden zufügt. Einzelheiten: siehe strafrechtliche Literatur.

4. Eingeschränkte Haftung ehrenamtlicher Vorstände

Nach § 31a BGB wird die Haftung von Organmitgliedern und besonderen Vertretern auf Vorsatz und grobe Fahrlässigkeit beschränkt, wenn sie unentgeltlich tätig sind oder für ihre Tätigkeit nur eine Vergütung von nicht mehr als 720 EUR im Jahr erhalten. Die Beschränkung gilt sowohl gegenüber dem Verein als auch gegenüber den Vereinsmitgliedern. Nach einer umstrittenen Auffassung kann die Haftung gegenüber dem Verein durch die Satzung auch auf vorsätzliches Handeln beschränkt werden.[171] Sie gilt zwar nicht gegenüber Dritten, die Vorstände können aber unter bestimmten Voraussetzungen verlangen, von den Verpflichtungen gegenüber diesen Dritten vom Verein freigestellt zu werden (§ 31a Abs. 2 BGB).

Diese Haftungsprivilegierung gilt jedoch nicht für den Bereich des Steuerrechts und des Sozialversicherungsrechts. Für Vereinsmitglieder ist in § 31b BGB eine vergleichbare Haftungsprivilegierung geschaffen worden.

IX. Das Ende des Vereins

Es ist zu unterscheiden zwischen der Auflösung des Vereins (das heißt: dem Beschluss oder dem sonstigen Rechtsakt, der die Auflösung zur Folge hat), dem Erlöschen der Rechtsfähigkeit des rechtsfähigen Vereins (das zur Auflösung führen kann, jedoch nicht muss) und den Folgen der Auflösung (Liquidation oder sonstige Abwicklung).

1. Auflösung des Vereins

Die Auflösungsgründe sind beim rechtsfähigen und beim nicht rechtsfähigen Verein gleich; beim rechtsfähigen Verein kann ferner der Verlust der Rechtsfähigkeit zur Auflösung führen. Auflösungsgründe sind:

- Zeitablauf, wenn der Verein nach der Satzung nur für eine bestimmte Zeitdauer gegründet wurde, was in der Praxis jedoch selten ist (§ 74 Abs. 2 BGB).
- Eintritt eines anderen Ereignisses oder Zustands, die nach der Satzung zur Auflösung des Vereins führen sollen (z. B. Unterschreitung einer bestimmten Mitgliederzahl), nicht jedoch führt die Erreichung eines bestimmten Zwecks oder deren Unmöglichkeit zur automatischen Auflösung.
- Auflösungsbeschluss der Mitglieder- oder Delegiertenversammlung (§ 41 BGB).
- Sitzverlegung in das Ausland (sie gilt allgemein als Auflösungsbeschluss für das Inland und Neugründung im Ausland).
- Verschmelzung (Fusion) des Vereins mit einem anderen Verein.
- Staatsakt: Verbot nach § 3 VereinsG (der Verein erlischt mit dem Eintritt der Unanfechtbarkeit des Verbots); Anordnung der Auflösung des Vereins durch das Bundesverfassungsgericht im Zusammenhang mit der Feststellung, dass der Verein (nicht: eines seiner Mitglieder) ein Grundrecht verwirkt hat, Art. 18 GG, §§ 13

Nr. 1, 36 ff., 39 Abs. 2 BVerfGG (es ist bisher keine Entscheidung dieser Art ergangen); gegenüber politischen Parteien **nur** Entscheidung des Bundesverfassungsgerichts nach Art. 21 Abs. 2 GG, §§ 13 Nr. 2, 43 ff., 46 Abs. 3 BVerfGG (mit der Feststellung der Verfassungswidrigkeit einer politischen Partei ist – zwingend – die Auflösung der Partei und das Verbot, eine Ersatzorganisation zu schaffen, zu verbinden).

- Wegfall sämtlicher Mitglieder: in diesem Sonderfall erlischt der Verein ohne Liquidation; für das Vereinsvermögen gilt § 45 BGB entsprechend (siehe S. 188), erforderlichenfalls kann nach § 1913 BGB ein Pfleger bestellt werden.

2. Erlöschen der Rechtsfähigkeit, Insolvenz des Vereins

Die Tatbestände, die zum Erlöschen der Rechtsfähigkeit eines Vereins führen, wurden bereits oben S. 61 ff. dargelegt. In allen Fällen, in denen die Entziehung oder der Verlust der Rechtsfähigkeit nicht die Auflösung des Vereins zur notwendigen Folge hat, kann der Verein als nicht eingetragener fortgesetzt werden. Die Entscheidung bedarf einer Satzungsänderung. Der nunmehr nicht mehr eingetragene Verein ist identisch mit der juristischen Person, aus der er entstanden ist.

Die **Eröffnung des Insolvenzverfahrens** über das Vermögen eines rechtsfähigen Vereins und die Rechtskraft des Beschlusses, durch den die Eröffnung des Insolvenzverfahrens mangels Masse abgewiesen worden ist, führt nach § 42 Abs. 1 BGB nicht zum Verlust der Rechtsfähigkeit, sondern nur zur Auflösung des Vereins.

Damit ist die Rechtslage des rechtsfähigen und des nicht eingetragenen Vereins im Insolvenzfall gleich: Insolvenzgrund ist Zahlungsunfähigkeit und Überschuldung, auf Antrag des Vereins als Schuldner nach § 18 Abs. 1 InsO auch drohende Zahlungsunfähigkeit. Schuldner ist jeweils der Verein als solcher. Nach der Auflösung des Vereins ist die Eröffnung des Verfahrens so lange zulässig, als die Verteilung des Vermögens nicht vollzogen ist. Antragsberechtigt sind außer den Gläubigern jedes Vorstandsmitglied und jeder Liquidator, nach

§ 15 Abs. 1 InsO beim nicht eingetragenen Verein auch jeder persönlich Haftende. Wird der Antrag nicht von allen Vorstandsmitgliedern oder Liquidatoren gestellt, ist er zuzulassen, wenn der oder die Antragsteller zur Vertretung des Vereins berechtigt sind (§ 18 Abs. 3 InsO) und Zahlungsunfähigkeit droht (§ 18 Abs. 1 InsO). Im Fall der Überschuldung des Vereins ist der Vorstand verpflichtet, die Eröffnung des Insolvenzverfahrens zu beantragen. Wird die Antragstellung verzögert, so sind die Vorstandsmitglieder, denen ein Verschulden zur Last fällt, den Gläubigern für den daraus entstehenden Schaden verantwortlich, sie haften als Gesamtschuldner (§ 42 Abs. 2 BGB).

Rückständige Mitgliederbeiträge gehören zur Insolvenzmasse. Im Übrigen endet die Beitragspflicht der Mitglieder eines eingetragenen Vereins mit der Eröffnung des Insolvenzverfahrens, wenn die Satzung nichts anderes bestimmt.[172] Mit der Eröffnung des Insolvenzverfahrens verliert der Verein als Schuldner die Befugnis, sein zur Insolvenzmasse gehöriges Vermögen zu verwalten und darüber zu verfügen; dieses Recht wird durch den Insolvenzverwalter ausgeübt (§ 80 Abs. 1 InsO). Die Zuständigkeit des Insolvenzverwalters beschränkt sich jedoch auf diese Tätigkeit. Er wird nicht Vereinsorgan. Er erwirbt keine Zuständigkeit in der Verwaltung des Vereins außerhalb des Vermögensbereichs, er kann also nicht etwa eine Mitgliederversammlung einberufen. Dies bleibt dem Vorstand vorbehalten.

Wird das Insolvenzverfahren eingestellt oder ein Insolvenzplan bestätigt, der den Fortbestand des Vereins vorsieht (§§ 217 ff. InsO), kann dessen Fortsetzung beschlossen werden (§ 42 Abs. 1 S. 2 BGB). Die Satzung kann für den Insolvenzfall den Fortbestand des Vereins ausdrücklich vorsehen (§ 42 Abs. 1 S. 3 BGB). In diesem Fall besteht die Pflicht zur Stellung des Insolvenzantrags auch im Fall der Zahlungseinstellung (§ 42 Abs. 2 S. 1 BGB), also wenn der Verein nicht in der Lage ist; die fälligen Zahlungspflichten zu erfüllen. Das ist in der Regel anzunehmen, wenn er seine Zahlungen eingestellt hat (§ 17 Abs. 2 InsO). Eine Verletzung dieser Pflicht hat die Haftung auf Schadensersatz zur Folge (§ 42 Abs. 2 S. 2 BGB).

3. Rechtsfolgen der Auflösung des Vereins

Die Rechtsfolgen sind je nach den Beendigungsgründen unterschiedlich.

a) Liquidation

Fällt das Vereinsvermögen nicht an den Fiskus, so muss eine Liquidation stattfinden (§ 47 BGB). Sie ist also der Regelfall. Ihr Zweck ist es, die Rechte der Vereinsgläubiger zu sichern und die Überleitung des Vermögens auf die Anfallberechtigten zu gewährleisten. Die Liquidation findet also insbesondere statt in den Fällen der Selbstauflösung des Vereins durch Beschluss der Mitgliederversammlung und bei Beendigung durch Zeitablauf. Eine Liquidation ist entbehrlich, wenn der Verein durch Sitzverlegung ins Ausland aufgelöst wird und das gesamte Vereinsvermögen auf den nun ausländischen Verein übertragen wird, wobei natürlich das Vereinsrecht des Staates zu beachten ist, in dem der Verein nunmehr seinen Sitz hat.

An wen das Vereinsvermögen fällt, bestimmt in erster Linie die Satzung (siehe S. 122 f.). Das Vermögen darf dem Anfallberechtigten jedoch nicht vor dem Ablauf eines Jahres nach der Bekanntmachung der Auflösung des Vereins oder der Entziehung seiner Rechtsfähigkeit übertragen werden („Sperrjahr", § 51 BGB). Fehlt eine Satzungsbestimmung darüber, an wen das Vereinsvermögen im Fall der Auflösung fällt, so fällt es, wenn der Verein nach der Satzung ausschließlich den Interessen seiner Mitglieder diente, an die zurzeit der Auflösung oder der Entziehung der Rechtsfähigkeit vorhandenen Mitglieder zu gleichen Teilen, andernfalls an den Fiskus des Bundesstaats, in dessen Gebiet der Verein seinen Sitz hatte (§ 45 Abs. 3 BGB). Für gemeinnützige Vereine schreibt die Abgabenordnung den Grundsatz der Vermögensbindung vor (§ 55 Abs. 1 Nr. 4 AO).

Die bisherigen Vereinsorgane bleiben auch während der Liquidation bestehen, der Vorstand wird jedoch durch Liquidatoren ersetzt. Das Gesetz geht in § 48 Abs. 1 BGB davon aus, dass die Liquidation durch den Vorstand erfolgt; der Vorstand ändert dann nur seinen Namen, ohne dass ein personeller Wechsel erfolgt. Doch können zu Liquidatoren auch andere Personen bestellt werden, und zwar nach den für die Bestellung des Vorstands geltenden Vorschriften (§ 48 Abs. 1 S. 2 BGB). Die Liquidatoren haben die rechtliche Stellung des Vorstands, soweit sich nicht aus dem Zweck der Liquidation ein anderes ergibt. Sind mehrere Liquidatoren vorhanden, so gilt jedoch abweichend von § 28 BGB für die Beschlussfassung nicht das Mehrheitsprinzip, sondern es ist Einstimmigkeit erforderlich, wenn nicht die Satzung ein anderes ergibt oder die Mitgliederversammlung anderes beschließt (§ 48 Abs. 3 BGB). Die Liquidatoren sowie eine von § 48 Abs. 3 BGB abweichende Beschlussregelung sind beim eingetragenen Idealverein in das Vereinsregister einzutragen (§ 76 BGB). Der Zweck des Vereins ändert sich stillschweigend – ohne dass es einer Satzungsänderung bedarf – dahin, dass er nur noch auf Abwicklung gerichtet ist. Ein Beitritt neuer Mitglieder kommt daher in der Regel nicht mehr in Betracht; Satzungsänderungen sind nur noch beschränkt zulässig. Die Rechte und Pflichten der Mitglieder bleiben – im Rahmen des Abwicklungszwecks – bestehen.

Die Liquidatoren (Abwickler) haben die Aufgabe, die laufenden Geschäfte zu beendigen, die Forderungen einzuziehen, das übrige Vermögen in Geld umzusetzen („Versilberung"), die Gläubiger zu befriedigen und den Überschuss dem Anfallberechtigten auszuhändigen. Von einer Versilberung von Vermögenswerten und der Einziehung von Forderungen kann jedoch abgesehen werden, wenn das zur Befriedigung der Gläubiger oder zur Verteilung des Überschusses unter mehrere Anfallberechtigte nicht erforderlich ist. Zur Beendigung schwebender Geschäfte dürfen die Liquidatoren auch neue Geschäfte eingehen. Bis zur Beendigung der Liquidation gilt der Verein als fortbestehend, soweit der Zweck der Liquidation es erfordert (§ 49 BGB). Diese Grundsätze gelten für den nicht eingetragenen Verein in gleicher Weise, jedenfalls dann, wenn eine Auseinandersetzung nach § 730 BGB (Gesellschaftsrecht) in der Satzung dadurch ausgeschlossen ist, dass eine bestimmte (natürliche oder juristische) Person als Anfallberechtigter für den Fall der Auflösung bestimmt ist. Keinesfalls fällt jedoch das Vermögen des nicht eingetragenen Vereins an den Fiskus, solange Mitglieder des Vereins oder Rechtsnachfolger von ihnen vorhanden sind.

Die Liquidatoren haben die Auflösung des Vereins oder die Entziehung der Rechtsfähigkeit öffentlich bekanntzumachen. In der Bekanntmachung sind die Gläubiger zur Anmeldung ihrer Ansprüche aufzufordern, bekannten Gläubigern gegenüber hat das durch besondere (direkte) Mitteilung zu geschehen. Weder die Bekanntmachung noch die direkte Mitteilung haben jedoch Ausschlusswirkung. Die öffentliche Bekanntmachung erfolgt durch das in der Satzung zu Veröffentlichungen bestimmte Blatt, fehlt eine solche Satzungsbestimmung, das für Bekanntmachungen des registerführenden Amtsgerichts bestimmte Blatt. Die Bekanntmachung gilt mit dem Ablauf des zweiten Tages nach der (ersten) Einrückung als bewirkt (§ 50 BGB), von diesem Tag an ist das Sperrjahr des § 51 BGB zu berechnen. Meldet sich ein den Liquidatoren bekannter Gläubiger nicht, so ist der geschuldete Betrag für ihn bei der Hinterlegungsstelle des Amtsgerichts zu hinterlegen, sofern Hinterlegung zulässig ist (so, wenn sich der Gläubiger im Annahmeverzug befindet, § 293 BGB, wenn er unbekannten Aufenthalts oder verschollen ist). Ist die Berichtigung einer Verbindlichkeit zurzeit nicht ausführbar oder ist sie streitig, so darf das Vermögen dem Anfallberechtigten nur übertragen werden, wenn dem Gläubiger Sicherheit geleistet ist (§ 52 BGB). Liquidatoren, die die ihnen nach §§ 42 Abs. 2, 50 bis 52 BGB obliegenden Verpflichtungen verletzen oder vor Befriedigung der Gläubiger Vermögen dem Anfallberechtigten übertragen, sind, wenn ihnen Verschulden zur Last fällt, den Gläubigern für den daraus entstehenden Schaden verantwortlich; sie haften als Gesamtschuldner (§ 53 BGB). Auch diese Bestimmungen sind, wenn eine Auseinandersetzung nach Gesellschaftsrecht in der Satzung ausgeschlossen ist, für nicht eingetragenen Vereine entsprechend anwendbar. Bei völliger Vermögenslosigkeit ist jedoch die Liquidation entbehrlich.

Beim eingetragenen Idealverein hat der Vorstand die Liquidatoren zur Eintragung im Vereinsregister anzumelden, spätere Anmeldungen haben die im Amt befindlichen Liquidatoren vorzunehmen (§ 76 Abs. 2 BGB). Diese haben eine Liquidationseröffnungsbilanz (oder eine entsprechende Gewinn- und Verlustrechnung) zu erstellen. Nach Befriedigung der Gläubiger oder der Sicherstellung ihrer Forderungen und Übertragung des restlichen Vereinsvermögens auf die Anfallberechtigten (nach den allgemeinen Vorschriften der Eigentumsübertragung, Forderungsabtretung) haben die Liquidatoren eine Schlussrechnung vorzulegen: der Mitgliederversammlung oder, falls sie nicht mehr einberufen werden kann, beim eingetragenen Verein dem Registergericht. Sie haben Anspruch auf Entlastung. Die Beendigung der Liquidation ist ggf. im Vereinsregister einzutragen.

b) Vermögensübergang an den Fiskus

Fällt das Vermögen gem. § 45 Abs. 3 Alt. 2 BGB an den Fiskus, findet keine Liquidation statt. Der Fiskus wird Gesamtrechtsnachfolger, es finden die Vorschriften über eine dem Fiskus als gesetzlichem Erben anfallende Erbschaft entsprechende Anwendung, und zwar nicht nur materiell, sondern auch formell (ihm muss ein Erbschein erteilt werden). Der Fiskus hat das Vereinsvermögen nach Möglichkeit in einer den Zwecken des Vereins entsprechenden Weise zu verwenden (§ 46 BGB).

Ganz anders ist die Rechtsfolge, wenn ein Verein nach § 3 des Vereinsgesetzes verboten wird. In diesem Fall wird das Vermögen des verbotenen Vereins eingezogen, doch kann die Verbotsbehörde von der Einziehung absehen, wenn keine Gefahr besteht, dass das Vereinsvermögen erneut zur Förderung der Handlungen verwendet wird, die zum Verbot des Vereins führten (§ 11 VereinsG). Gläubiger, die ihre Forderungen innerhalb der von der Verbotsbehörde oder Einziehungsbehörde gesetzten Ausschlussfrist angemeldet haben, sind aus der besonderen Vermögensmasse zu befriedigen, die das eingezogene Vermögen bildet. Reicht das Vermögen zur Befriedigung aller Ansprüche nicht aus, findet auf Antrag der Verbots- oder Einziehungsbehörde ein Insolvenzverfahren über die besondere Vermögensmasse statt (§ 13 VereinsG).

Wird eine politische Partei oder der selbstständige Teil einer politischen Partei durch Entscheidung des Bundesverfassungsgerichts aufgelöst, kann dieses die Einziehung des Vermögens der betroffenen Partei oder ihres selbstständigen Teils zugunsten des Bundes oder des Landes zu gemeinnützigen Zwecken aussprechen (§ 46 Abs. 3 BVerfGG).

c) Anhängige Rechtsstreite

Die Liquidation hat auf anhängige Rechtsstreite keinen Einfluss. Erlischt jedoch ein rechtsfähiger Verein während eines Rechtsstreits, weil die Liquidation beendet und sein Vermögen verteilt ist, so wird die gegen ihn gerichtete Klage unzulässig.[173] Für einen nicht eingetragenen Verein, wird gleiches gelten. Auch ein Aktivprozess des Vereins muss mit Beendigung der Liquidation unzulässig werden.

X. Fusion, Spaltung und Formwechsel von Vereinen

An der Verschmelzung, Spaltung und dem Formwechsel von Vereinen können **nur rechtsfähige Vereine** kraft Eintragung im Vereinsregister oder staatlicher Verleihung teilnehmen, nicht also nicht eingetragene Vereine. Die Eintragung im Vereinsregister ist konstitutiv für die Möglichkeit der Teilnahme an Umwandlungen. Das Umwandlungsgesetz ist zwingendes Recht (§ 1 Abs. 3 UmwG). Eine Umwandlung im Sinne des Gesetzes darf nur in den vom UmwG geregelten Fällen stattfinden, in anderen Fällen nur, wenn sie durch ein Bundes- oder Landesgesetz ausdrücklich vorgesehen ist (§ 1 Abs. 2 UmwG).

Auch wenn der nicht eingetragene Verein nach dem Urteil des BGH vom 29.1.2001 (Fn. 6) jetzt beschränkt rechtsfähig ist, folgt die Terminologie des Umwandlungsgesetzes der der §§ 21, 22 BGB, so dass es unter einem „rechtsfähigen Verein" versteht „jeden Verein, der nicht unter § 54 BGB fällt".[174] Auch die BGB-Gesellschaft kann nicht an einem Formwandel nach dem Umwandlungsgesetz teilnehmen.[175] Der Gesetzgeber sollte zumindest die Verschmelzungsfähigkeit auch für die GbR und den nicht eingetragenen Verein mit körperschaftlicher Struktur öffnen.

1. Systematik des Umwandlungsgesetzes

Nach § 1 Abs. 1 UmwG können **Rechtsträger mit Sitz im Inland** umgewandelt werden:

- durch Verschmelzung,
- durch Spaltung (Aufspaltung, Abspaltung, Ausgliederung),
- durch Vermögensübertragung (scheidet für Vereine aus),
- durch Formwechsel.

Unter Umwandlung im Sinne dieses Gesetzes versteht man eine Umstrukturierung, in deren Rahmen von einem oder mehreren Rechtsträgern **Vermögen** auf einen oder mehrere andere Rechtsträger im Wege der Gesamt- oder Sonderrechtsnachfolge übertragen wird und im Gegenzug Anteile an die übertragenden Rechtsträger bzw. deren Mitglieder und/oder eine sonstige Gegenleistung gewährt wird (Umwandlung im Wege der Verschmelzung oder Spaltung) oder durch den sich unter Beibehaltung der Identität und ohne Vermögensübertragung die Rechtsform des formwechselnden Rechtsträgers ändert (Formwechsel). Eine Verschmelzung oder Spaltung ohne Vermögensübertragung ist nach dem Gesetz also nicht vorgesehen. Die Umwandlung kann – gegenüber anderen Formen der Fusion oder Spaltung, sofern sie zulässig sind – nicht unerhebliche Vorteile haben. Für den Verein beispielsweise die Vermeidung einer Selbstauflösung im Fall der Verschmelzung oder die Wahrung der Identität der Mitglieder im Fall der Spaltung.

Bei allen vom Gesetz zugelassenen Umwandlungsformen finden sich im Wesentlichen gleiche Strukturen für den Vollzug der Umwandlung:

- Es ist von den Leitungsorganen der beteiligten Rechtsträger (beim Verein also in der Regel vom Vorstand) ein ausführlicher schriftlicher **Bericht** zu erstatten (Verschmelzungsbericht, § 8 UmwG; Spaltungsbericht, § 127 UmwG), in dem die Umwandlung, der Vertrag oder sein Entwurf im Einzelnen erläutert und begründet werden und der den sonstigen im Gesetz vorgesehenen Inhalt haben muss.

- Abschluss eines **Vertrages in notarieller Form** mit dem gesetzlich bestimmten Mindestinhalt. **Ausnahmen:** Bei der Spaltung durch Neugründung tritt der Spaltungsplan anstelle des Spaltungs- oder Übernahmevertrags, weil es an einem Vertragspartner fehlt (§ 136 UmwG), beim Formwechsel tritt – ebenfalls mangels eines Vertragspartners – der Umwandlungsbeschluss an die Stelle des Vertrags, der den in § 194 UmwG bestimmten Mindestinhalt haben muss.
- Ein Prüfungsbericht ist im Falle der übertragenden Umwandlung (Verschmelzung oder Spaltung) erforderlich.
- Beschlussfassung, beim Verein durch die Mitgliederversammlung (en) in notarieller Form.
- Anmeldung durch Eintragung in die zuständigen Vereinsregister, die konstitutiv wirkt; die Umwandlung wird also erst mit Eintragung in das/die Vereinsregister wirksam.

Gesetzestechnisch sind die §§ 4 bis 35 UmwG eine Art Allgemeiner Teil für das Zweite, Dritte und (hier nicht interessierende) Vierte Buch des Umwandlungsgesetzes, auf die jeweils verwiesen wird.

Im Fall der Verschmelzung und der Spaltung von Idealvereinen bedarf also ausnahmsweise auch die (neue) Satzung der **notariellen Beurkundung** (§§ 6, 125 UmwG). Das Erfordernis der Beurkundung dient dabei der Beweissicherung, der Sicherstellung der ordnungsgemäßen Beratung und der materiellen Richtigkeit wie auch der Erleichterung der Richtigkeitskontrolle durch die Gerichte.[176]

2. Verschmelzung

Nach § 2 UmwG können unter Auflösung ohne Abwicklung (also ohne Liquidation) verschmolzen werden:

- im Wege der Aufnahme durch Übertragung des Vermögens eines Rechtsträgers oder mehrerer Rechtsträger (übertragende Rechtsträger) als Ganzes auf einen anderen bestehenden Rechtsträger (übernehmender Rechtsträger) oder
- im Wege der Neugründung durch Übertragung der Vermögen zweier oder mehrerer Rechtsträger (übertragende Rechtsträger)

jeweils als Ganzes auf einen neuen, von ihnen dadurch gegründeten Rechtsträger,

- und zwar gegen Gewährung von Mitgliedschaften des übernehmenden oder neuen Rechtsträgers an die Mitglieder der übertragenden Rechtsträger.

Rechtsfähige Idealvereine nach § 21 BGB und wirtschaftliche Vereine nach § 22 BGB sind unterschiedlich verschmelzungsfähig.

Rechtsfähige Idealvereine nach § 21 BGB können gem. § 3 Abs. 1 Nr. 4 UmwG umfassend an Verschmelzungen (Fusionen) beteiligt sein, und zwar sowohl als übertragende, übernehmende oder neu zu gründende Rechtsträger.

Wirtschaftliche Vereine nach § 22 BGB können nach § 3 Abs. 2 Nr. 1 UmwG dagegen nur als übertragende Rechtsträger an einem Verschmelzungsvorgang beteiligt sein.

Ein rechtsfähiger (Ideal- oder wirtschaftlicher) Verein kann sich an einer Verschmelzung nur beteiligen, wenn die Satzung des Vereins oder Vorschriften des Landesrechts nicht entgegenstehen (§ 99 Abs. 1 UmwG).

Eingetragene Idealvereine nach § 21 BGB können nicht mit genossenschaftlichen Prüfungsverbänden (§ 105 UmwG) und nicht mit Versicherungsvereinen auf Gegenseitigkeit (§ 109 UmwG) verschmolzen werden. Die Verschmelzung auf einen eingetragenen Verein ist nur einem anderen eingetragenen Verein gestattet, die Verschmelzung durch Neugründung ist jedoch zulässig, wenn sich ausschließlich der eingetragene Verein als übertragender Rechtsträger beteiligt, wobei die Rechtsform des neu zu gründenden Vereins dann unerheblich ist: es kann eine GmbH (§§ 56 bis 59 UmwG), eine Aktiengesellschaft oder eine Kommanditgesellschaft auf Aktien (§§ 60 bis 78 UmwG) oder eine eingetragene Genossenschaft (§§ 79 bis 98 UmwG) sein.

Der wirtschaftliche Verein des § 22 BGB kann nur als übertragender Rechtsträger fungieren, um eine Vergrößerung oder Neugründung im Wege der Verschmelzung zu vermeiden. Die Rechtsform des aufnehmenden Rechtsträgers ist freigestellt: GmbH, Aktiengesellschaft, Kommanditgesellschaft auf Aktien, Personenhandelsgesellschaft

(OHG, KG), eingetragene Genossenschaft; nicht: Idealverein nach § 21 BGB (§ 99 Abs. 2 UmwG), genossenschaftlicher Prüfungsverband und Versicherungsverein auf Gegenseitigkeit.

3. Spaltung

Das Gesetz unterscheidet drei Arten der Spaltung:

- die Aufspaltung (§ 123 Abs. 1 UmwG),
- die Abspaltung von Teilen eines Rechtsträgers (§ 123 Abs. 2 UmwG) und
- die Ausgliederung eines Teils oder mehrerer Teile des übertragenden Rechtsträgers (§ 123 Abs. 3 UmwG).

Häufig erfolgt die Spaltung im Rahmen der Auslagerung des Zweckbetriebes auf eine gGmbH oder des wirtschaftlichen Geschäftsbetriebes auf eine GmbH.

Die Spaltung kann auch durch gleichzeitige Übertragung auf bereits bestehende sowie auf neue Rechtsträger erfolgen.

Ein eingetragener Verein kann grundsätzlich auf allen Seiten an einer Spaltung beteiligt sein. Ein rechtsfähiger (Ideal- oder wirtschaftlicher) Verein nach §§ 21, 22 BGB kann jedoch als übernehmender Rechtsträger im Wege der Spaltung nur andere eingetragene Vereine aufnehmen oder mit ihnen einen neuen eingetragenen Verein gründen, § 149 Abs. 2 UmwG.

4. Formwechsel

Nach § 191 Abs. 1 Nr. 4 UmwG können rechtsfähige (Ideal- und wirtschaftliche) Vereine (nur) in die Rechtsform einer Kapitalgesellschaft (GmbH, Aktiengesellschaft, Kommanditgesellschaft auf Aktien) oder einer eingetragenen Genossenschaft umgewandelt werden, § 272 Abs. 1 UmwG. Auch dies bietet sich an, wenn der bisherige Idealverein eine wirtschaftliche Betätigung zeigt, welche mit dem Status des § 21 BGB nicht mehr vereinbar ist. Teilweise verlangen auch Registergerichte solch einen Formwechsel.

5. Umwandlungen außerhalb des Umwandlungsgesetzes

Nicht eingetragene Vereine oder rechtsfähige Vereine nach §§ 21, 22 BGB, die kein Vermögen übertragen können oder wollen, steht wie bisher die Möglichkeit der Umwandlung frei. Die Verschmelzung des Vereins mit einem anderen stellt dabei rechtlich eine Selbstauflösung dar. Das Vereinsvermögen wird in der Regel auf den Verein, mit dem die Fusion erfolgt, durch Vertrag (der der notariellen Form bedarf: § 311 Abs. 3 BGB) übertragen werden. Eine Liquidation ist in diesem Fall entbehrlich.

Schwieriger ist die Spaltung außerhalb der Formen des Umwandlungsgesetzes durchzuführen. Sie lässt sich wohl nur dadurch vollziehen, dass einzelne Mitglieder oder eine Gruppe von Mitgliedern aus dem bisherigen Verein austritt und einen neuen (eingetragenen oder nicht eingetragenen) Verein gründet.

XI. Der Verein im Prozess

Sowohl der eingetragene als auch der nicht eingetragene Verein sind aktiv und passiv parteifähig, § 50 ZPO.

Besonderheiten gelten noch für den Gerichtsstand der Vereine. Nach § 17 Abs. 1 ZPO wird der allgemeine Gerichtsstand der Korporationen (juristische Personen) oder anderen Vereine, die als solche verklagt werden können, durch ihren Sitz bestimmt. Die Vorschrift gilt also sowohl für den eingetragenen oder kraft Verleihung rechtsfähigen wie für den nicht eingetragenen Verein. Das Gericht, bei dem Korporationen oder andere Vereine (also alle unter § 17 ZPO fallenden rechtsfähigen und nicht eingetragenen Vereine) den allgemeinen Gerichtsstand haben, ist für die Klagen zuständig, die von ihnen gegen ihre Mitglieder als solche oder von den Mitgliedern in dieser Eigenschaft gegeneinander erhoben werden. Sollte die Satzung keinen statutarischen Sitz vorsehen – was an sich nur bei nicht eingetragenen Vereinen der Fall sein kann, weil nach § 57 Abs. 1

BGB bei eingetragenen Vereinen die Satzung zwingend den Sitz des Vereins enthalten muss –, gilt ausnahmsweise als Sitz der Ort, an dem die Verwaltung geführt wird (§ 17 Abs. 1 S. 2 ZPO).

Die Vorschrift des § 22 ZPO ist zusammen mit § 17 ZPO zu sehen, den sie ergänzt. Zweck der Vorschrift ist es, Streitigkeiten, die die inneren Rechtsbeziehungen eines Vereins betreffen, am statutarischen Vereinssitz zu konzentrieren, also an dem der Satzung.[177] Der BGH hat in der zitierten Entscheidung den Anwendungsbereich des § 22 ZPO weit und analog ausgelegt.

Nach allgemeiner Meinung muss die Mitgliedschaft im Zeitpunkt der Klageerhebung nicht mehr bestehen; § 22 ZPO gilt auch bei Klagen gegen ausgeschiedene Mitglieder. Die Klage des Vereins gegen frühere Vereinsmitglieder im Gerichtsstand der §§ 22, 17 ZPO muss sich auf Ansprüche richten, die dem Verein „gegen ihre Mitglieder als solche" zustehen. Der Streitgegenstand muss sich also aus dem Mitgliedschaftsverhältnis ergeben. In Betracht kommen Ansprüche des Vereins auf rückständige Beiträge oder Umlagen, Zahlung verhängter Geldbußen, auf Feststellung der Unwirksamkeit eines Austritts oder der Wirksamkeit eines Ausschlusses aus dem Verein. Der Verein kann auch im Gerichtsstand der §§ 22, 17 ZPO Schadensersatzansprüche gegen (frühere) Organmitglieder wegen schuldhaft schlechter Amtsführung erheben, auch wegen etwaiger Bereicherungsansprüche, auf Auskunft und Rechenschaft sowie Herausgabe des aus der Geschäftsbesorgung Erlangten (§§ 666, 667 BGB).

XII. Registergericht und Kosten

Der Idealverein, der seine Eintragung in das Vereinsregister anstrebt und schließlich durch Eintragung unbeschränkt rechtsfähig wurde, hat gegenüber dem Registergericht eine Reihe von Pflichten zu erfüllen. Gegen dessen Entscheidungen sind Rechtsmittel zulässig. Die Eintragung und das sonstige Verfahren ist grundsätzlich kostenpflichtig. Schließlich können insbesondere weitere Kosten entstehen, wenn zur Gründung, insbesondere für den Satzungsentwurf, ein Rechtsanwalt beigezogen wird.

Die **Führung des Vereinsregisters** wird durch die Verordnung über das Vereinsregister und andere Fragen des Registerrechts (VRV) geregelt. Sie enthält vor allem Bestimmungen über die Form der Eintragungen und das sonstige Verfahren des Registergerichts, soweit es nicht im FamFG (früher FGG) geregelt ist. In § 16 und § 31 VRV ist die öffentliche Einsicht in das Vereinsregister und die Registerakten geregelt, und zwar sowohl in das in Papierform geführte Register wie auch in das maschinell geführte. Auch wenn die Bestimmungen der VRV 2009 durch das „Gesetz zur Erleichterung elektronischer Anmeldungen zum Vereinsregister und anderer vereinsrechtlicher Änderungen" umfassend geändert wurden, um auch den elektronischen Verkehr mit dem Registergericht zuzulassen, ist, anders als beim Handelsregister, aber alternativ die Einreichung von Unterlagen in Papierform für Vereine erhalten geblieben.

Nach § 15 VRV kann das Registergericht den Verein auffordern, die Änderung der ladungsfähigen Vereinsanschrift unverzüglich mitzuteilen. Die Nichtbefolgung ist indes sanktionslos. Eine Ermächtigung zur Einleitung eines Zwangsgeldverfahrens ist unterblieben.

1. Anmeldungen zum Vereinsregister

Rechtsfähige Idealvereine haben folgende Tatsachen zum Vereinsregister anzumelden (der Zusatz „zwingend" bedeutet, dass die Anmeldung erzwingbar ist, der Zusatz „fakultativ", dass sie im Ermessen des Vereins steht):

- Gründung des Vereins durch den ersten Vorstand i. S. d. § 26 Abs. 1 S. 2 BGB (als Vertretungsorgan). Der Anmeldung sind beizufügen:
  - Abschriften der Satzung, die von mindestens sieben Mitgliedern unterzeichnet sein und die Angabe des Tages der Errichtung enthalten soll, sowie
  - eine Abschrift der Urkunde über die Bestellung des Vorstands (§ 59), dessen Mitglieder mit Familiennamen, Vornamen, Geburtsdatum, Beruf und Wohnort zu bezeichnen sind (landesrechtlich unterschiedlich);

- Änderungen des Vorstands i. S. d. § 26 Abs. 1 S. 2 BGB (§ 67 Abs. 1 BGB), auch wenn dieselben Personen nur in andere Vorstandsämter wechseln, sofern das Einfluss auf ihre Vertretungsmacht hat (zwingend). Bei einer Wiederwahl empfiehlt es sich, das Registergericht formlos über die erfolgte Wiederwahl zu informieren.
- Beschränkungen des Umfangs der Vertretungsmacht des Vorstands (nur fakultativ, § 68 BGB).
- Abweichung der Beschlussfassung des Vorstands von der Vorschrift des § 28 BGB (Mehrheitsprinzip – nur fakultativ, § 68 BGB).
- Eintragung des besonderen Vertreters (§ 30 BGB) (umstritten).
- Satzungsänderungen, § 71 Abs. 1 BGB (zwingend). Es muss der Anmeldung einer Satzungsänderung der Wortlaut der Satzung beigefügt werden, so dass dem Registergericht der vollständige Wortlaut der geänderten Satzung vorliegt.
- Auflösung des Vereins, § 74 Abs. 2 BGB (zwingend).
- Verzicht auf die Rechtsfähigkeit als Satzungsänderung (§ 71 Abs. 1 BGB) – zwingend.
- Fortsetzung des Vereins nach dem Ende des Insolvenzverfahrens gem. § 42 Abs. 1 S. 2 BGB, § 75 Abs. 2 BGB (zwingend).
- Bestellung von Liquidatoren, § 76 BGB (zwingend).
- Abweichung der Beschlussfassung der Liquidatoren von § 48 Abs. 3 BGB (Einstimmigkeitsprinzip – zwingend, § 76 BGB).
- Wechsel der Liquidatoren, § 76 BGB (zwingend).
- Beendigung der Liquidation (fakultativ auf Grund landesrechtlicher Vorschriften über die Einführung des Vereinsregisters in Karteikartenform).
- Bescheinigung über die Anzahl der Vereinsmitglieder, § 72 BGB (zwingend – terminologisch an sich keine „Anmeldung").

Von Amts wegen werden eingetragen:

- gerichtlich bestellte Vorstandsmitglieder (§§ 29, 67 Abs. 2 BGB),

- gerichtlich bestellte Liquidatoren und ihr Wechsel (§§ 29, 76 Abs. 3 BGB),
- die Entziehung der Rechtsfähigkeit (§ 74 Abs. 1 BGB),
- die Eröffnung des Insolvenzverfahrens und die Aufhebung des Eröffnungsbeschlusses (§ 75 Abs. 1 BGB, § 31 InsO),
- im Falle eines Verbotsverfahrens nach dem Vereinsgesetz:
  - die Beschlagnahme des Vereinsvermögens und ihre Aufhebung,
  - die Bestellung und Abberufung von für das beschlagnahmte Vermögen bestellten Verwaltern,
  - die Auflösung des Vereins, nachdem das Verbot unanfechtbar wurde,
  - das Erlöschen des Vereins,
- Löschungen von Amts wegen, weil die Eintragung wegen des Mangels einer wesentlichen Voraussetzung unzulässig war, § 395 FamFG.

Anmeldungen zum Vereinsregister sind von den Mitgliedern des Vorstands in vertretungsberechtigter Zahl zu bewirken. Dies gilt auch für die Anmeldung der ersten Liquidatoren, spätere Anmeldungen einschließlich der Beendigung der Liquidation erfolgen durch die Liquidatoren. Die Anmeldung muss durch die Vorstandsmitglieder oder Liquidatoren erfolgen, die insoweit zur Vertretung des Vereins berechtigt sind. Ist Einzelvertretung vorgesehen, so reicht z. B. die Anmeldung durch das dazu berechtigte Vorstandsmitglied. Anders als bei den Kapitalgesellschaften und den Genossenschaften besteht für den Verein kein Bedürfnis, z. B. die Erstanmeldung des Vereins durch alle Vorstandsmitglieder vorzusehen. Die Anmeldungen müssen in öffentlich (notariell oder gerichtlich, soweit die Zuständigkeit landesrechtlich nicht abweichend geregelt) [178] beglaubigter Form erfolgen.

Stellvertretung ist zulässig, doch ist dann eine öffentlich beglaubigte Vollmacht vorzulegen, der Notar gilt jedoch bei erzwingbaren Anmeldungen auch ohne besondere Vollmacht als ermächtigt (§ 378 Abs. 2 FamFG). Ist die Wahl des Vorstands eines Vereins durch die

Satzung einem besonderen Vereinsorgan (etwa: einem Kuratorium oder Präsidium) übertragen, so ist der Anmeldung des Vereins zur Eintragung in das Vereinsregister auch die Urkunde über die Bestellung dieses Vereinsorgans beizufügen.[179] Das Registergericht (Rechtspfleger) kann die Vorstandsmitglieder und Liquidatoren zur Vornahme der als „zwingend“ bezeichneten Anmeldungen durch Festsetzung eines Zwangsgeldes anhalten (§ 78 BGB). Dieses ist durch das zuständige Vorstandsmitglied persönlich zu tragen.[180]

2. Verfahren und Rechtsmittel

Vereinssachen sind dem Rechtspfleger zur Entscheidung übertragen. Er hat sie dem Richter zur Entscheidung vorzulegen, wenn er von einer ihm bekannten Stellungnahme des Richters abweichen will oder sich bei der Bearbeitung der Sache rechtliche Schwierigkeiten ergeben. Gegen Entscheidungen des Rechtspflegers ist das Rechtsmittel gegeben, das nach den allgemeinen verfahrensrechtlichen Vorschriften zulässig ist (§ 11 RPflG), also in der Regel die Beschwerde, die innerhalb einer Frist von einem Monat ab Bekanntmachung einzulegen ist (§ 63 Abs. 1 FamFG). Über sie entscheidet das Beschwerdegericht, das Erstgericht ist zur Abänderung seiner Entscheidung nicht befugt.

Ist gegen die Entscheidung des Rechtspflegers nach den allgemeinen verfahrensrechtlichen Vorschriften ein Rechtsmittel nicht gegeben, so findet die Erinnerung statt, die ebenfalls innerhalb einer Frist von einem Monat einzulegen ist. Der Rechtspfleger kann der Erinnerung abhelfen, andernfalls legt er sie dem Richter zur Entscheidung vor (§ 11 Abs. 2 RPflG). Dieser kann die Entscheidung des Rechtspflegers abändern.

Das Gericht (Rechtspfleger und Richter) hat von Amts wegen die zur Feststellung der Tatsachen erforderlichen Ermittlungen zu veranstalten und die geeignet erscheinenden Beweise zu erheben (§ 26 FamFG). Es kann, wenn eine vom Gericht zu erlassende Verfügung von der Beurteilung eines streitigen Rechtsverhältnisses abhängig ist, die Verfügung aussetzen, bis über das Verhältnis im Wege des Rechtsstreits entschieden ist und, wenn ein Rechtsstreit nicht anhängig ist, einem Beteiligten eine Frist zur Erhebung der Klage setzen (§§ 21, 381 FamFG).

Die Beschwerde (Erinnerung) steht jedem zu, dessen Recht durch die Verfügung beeinträchtigt ist, bei Zurückweisung der Anmeldung des Vereins auch dem Vorverein.[181] Soweit eine Verfügung nur auf Antrag erlassen werden kann und der Antrag zurückgewiesen wurde, steht die Beschwerde nur dem Antragsteller zu (§ 59 FamFG).

BEISPIELE:

- Weist der Rechtspfleger die Anmeldung des Vereins zur Eintragung in das Vereinsregister zurück mit der Begründung, es sei einem der Erfordernisse der §§ 56 bis 59 BGB nicht genügt (§ 60 BGB), steht dem antragstellenden Verein die Beschwerde zu (§ 58 Abs. 1 FamFG, § 11 Abs. 1 RPflG), nicht dagegen einem Gründungsmitglied des Vereins. Denn die Eintragung kann nur auf Antrag erfolgen.
- Bestellt das Gericht einen Notvorstand nach § 29 BGB, ist (falls die Vorstandswahl der Mitgliederversammlung obliegt) jedes Vereinsmitglied in seinem Wahlrecht beeinträchtigt und damit beschwerdeberechtigt.

Einem Beschwerdeführer, der ohne sein Verschulden verhindert war, eine Erinnerungs- oder Beschwerdefrist einzuhalten, ist auf Antrag vom Beschwerdegericht die Wiedereinsetzung in den vorigen Stand zu erteilen, wenn die Beschwerde binnen 2 Wochen nach der Beseitigung des Hindernisses eingelegt und die Tatsachen, welche die Wiedereinsetzung begründen, glaubhaft gemacht sind (§§ 17, 18 FamFG).

Gegen die Festsetzung von Zwangsgeld ist nur der Einspruch innerhalb der Frist zulässig, die zur Vornahme der zu erzwingenden Handlung gesetzt wurde (§§ 389, 390 FamFG). Das Zwangsgeld muss unter genauer Bezeichnung der zu erfüllenden Verpflichtung unter Einräumung einer ausreichenden Frist zuvor zahlenmäßig angedroht sein. Es beträgt mindestens 5 EUR und höchstens 1.000 EUR (Art. 6 Abs. 1 S. 1 EGStGB).

3. Kosten

Gericht, Notar und Rechtsanwalt berechnen ihre Kosten nach dem Geschäftswert. Die Kosten im Bereich des Vereinswesens richteten sich nach der Kostenordnung (KostO). Durch das 2. Kostenrechtsmodernisierungsgesetz wurde diese durch das Gesetz über Kosten der freiwilligen Gerichtsbarkeit für Gerichte und Notare (Gerichts- und Notarkostengesetz – GNotKG) abgelöst.[182] Die Gebühren ergeben sich aus dem dazugehörenden Kostenverzeichnis (KV).

Der Geschäftswert beträgt für Gericht und Notar in Ermangelung genügender tatsächlicher Anhaltspunkte für eine Schätzung regelmäßig 5.000 EUR. Er kann nach Lage des Falles niedriger oder höher sein, jedoch nicht über 1.000.000 EUR angenommen werden (§ 36 Abs. 2 GNotKG).

a) Gerichts- und Notarkosten

Die Gerichtskosten betragen für die erste Eintragung des Vereins eine Gebühr von 75 EUR (Nr. 13100 KV GNotKG), für alle späteren Eintragungen fällt eine Gebühr von 50 EUR an (Nr. 13101 KV GNotKG) an.

Nach der Regelung in Nr. 13101 Abs. 2 KV GNotKG wird die Gebühr für mehrere Eintragungen nur einmal erhoben, wenn die Anmeldungen am selben Tag beim Registergericht eingegangen sind und denselben Verein betreffen.

Für die Löschung der Gesamteintragung werden nach der neuen Regelung (Nr. 13101 Abs. 3 Nr. 1 KV GNotKG) keine Gebühren mehr erhoben.

Nach neuem Recht fällt für das Verfahren zur Bestellung eines Notvorstandes eine 2,0 Gebühr an (Nr. 13500 KV GNotKG); für das Beschwerdeverfahren fällt eine 3,0 Gebühr (Nr. 13610 KV GNotKG) an, welche sich bei einer Rücknahme der Beschwerde auf eine 0,5 Gebühr (Nr. 13611 KV GNotKG) oder bei einer Beendigung des Verfahrens ohne Endentscheidung auf eine 1,0 Gebühr (Nr. 13612 KV GNotKG) reduzieren kann. Der Geschäftswert für die Bestellung des Notvorstandes wurde nach § 30 Abs. 2 KostO auf 3.000 EUR festgesetzt, nach neuem Recht beträgt der Geschäftswert 5.000 EUR (§ 36 Abs. 3 GNotKG).

Dient ein Verein gemeinnützigen oder mildtätigen Zwecken im Sinn des Steuerrechts, ist er in den meisten Bundesländern (Baden-Württemberg, Berlin, Brandenburg, Bremen, Hamburg, Hessen, Niedersachsen, Nordrhein-Westfalen, Rheinland-Pfalz, Saarland, Schleswig-Holstein und Thüringen) von der Zahlung von Gerichtskosten befreit, soweit die Angelegenheit nicht einen steuerpflichtigen wirtschaftlichen Geschäftsbetrieb betrifft. Die steuerliche Behandlung ist durch einen Freistellungsbescheid oder den Feststellungsbescheid nach § 60a AO nachzuweisen.

Auch die Kosten des Notars richten sich nunmehr nach dem GNotKG. Hat der Notar den Text der Anmeldung zu entwerfen, so steht ihm eine halbe Gebühr zu, mindestens aber 30 EUR zuzüglich Mehrwertsteuer; Nr. 21201 KV GNotKG).

Im Einzelfall – bei Wirtschaftsverbänden, Vereinen mit bedeutender Kapitalausstattung – können die Kosten entsprechend einem höheren Gegenstandswert erheblich höher sein.

b) Rechtsanwaltskosten

Soweit sich Gerichtsgebühren nach dem Wert richten, bestimmt sich der Gegenstandswert für die Anwaltsgebühren im gerichtlichen Verfahren nach den für die Gerichtsgebühren geltenden Wertvorschriften (§ 23 Abs. 1 S. 1 RVG). Soweit sich der Gegenstandswert nicht aus anderen Wertvorschriften (z. B. dem GNotKG) ergibt und auch sonst nicht feststeht, ist er nach billigem Ermessen zu bestimmen. In Ermangelung genügender tatsächlicher Anhaltspunkte für eine Schätzung und **bei nicht vermögensrechtlichen Gegenständen** ist der Gegenstandswert mit 5.000 EUR anzunehmen, nach Lage des Falles niedriger oder höher, jedoch nicht über 500.000 EUR (§ 23 Abs. 3 S. 2 RVG). Für die Antragstellung beim Registergericht erhält der Rechtsanwalt eine Gebühr von 0,8 nach Nr. 3101 Ziff. 3 VV RVG, bei einem Gegenstandswert von 5.000 EUR also 242,40 EUR. Wird der Antrag begründet, entsteht dagegen die Verfahrensgebühr der Nr. 3100 VV RVG in Höhe von 1,3, bei einem Gegenstandswert von 5.000 EUR 393,90 EUR.

Hinzu kommen jeweils die Auslagen sowie die gesetzliche Umsatzsteuer.

In der Praxis wichtiger sind die Kosten der Gründung, also des Entwurfs der Satzung. Ihm werden ausführliche Besprechungen vorausgehen, vielleicht auch mehrere Entwürfe. Die Anwaltskosten hierfür müssen frei vereinbart werden (§ 34 Abs. 1 RVG), während dem Notar Honorarvereinbarungen untersagt sind (§ 125 GNotKG). Der Rechtsanwalt soll auf eine Gebührenvereinbarung hinwirken. Wird keine Vereinbarung geschlossen, so gilt nach dem Gesetz die übliche Vergütung als vereinbart. Weil sich eine solche für die Gründungsberatung in der Praxis kaum zuverlässig ermitteln lässt, sollten auch die Gründer von vornherein auf eine klare Vereinbarung mit dem Rechtsanwalt dringen.

3. Kapitel

Hinweise zum Steuerrecht

Die steuerrechtlichen Pflichten der Vereine richten sich nach den allgemeinen Steuergesetzen. Es muss daher hierzu auf die Literatur zum Steuerrecht verwiesen werden. Im Literaturverzeichnis ist ferner auf Titel verwiesen, die ausführlichere Darstellungen zur Vereinsbesteuerung enthalten. Nachstehend können lediglich einige Hinweise gegeben werden.

I. Steuerrechtliche Pflichten

Eingetragene und nicht eingetragene Vereine sind grundsätzlich steuerpflichtig. Sie haben daher auch die entsprechenden Anzeige- und Mitwirkungspflichten.

Für die Besteuerung örtlich zuständig ist nach § 20 AO das Finanzamt, in dessen Bezirk sich die „Geschäftsleitung" des Vereins befindet. Das ist nach § 10 AO der Mittelpunkt der geschäftlichen Oberleitung. Das wird in der Regel der Ort des Verwaltungssitzes (siehe S. 85 f.) sein. Fehlt eine inländische „Geschäftsleitung" oder lässt sich der Ort nicht feststellen, so ist das Finanzamt örtlich zuständig, in dessen Bezirk der Verein seinen statutarischen Sitz hat.

Vereine – auch nicht eingetragene – sind Körperschaften. Anders als bei natürlichen Personen unterliegen deswegen ihre Erträge nicht der Einkommen- sondern der Körperschaftsteuer. Weil die steuerpflichtigen Einkünfte meist gewerblicher Art sind, kommt dazu regelmäßig die Gewerbesteuer. Von der Körperschaft- und Gewerbesteuer befreit sind gemeinnützige Vereine, soweit nicht ein steuerpflichtiger wirtschaftlicher Geschäftsbetrieb vorliegt.

Wie jeder Selbstständige kann auch ein Verein Unternehmer im Sinn des Umsatzsteuergesetzes sein. Seine Umsätze unterliegen dann der **Umsatzsteuer**.

Vereine unterliegen auch der **Erbschaft**- und **Schenkungsteuer.** Steuerfrei bleiben aber Zuwendungen an steuerbegünstigte Vereine (mit gemeinnützigen, mildtätigen und kirchlichen Zwecken).

Vereine unterliegen der Grundsteuer und der Grunderwerbsteuer. Übernehmen sie für bestimmte Zwecke von öffentlich-rechtlichen Körperschaften Grundbesitz, so kann dies im Einzelfall von der Grundsteuer und der Grunderwerbsteuer befreit sein (vgl. § 4 Nr. 9 GrEStG, § 3 Abs. 1 S. 3 GrStG). Im Übrigen bestehen bei der Grunderwerbsteuer keine besonderen Befreiungsvorschriften für gemeinnützige Vereine.

Der Verein hat schließlich für seine Arbeitnehmer **Lohnsteuer und den Solidaritätszuschlag**, ggf. auch Kirchensteuer abzuführen. Dabei kommt es nicht darauf an, von wem der Arbeitslohn gezahlt wird. Befreiungen bestehen bei gemeinnützigen Vereinen nur für den Übungsleiter- und Ehrenamtsfreibetrag (§ 3 Nr. 26 und 26a EStG).

Vereine sind auch verpflichtet, Aufzeichnungen über ihre Ein- und Ausgaben zu machen. Das ergibt sich aus der Rechenschaftspflicht der Vereinsorgane (§§ 27 Abs. 3, 666 BGB i.V.m. § 259 BGB): Wer zur Rechenschaft verpflichtet ist, hat eine Rechnung vorzulegen, die eine geordnete Zusammenstellung der Einnahmen und der Ausgaben enthält, eine besondere Form muss hierbei in der Regel nicht eingehalten werden.

In § 140 AO ist geregelt, dass wer bereits nach anderen Gesetzen (in diesem Fall das BGB) zu Aufzeichnungen verpflichtet ist, dies auch zu steuerlichen Zwecken zu erfüllen hat. Die oben genannten Regelungen gelten also auch gegenüber dem Finanzamt.

Das gilt auch für gemeinnützige Vereine. Sie müssen durch diese Aufzeichnungen nachweisen, dass ihre Geschäftsführung auf die ausschließliche und unmittelbare Erfüllung der steuerbegünstigten Zwecke gerichtet und satzungskonform ist (§ 63 AO) – auch wenn wegen der Höhe der Einnahmen und Erträge keine Steuerzahlungen fällig werden.

Eine zwingende Buchführungspflicht nach Ertragssteuerrecht besteht aber nur, wenn der Verein tatsächlich steuerpflichtig wird (also zu versteuernde Erträge erwirtschaftet). Das ist nicht unbedingt der Fall, z. B. wenn die Einnahmen des Vereins nur aus Mitgliedsbeiträgen bestehen.

Dazu kommen besondere Anforderungen nach dem Spendenrecht (hierzu S. 219 ff.).

Daneben kann ein Verein mit wirtschaftlicher (Neben-)Tätigkeit auch nach den Vorschriften des HGB sowie nach § 141 AO zur Buchführung verpflichtet sein. Auch die Satzung kann besondere Bestimmungen zur Buchführung vorsehen.

Werden die Grenzen des § 141 AO nicht überschritten, erfolgt die steuerliche Gewinnermittlung regelmäßig nach § 4 Abs. 3 EStG durch Überschuss der Betriebseinnahmen über die Betriebsausgaben (EÜR). Grundsätzlich zur Bilanzierung verpflichtet sind nur Lohnsteuerhilfevereine und Pflegeeinrichtungen mit mehr als sechs Pflegeplätzen.

Nach § 145 AO muss die Buchführung in diesen Fällen so beschaffen sein, dass sie einem sachverständigen Dritten innerhalb angemessener Zeit einen Überblick über die Geschäftsvorfälle und über die Vermögenslage vermitteln kann. Die Geschäftsvorfälle müssen sich in ihrer Entstehung und Abwicklung verfolgen lassen. Aufzeichnungen sind so vorzunehmen, dass der Zweck, den sie für die Besteuerung erfüllen sollen, erreicht wird. Es muss die Ordnungsmäßigkeit der Buchführung gewährleistet sein. Die Buchungen und die sonst erforderlichen Aufzeichnungen sind vollständig, richtig, zeitgerecht und geordnet vorzunehmen. Kasseneinnahmen und Kassenausgaben sollen täglich festgehalten werden. Die Bücher und sonst erforderlichen Aufzeichnungen, die im Inland zu führen und aufzubewahren sind, können auch in der geordneten Ablage von Belegen bestehen und auch auf Datenträgern geführt werden, soweit dadurch die Grundsätze der ordnungsmäßigen Buchführung gewahrt werden (§ 146 Abs. 1, 2 und 5 AO).

Steuererklärungen sind unter Verwendung der amtlich vorgeschriebenen Vordrucke bzw. elektronisch (ELSTER) abzugeben, sie sind vom Vertretungsorgan des Vereins (i. d. R. dem Vorstand) zu unterzeichnen und fristgerecht einzureichen. Nach § 34 Abs. 1 AO hat der Vorstand des Vereins dessen steuerliche Pflichten zu erfüllen und insbesondere dafür zu sorgen, dass die Steuern aus den Mitteln entrichtet werden, die er verwaltet. Für nicht abgeführte Steuern kann der Vorstand neben dem Verein persönlich in Haftung genommen werden.

II. Hinweise auf einige Steuerarten

1. Körperschaftsteuer

Die Körperschaftsteuer entspricht der Einkommensteuer bei natürlichen Personen. Die Ermittlung des steuerpflichtigen Ertrages erfolgt auf die weitgehend gleiche Weise.

Vereine sind Körperschaften. Auch die nicht eingetragenen (nicht rechtsfähigen) Vereine gelten nach § 1 KStG als Körperschaften. Soweit sie Erträge zu versteuern haben, fallen diese unter die Körperschaftsteuer. Zu versteuern sind die Gewinne bzw. Überschüsse.

Der Körperschaftsteuer unterliegen grundsätzlich auch steuerbegünstigte Vereine; hier werden aber nur die Gewinne aus den steuerpflichtigen wirtschaftlichen Geschäftsbetrieben besteuert.

Steuerpflichtig sind sämtliche Einkünfte der Körperschaft. Darunter fallen:

- Einkünfte aus Land- und Forstwirtschaft
- Einkünfte aus Gewerbebetrieb
- Einkünfte aus Kapitalvermögen (z. B. Zinsen, Aktiendividenden, Erträge aus GmbH- und Genossenschaftsanteilen)
- Einkünfte aus Vermietung und Verpachtung
- sonstige Einkünfte (z. B. Einkünfte aus Spekulationsgeschäften, Entschädigungen usw.)

Bei gemeinnützigen Vereinen sind in der Regel nur die gewerblichen Einkünfte für die Körperschaftssteuer von Bedeutung. Die Einkünfte aus Kapitalvermögen und Vermietung und Verpachtung fallen in der Regel in die Vermögensverwaltung und sind damit steuerbefreit.

Nicht unter die Körperschaftsteuer fallen u. a.

- der Erwerb durch Schenkungen und Erbschaften (dies gilt z. B. für Spenden, soweit sie nicht aus anderen Gründen steuerbefreit sind)
- satzungsmäßig erhobene Mitgliedsbeiträge (auch bei nicht gemeinnützigen Vereinen)

Besteuerungszeitraum ist das Kalender- bzw. Wirtschaftsjahr. Die Körperschaftsteuer wird also jährlich ermittelt.

Das zu versteuernde Einkommen umfasst die gesamten Einkünfte unter Berücksichtigung eventueller Verluste, die sich aus einzelnen Einkunftsarten ergeben.

Für die Ermittlung des Einkommens gelten die Regelungen des Einkommensteuergesetzes. Hier gelten für die verschiedenen Einkunftsarten z. T. verschiedene Gewinnermittlungsverfahren. Im Bereich der Vermögensverwaltung liegen grundsätzlich Überschuseinkünfte vor, das gilt insbesondere für Einkünfte aus Kapitalvermögen sowie Einkünfte aus Vermietung und Verpachtung. Die Ermittlung der Einkünfte/des Gewinnes erfolgt im Rahmen der bestehenden Buchhaltungspflichten.

Nicht körperschaftsteuerpflichtige Einnahmen sind – auch bei nicht gemeinnützigen Vereinen:

- echte Mitgliederbeiträge
- Spenden
- Lotteriegewinne
- Schenkungen
- Vermächtnisse
- i. d. R. Zuschüsse aus öffentlichen Mitteln u. Ä.

Diese Einnahmen können aber unter andere Steuerarten fallen (z. B. Schenkungen unter die Erbschaftsteuer).

Der Körperschaftsteuersatz beträgt seit dem 1.1.2008 15%.

Für Vereine (auch für nicht gemeinnützige) gilt ein Körperschaftsteuerfreibetrag von 5.000 EUR. Das zu versteuernde Einkommen vermindert sich also um diesen Betrag. Steuern fallen also überhaupt erst an, wenn die Einkünfte über 5.000 EUR liegen.

Steuerbegünstigte Körperschaften erhalten daneben eine weitere Steuererleichterung: Für die Einnahmen der steuerpflichtigen wirtschaftlichen Geschäftsbetriebe besteht eine Freigrenze von 35.000 EUR (§ 64 AO). Das bedeutet, erst wenn die Einnahmen (Umsätze inklusive Umsatzsteuer) 35.000 EUR überschreiten, müssen die Überschüsse versteuert werden.

Die Freigrenze ist unabhängig von der Höhe des Gewinns, der mit diesen Umsätzen erzielt wurde. Es handelt sich dabei um eine Freigrenze, keinen Freibetrag. Wenn die Umsatzgrenze von 35.000 EUR überschritten wurde, sind die Gewinne also voll steuerpflichtig.

Ganz oder teilweise körperschaftsteuerpflichtige Vereine müssen jährlich eine Körperschaftsteuererklärung abgeben. Die Steuererklärung erfolgt auf dem amtlichen Vordruck. Das Finanzamt erlässt danach einen Steuerbescheid. Bei versäumter Abgabe der Steuerklärung werden die Besteuerungsgrundlagen geschätzt.

In der Höhe der voraussichtlichen Steuerschuld müssen (nach entsprechender Festsetzung durch das Finanzamt) laufende (vierteljährliche) Vorauszahlungen geleistet werden.

2. Gewerbesteuer

Was die Problematik für den Verein anbelangt, gilt für die Gewerbesteuer im Wesentlichen das über die Körperschaftsteuer gesagte. Die Besteuerungstatbestände fallen weitgehend zusammen, auf eine detaillierte Darstellung soll hier deshalb verzichtet werden. Die Gewerbesteuer stellt aber eine zusätzliche Belastung für die Erträge des Vereins dar.

Die Gewerbesteuer betrifft Vereine, wenn sie (im Inland) gewerbliche Betriebe besitzen. Der Begriff des Gewerbetriebes bestimmt sich nach dem Einkommensteuergesetz.

Gemeinnützige Vereine sind lediglich mit ihren nicht steuerbegünstigten wirtschaftlichen Geschäftsbetrieben gewerbesteuerpflichtig. Zweckbetriebe sind nicht gewerbesteuerpflichtig. Anders ist dies bei Vereinen ohne Gemeinnützigkeitsanerkennung, bei denen alle wirtschaftlichen Tätigkeiten bis auf die nachfolgenden Ausnahmen steuerpflichtig sind.

Das Finanzamt ist für die Festsetzung des Gewerbesteuermessbetrages zuständig und erlässt den Gewerbesteuermessbescheid; die Gemeinde errechnet die Gewerbesteuer und bestimmt den Hebesatz. Entrichtet wird der Gewerbesteuerbetrag an die Gemeindekasse.

Grundlage für die Ermittlung der Gewerbesteuer ist der Gewerbeertrag. Der Gewerbeertrag wird nach den Richtlinien des Einkommens- und Körperschaftsteuerrechts ermittelt. Gekürzt wird der Gewerbeertrag des jeweiligen Wirtschaftsjahres um Verluste aus den Vorjahren.

Dieser Gewinn wird um Hinzurechnungen und Kürzungen korrigiert. Hinzuzurechnen sind vor allem Dauerschuldzinsen (i. d. R. bei Schulden mit über einem Jahr Laufzeit). Zu kürzen ist der Gewerbegewinn u. a. um 1,2 % des Einheitswerts des zum Betriebsvermögen gehörenden Grundbesitzes.

Für den Gewerbeertrag besteht für juristische Personen (also auch eingetragene Vereine) und nichteingetragene Vereine ein Freibetrag von 5.000 EUR, d. h. der steuerpflichtige Ertrag wird um diese Summe gemindert.

Wie bei der Körperschaftsteuer besteht bei der Gewerbesteuer für gemeinnützige Körperschaften eine Freigrenze von 35.000 EUR. Liegen die jährlichen Einnahmen aus den Gewerbebetrieben darunter, wird also keine Gewerbesteuer fällig. Mehrere wirtschaftliche Geschäftsbetriebe des Vereins gelten dabei als einheitlicher Gewerbetrieb.

Aus der Ermittlung des Gewerbeertrags ergibt sich der Steuermessbetrag. Er beträgt bei Vereinen und anderen Körperschaften 3,5 % des Gewerbeertrags (auf volle 50 EUR nach unten gerundet).

Dieser Steuermessbetrag wird mit einem Hebesatz multipliziert, der von der Gemeinde festgelegt wird. Der Hebesatz beträgt i. d. R. 300 bis 500 %.

Berechnungsbeispiel:

1. Gewerbeertrag	45.000 EUR
2. Freibetrag	5.000 EUR
3. zu versteuernder Gewerbeertrag (1. minus 2.)	40.000 EUR
4. Steuermessbetrag (3,5 % von 3.), gerundet	1.400 EUR
5. Hebesatz	400 %
6. Gewerbesteuer (4. mal 5.)	5.600 EUR

Vereine müssen eine Gewerbesteuererklärung abgeben, wenn sie neben den steuerbefreiten Tätigkeiten gewerbesteuerpflichtige wirtschaftliche Geschäftsbetriebe führen, bei denen die Umsatzfreigrenze von 35.000 EUR überschritten wird.

Die Gewerbesteuer wird beim Finanzamt erklärt, aber an die Gemeinde abgeführt. Von steuerpflichtigen Vereinen werden wie bei der Körperschaftsteuer vierteljährliche Vorauszahlungen erhoben, Vorauszahlungstermin ist jeweils der 15. des ersten Monats im Quartal.

3. Umsatzsteuer

Die Umsatzsteuer ist von allen Steuern für den Verein in der täglichen Praxis sicher am problematischsten, vor allem bedeutet sie für den Verein den größten buchhalterischen Aufwand.

Anders als bei der Körperschaftsteuer liegt die Besteuerungsgrenze niedriger (17.500 EUR Umsatzgrenze) und es sind – bei gemeinnützigen Vereinen – nicht nur steuerpflichtige wirtschaftliche Geschäftsbetriebe betroffen, sondern auch Zweckbetriebe und Vermögensverwaltung. Es sind deshalb sehr viel mehr Vereine umsatz- als körperschaftsteuerpflichtig.

Da die Umsatzsteuer in der Regel quartals- oder monatsweise angemeldet und abgeführt werden muss, erfordert sie eine zeitnahe Buchhaltung. Für die Körperschaftsteuererklärung dagegen gilt der Jahres- oder sogar der Dreijahreszeitraum.

Die Umsatzsteuer (landläufig auch als „Mehrwertsteuer" bezeichnet) ist eine Verbraucherabgabe. Getragen wird sie vom Endverbraucher von Produkten und Dienstleistungen; ans Finanzamt abgeführt wird sie vom „Unternehmer“, der die Produkte erstellt bzw. die Dienstleistungen erbringt.

Die Umsatzsteuer besteuert das Erbringen wirtschaftlicher Leistungen durch Unternehmer. Jede Lieferung oder Leistung, die ein Unternehmer im Inland gegen Entgelt (das kann auch eine Gegenleistung sein) erbringt, unterliegt der Umsatzsteuer. Auch ein Verein ist Unternehmer im Sinn des Umsatzsteuergesetzes, wenn er außerhalb der nichtunternehmerischen Sphäre (des ideellen Bereiches) wirtschaftlich tätig wird. Das ist häufig der Fall und betrifft eine Vielzahl von Einnahmen, die ein Verein neben Spenden, Mitgliedsbeiträgen und öffentlichen Zuwendung hat.

Grundsätzlich sind alle Leistungen (Lieferungen und sonstigen Leistungen – also Produkte, Dienstleistungen usw.), die ein Unternehmer erbringt, umsatzsteuerpflichtig. Vorausgesetzt ist, dass dabei ein Leistungstausch (Entgelt oder Gegenleistung) stattfindet. Schenkungen, Zweckzuwendungen u. Ä. sind deshalb umsatzsteuerfrei.

Umsatzsteuerpflichtig sind allgemein (§ 1 UStG):

- Lieferungen und Leistungen, die der Unternehmer gegen Entgelt im Inland erbringt
- unentgeltliche Leistungen an Arbeitnehmer (außer bei bloßen „Aufmerksamkeiten“), z. B. Überlassung eines Dienstwagens zur privaten Nutzung
- der Eigenverbrauch, d. h. Leistungen, die vom produzierenden Unternehmen selbst in Anspruch genommen werden
- Lieferungen und Leistungen, die Körperschaften und Personenvereinigungen an ihre Mitglieder erbringen.

(Die Regelungen zur Einfuhr von Gegenständen aus EU- und sonstigem Ausland werden hier aus Vereinfachungsgründen ausgeklammert, da sie nur wenige Vereine betreffen dürften.)

Als unternehmerische Tätigkeiten bei Vereinen gelten auch die steuerlich begünstigten Aktivitäten (Zweckbetriebe und Vermögensverwaltung) von gemeinnützigen, mildtätigen und kirchlichen Vereinen, also z. B. Eintrittsgelder bei Konzerten oder Sportveranstaltungen, Gebühren bei Seminaren usf., allerdings unterliegen sie in der Regel dem erniedrigten Umsatzsteuersatz von 7 %.

Umsatzsteuerpflichtige Lieferungen und Leistungen eines Vereins sind z. B.:

- Verkauf von Speisen und Getränken (auch an Mitglieder)
- Eintrittsgelder oder Teilnahmegebühren bei kulturellen, sozialen, sportlichen, Bildungs- usw. Veranstaltungen
- Verkauf von handwerklichen, künstlerischen usf. Erzeugnissen
- Beratung gegen Bezahlung
- die Vermietung von Einrichtungsgegenständen und Betriebsvorrichtungen u. Ä. (z. B. Sportgeräte, Kegelbahnen, Musikinstrumente)
- Werbeleistungen, z. B. Banden- und Trikotwerbung, Anzeigen in Vereinszeitschriften, Sponsoring.

Nicht umsatzsteuerpflichtige Einnahmen sind:

- Mitgliedsbeiträge und Aufnahmegebühren, wenn keine konkrete einzelne Gegenleistung erfolgt (sog. echte Mitgliedsbeiträge)
- Schenkungen
- öffentliche Zuschüsse, soweit kein unmittelbarer Leistungstausch damit verbunden ist
- Spenden
- Aufnahmegebühren und Umlagen
- Schadenersatzleistungen von Versicherungen und Privatpersonen
- die Vermietung und Verpachtung von Räumen (nicht bei Beherbergung) und Grundstücken; nicht dazu gehören Fahrzeugstellplätze, Campingplätze und Bootsliegeplätze. Ist der Mieter/Pächter Unternehmer und nutzt er die Immobilie überwiegend unternehmerisch, hat der Vermieter bei der Umsatzsteuer ein Wahlrecht.

Eine Vielzahl von Lieferungen und Leistungen ist umsatzsteuerbefreit. Die Befreiungen sind in § 4 UStG aufgelistet. Hier einige Beispiele, die auch für nicht gemeinnützige Vereine gelten:

- die Leistungen der Heilberufe (Ärzte, Apotheken, Hebammen, Heilpraktiker usw.)
- die Leistungen des Deutschen Jugendherbergwerks
- Krankentransport mit speziellen Fahrzeugen
- Ersatzschulen und Kurse berufsvorbereitender Art
- Verkauf von Immobilien.

Auf besondere Steuerbefreiungen, die ausschließlich oder typischerweise für gemeinnützige Einrichtungen gelten, wird unten näher eingegangen.

Umsatzsteuerpflichtige Unternehmer sind berechtigt, die Umsatzsteuer, die ihnen andere Unternehmer auf Leistungen und Lieferungen berechnen (und auf Rechnungen und Barbelegen entsprechend ausweisen) – die sog. Vorsteuer – von der abzuführenden Umsatzsteuer abzuziehen. Für die ans Finanzamt abzuführende Umsatzsteuer ergibt sich also folgendes Berechnungsschema:

Umsatzsteuer auf eigene Leistungen/Lieferung
– Vorsteuer aus Fremdbelegen
= Umsatzsteuerzahllast

Der allgemeine Umsatzsteuersatz beträgt seit dem 1.1.2007 19 %. Bestimmte Umsätze fallen unter den ermäßigten Steuersatz von 7 % (allgemeine Ermäßigungstatbestände). Dazu gehören vor allem:

- Speisen, die nicht für den sofortigen Verzehr gedacht sind (Lebensmittelhandel, nicht aber Gastronomie)
- Leistungen von Orchestern, Chören, Museen und Theatern
- Filmvorführungen
- Zirkusvorführungen
- der Betrieb von Schwimmbädern
- der Verkauf von Druckerzeugnissen (Bücher, Zeitschriften, Noten, Landkarten u. Ä.)
- der Verkauf von Nutztieren
- der Verkauf von Kunstgegenständen und Sammlungstücken.

Diese Sätze gelten generell auch für Vereine.

Eine Sonderregelung besteht für gemeinnützige, mildtätige und kirchliche Vereine. Sie werden nur mit 7% besteuert (§ 12 Abs. 2, Nr. 8 UStG), soweit die Umsätze nicht in den wirtschaftlichen Geschäftsbetrieb fallen. Das gilt vor allem für Zweckbetriebe, da der ideelle Bereich nicht und die Vermögensverwaltung nur zum Teil der Umsatzsteuer unterliegen.

Wenn die Umsätze des Vorjahres 17.500 EUR nicht überstiegen haben und im laufenden Jahr voraussichtlich 50.000 EUR nicht übersteigen, sind Unternehmer nach § 19 Abs. 1 UStG von der Umsatzsteuerpflicht befreit. Sie haben jedoch die Möglichkeit, nach Abs. 2 auf diese Befreiung zu verzichten. Diese Option – also der Verzicht auf die Befreiung – ist allerdings für fünf Kalenderjahre bindend. Werden die oben genannten Umsatzgrenzen überschritten, muss der Unternehmer zwingend auf seine Umsätze Umsatzsteuer erheben.

Wird von dieser Wahlmöglichkeit kein Gebrauch gemacht, darf auf Rechnungen keine Umsatzsteuer ausgewiesen werden. Ebenso ist aber auch kein Vorsteuerabzug möglich.

Da mit der Steuerbefreiung der Vorsteuerabzug ausgeschlossen ist, kann der Verzicht auf die Befreiung für Kleinunternehmer u. U. von Vorteil sein. Das gilt vor allem, wenn durch Investitionen (z. B. Bauvorhaben) hohe Vorsteuerbeträge anfallen.

Für Vereinsgemeinschaften, die im mehrjährlichen Turnus (z. B. alle drei Jahre) Veranstaltungen ausrichten, gilt, dass die Unternehmereigenschaft der Vereinsgemeinschaft fortdauert. Wird in einem Jahr also die Kleinunternehmergrenze überschritten, müssen die Umsätze der folgenden fünf Jahre versteuert werden.[183]

III. Die steuerliche Behandlung von Spenden und Mitgliedsbeiträgen

Die steuerliche Abzugsfähigkeit von Spenden gehört sicherlich zu den wichtigsten Vorteilen der Gemeinnützigkeit. Da Spenden das steuerpflichtige Einkommen mindern, werden diese Zuwendungen an gemeinnützige Organisationen praktisch staatlich subventioniert.

Für die gemeinnützigen Einrichtungen sind Spenden eine ideale Einnahmequelle, weil sie unabhängig von der Höhe der Spendeneinnahmen steuerfrei bleiben. Gesetzgeber und Finanzamt stellen aber eine Reihe von Anforderungen, die eingehalten werden müssen.

Spenden sind außerdem nicht zuletzt auch deshalb ein problematisches Thema, weil der Verein und in bestimmten Fällen auch seine gesetzlichen Vertreter (Vorstandsmitglieder) für Fehler bei Spendenbescheinigungen und Spendenverwendung haften.

1. Voraussetzung für den Spendenabzug

Spenden sind steuerlich nur abzugsfähig, wenn sie freiwillig und unentgeltlich geleistet werden.

Es darf keine rechtliche oder sonstige Verpflichtung zur Leistung der Spende bestehen. Unschädlich ist aber die rechtliche Verpflichtung zur Zahlung einer Spende, wenn sie freiwillig eingegangen wurde. Dass zwischen Spender und gemeinnütziger Organisation eine Vereinbarung getroffen wurde, spricht also noch nicht gegen die Freiwilligkeit.

Das gilt z. B. für Patenschaften und andere laufend gezahlte Zuwendungen. Auch dass der Betrag regelmäßig per Lastschrift eingezogen wird, spricht nicht gegen eine echte Spende.

Zahlungen an einen gemeinnützigen Verein, die ein Verurteilter aufgrund einer gerichtlichen Auflage zu leisten hat (Bußgelder), gelten nicht als Spende. Zwar ist die Einnahme für den Verein steuerfrei (ideeller Bereich), er darf aber dafür keine Spendenbescheinigung (Zuwendungsbestätigung) ausstellen.

Der Spende darf keine konkrete Gegenleistung des Vereins für den Spender gegenüber stehen. Dazu zählen aber nicht Leistungen des Vereins, die regelmäßig aufgrund der Mitgliedschaft gewährt werden (z. B. die Nutzung von Vereinseinrichtungen).

Ein Spendenabzug ist dabei nicht nur ausgeschlossen, wenn die Ausgabe direkt auf eine Gegenleistung des Empfängers zielt, sondern schon dann, wenn die Zuwendungen an den Empfänger unmittelbar und ursächlich mit einem von diesem oder einem Dritten gewährten Vorteil zusammen hängen, ohne dass dieser Vorteil unmittelbar wirtschaftlicher Natur sein muss.

Als Gegenleistung gilt auch nicht die öffentliche Nennung und Ehrung des Spenders (z. B in der Vereinszeitschrift oder bei einer Veranstaltung). Wird für die Spende aber eine aktive Werbeleistung für den Spender erbracht (Sponsoring), liegt eine Gegenleistung vor.

2. Zuwendungsbestätigungen

Spenden für steuerbegünstigte Zwecke sind nur dann steuerlich abzugsfähig, wenn sie beim Finanzamt durch eine förmliche Spendenbestätigung (Zuwendungsbestätigung) nachgewiesen werden.

Die Vorlage der Zuwendungsbestätigung über eine steuerbegünstigte Spende ist eine unerlässliche Voraussetzung für den Spendenabzug. Bestätigungen für Spenden und gegebenenfalls Mitgliedsbeiträge müssen nach einem verbindlichen amtlichen Mustertext ausgestellt werden. Dabei sind jeweils gesonderte Muster für die Bestätigung von

- Mitgliedsbeitrag/Geldzuwendung und
- Sachzuwendung

zu verwenden.

Für Zuwendungsbestätigungen gelten verbindliche amtliche Textmuster. Ihre Verwendung ist Voraussetzung für den Spendenabzug (außer beim sog. vereinfachten Zuwendungsnachweis). Die Zuwendungsbestätigungen muss der Verein anhand dieser Muster selbst erstellen. In der auf einen bestimmten Empfänger zugeschnittenen Zuwendungsbestätigung müssen nur die Angaben aus den veröffentlichten Mustern übernommen werden, die im Einzelfall zutreffen. Entsprechend dürfen im amtlichen Mustertext dann Streichungen vorgenommen werden.

Das gilt für

- die Angaben zur Steuerbefreiung. Je nachdem, ob die Gemeinnützigkeit durch Freistellungsbescheid/Körperschaftsteuerbescheid oder Feststellung der satzungsmäßigen Voraussetzungen erteilt wurde, muss nur eins von beiden angegeben werden.
- die Bestätigung, dass es sich um keinen Mitgliedsbeitrag handelt, wenn die Beiträge bei der Einrichtung steuerlich abzugsfähig sind. Die entsprechende Textpassage („Es wird bestätigt, dass es sich nicht um einen Mitgliedsbeitrag handelt,…“) kann in diesem Fall weggelassen werden.

Die Wortwahl und die Reihenfolge, der in den amtlichen Vordrucken vorgeschriebenen Textpassagen, müssen aber beibehalten werden. Umformulierungen sind nicht zulässig.

Dabei gilt:

- Eine optische Hervorhebung von Textpassagen durch Einrahmungen u. Ä. ist zulässig.
- Der Name des Zuwendenden und dessen Adresse dürfen auch untereinander angeordnet werden. So können die Angaben zugleich als Anschriftenfeld für den Postversand der Bescheinigung genutzt werden.
- Auf der Zuwendungsbestätigung dürfen weder Danksagungen an den Zuwendenden noch Werbung für die Ziele des Vereins eingefügt werden. Entsprechende Texte sind aber auf der Rückseite zulässig.
- Aufgedruckt werden darf eine alphanumerische Kennzeichnung – etwa als fortlaufende Belegnummer.
- Erlaubt ist aber die Verwendung eines Briefpapiers mit Logo, Wasserzeichen usf. der Einrichtung.
- Die Zuwendungsbestätigung darf nicht größer sein als eine DIN A 4-Seite. Ist die Zuwendungsbestätigung kleiner als eine DIN

A 4-Seite, z. B. DIN A 5, bestehen gegen eine Anerkennung keine Bedenken, soweit die Gestaltung dem amtlich vorgeschriebenen Muster entspricht.

- Die in den Mustern vorgesehenen Hinweise zu den haftungsrechtlichen Folgen der Ausstellung einer unrichtigen Zuwendungsbestätigung und zu der steuerlichen Anerkennung der Zuwendungsbestätigung müssen in jedem Fall wiedergegeben werden.

3. Besondere Spendenarten

Während der Umgang mit einer Geldspende weitgehend unproblematisch ist, treten bei Sachspenden und Aufwandsspenden einige Besonderheiten auf.

a) Sachspende

Sachspenden können alle materiellen Wirtschaftsgüter sein. Grundsätzlich fallen deshalb Dienstleistungen (z. B. ehrenamtliche Arbeitsleistung) oder die Überlassung von Nutzungsmöglichkeiten (z. B. unentgeltliche/leihweise Überlassung von Räumen, Pkw oder sonstigen Wirtschaftsgütern) nicht unter die als Spenden abzugsfähigen Ausgaben. Die sog. Aufwandsspenden sind davon keine Ausnahme: Es handelt sich dabei nur um ein abgekürztes Verfahren für die Erstattung und Rückspende von Zahlungen – Aufwandsspenden sind also Geldspenden.

Voraussetzung für die Steuerbegünstigung von Sachspenden (wie auch bei Geldspenden) ist, dass sie unmittelbar zur Förderung der gemeinnützigen Zwecke des steuerbegünstigten Vereins geleistet werden. Daher sind Sachspenden für einen steuerpflichtigen wirtschaftlichen Geschäftsbetrieb (z. B. für Fest-, Verkaufsveranstaltungen oder Altmaterialsammlungen für einen gewerblichen Altmaterialverwerter) nicht abzugsfähig. Der Verein darf hier keine Spendenbescheinigungen ausstellen.

Während bei Geldspenden der Wert der Spenden klar feststeht, muss er bei Sachspenden erst ermittelt werden. Die Sachspenden sind grundsätzlich mit dem sog. gemeinen Wert (Verkehrswert einschließlich Umsatzsteuer) des Wirtschaftsgutes anzusetzen. Das ist der Preis, der im „gewöhnlichen Geschäftsverkehr" entsprechend der Beschaffenheit des Wirtschaftsgutes bei einer Veräußerung zu erzielen wäre.

Bei neuwertigen Gegenständen kann dieser Wert durch die Einkaufsrechnung (Kopie zu den Unterlagen nehmen) nachgewiesen werden. Bei gebrauchten Wirtschaftsgütern ist der Wert anhand des Anschaffungspreises, der Qualität, des Alters und des Erhaltungszustandes des Wirtschaftsgutes im Abgabezeitpunkt zu schätzen. Hier wird der ursprüngliche Kaufpreis zugrunde gelegt, abzüglich der Absetzung für Abnutzung. In bestimmten Fällen wird fraglich sein, ob die gebrauchten Gegenstände überhaupt einen Marktwert haben, z. B. bei Altkleidern, Altmaterial generell oder Büchern.

Wird ein Wirtschaftsgut gespendet, das unmittelbar zuvor aus dem Betriebsvermögen des Spenders entnommen wurde, darf der für die Sachspende ermittelte Wert den bei der Entnahme des Wirtschaftsgutes angesetzten Wert (Teilwert/Buchwert – zuzüglich Umsatzsteuer) nicht überschreiten. Für die zutreffende Bewertung der Sachspende ist erforderlich, dass der Spender gegenüber dem steuerbegünstigten Verein ergänzende Angaben macht:

- ob die Spende aus dem Privatvermögen stammt und als Wert der Spende deshalb der gemeine Wert angesetzt wurde oder
- ob sie unmittelbar aus dem Betriebsvermögen stammt und mit dem Teilwert (zuzüglich Umsatzsteuer) oder bei Inanspruchnahme des „Buchwertprivilegs" mit dem Buchwert (ggf. zuzüglich Umsatzsteuer) bewertet wurde.

Auf der Spendenbescheinigung muss ein entsprechender Vermerk gemacht werden (wie im amtlichen Mustertext vorgegeben).

Auch die anfallende Umsatzsteuer kann als Spende abgezogen werden.

Wird ein Wirtschaftsgut gemeinnützige Zwecke gespendet, das vom Spender unmittelbar zuvor aus dem Betriebsvermögen entnommen wurde, kann das Wirtschaftsgut abweichend vom Teilwert auch mit dem Buchwert entnommen werden (sog. Buchwertprivileg; § 6

Abs. 1 Nr. 4 S. 4 EStG). Die während der Zugehörigkeit des Wirtschaftsgutes zum Betriebsvermögen entstandenen Wertsteigerungen (stillen Reserven) werden dabei nicht erfasst. Dadurch kann der Spender Einkommen-/Körperschaft- und Gewerbesteuer sparen. Allerdings wird dadurch der Wert der Sachspende auf den Buchwert ggf. zuzüglich Umsatzsteuer begrenzt (§ 10b Abs. 3 S. 2 EStG).

b) Aufwandsspende

Unentgeltliche Nutzungen (z. B. die kostenlose Überlassung von Räumen oder Gewährung eines zinslosen Darlehens) und Leistungen (z. B. unentgeltliche Arbeitsleistung) zu Gunsten eines steuerbegünstigten Vereins können nicht wie eine Sachspende behandelt werden, weil dem Spender dabei kein finanzieller Aufwand entsteht (§ 10b Abs. 3 S. 1 EStG). Es gilt der Grundsatz: Keine Spende ohne Vermögensabfluss.

Werden die Nutzungen und Leistungen gegenüber einem steuerbegünstigten Verein aber gegen Vergütung erbracht, kann bei Verzicht auf den entstandenen Vergütungs- oder Aufwendungsersatzanspruch eine steuerbegünstigte Spende vorliegen (sog. Aufwandsspende). Beispielsweise kann auf Auszahlung einer Vergütung (z. B. für erbrachte Arbeitsleistung, für Überlassung von Räumen oder Darlehen) oder eines Aufwendungsersatzes (z. B. für den Verein verauslagte Aufwendungen in Form von Fahrt-, Telefon- und Portokosten) bedingungslos verzichtet werden.

Der Grundgedanke bei einer Aufwandsspende ist: Der Spender hat einen Zahlungsanspruch. Würde er die Zahlung erhalten und danach zurückspenden, läge eine Geldspende vor. Die Aufwandspende kürzt diesen Vorgang einfach nur ab – schon der Auszahlungsverzicht wird als Spende behandelt. Die Aufwandspende ist deswegen nur eine Sonderform der Geldspende. Bei dem Verzicht auf den Ersatz der Aufwendungen handelt es sich also nicht um eine Spende des Aufwands, sondern um eine Geldspende, bei der entbehrlich ist, dass Geld zwischen dem Zuwendungsempfänger (steuerbegünstigter Verein) und dem Zuwendenden (Vereinsmitglied) tatsächlich hin- und herfließt.

Auch bei einer Aufwandsspende hat der Spender also einen finanziellen Aufwand. Er besteht im Verzicht auf einen Erstattungsanspruch. Der finanzielle Aufwand muss aber nachweisbar sein, damit ein Missbrauch vermieden wird. Es gibt deshalb für Aufwandsspenden eine Reihe von Vorgaben, die sicherstellen sollen, dass nur eine Zuwendungsbestätigung ausgestellt wird, wenn tatsächlich ein Erstattungsanspruch bestand:

- Es muss ein Rechtsanspruch auf Zahlung der Vergütung bestehen.
- Der Vergütungsanspruch muss ernsthaft eingeräumt sein.
- Die Höhe der vereinbarten Vergütung muss angemessen sein.
- Der Verzicht auf Erstattung muss zeitnah erfolgen.

4. Vertrauensschutz und Spendenhaftung

Nach § 10b Abs. 4 EStG haftet der Vereinsvertreter (Vorstand) für die Richtigkeit der Angaben auf der Spendenbestätigung.

Die entgangene Steuer wird mit 30 % des zugewendeten Betrags angesetzt.

Der Steuerpflichtige (Spender) darf auf die Richtigkeit der Bestätigung über Spenden und Mitgliedsbeiträge vertrauen, es sei denn, dass er die Bestätigung durch unlautere Mittel oder falsche Angaben erwirkt hat oder dass ihm die Unrichtigkeit der Bestätigung bekannt oder infolge grober Fahrlässigkeit nicht bekannt war.

Der Vertrauensschutz bezieht sich insbesondere auf den gemeinnützigkeitsrechtlichen Status der Körperschaft und in die Verwendung der Spende. Der Spendenabzug bleibt dem Spender also auch dann erhalten, wenn der Körperschaft rückwirkend die Gemeinnützigkeit aberkannt wird.

Für die entgangene Steuer haftet,

- wer vorsätzlich oder grob fahrlässig eine unrichtige Spendenbestätigung ausstellt (Ausstellerhaftung)
- oder wer veranlasst, dass Zuwendungen nicht zu den in der Bestätigung angegebenen steuerbegünstigten Zwecken verwendet werden (Veranlasserhaftung).

Die Inanspruchnahme zur Haftung setzt voraus, dass beim Spender Vertrauensschutz gemäß § 10b Abs. 4 EStG besteht.

Allerdings greift der Vertrauensschutz nur, wenn eine Zahlung freiwillig und unentgeltlich erfolgte und damit zum Spendenabzug nach § 10b EStG berechtigte. Denn die Einstufung der Zahlung als Spende liegt noch in der Sphäre des Zahlenden, auf die er Einfluss hat und für die er keinen besonderen Vertrauensschutz genießt. Erst wenn diese Voraussetzungen gegeben sind, ist der Zahlende Spender i. S. von § 10b EStG.

Anhang

Übersicht

Hinweis:

Die amtlichen Muster 8–14 finden Sie zusätzlich im Formularcenter unter https://www.formulare-bfinv.de unter dem Stichwort „Gemeinnützigkeit" zum Download.

1. Protokoll einer Vereinsgründung

Protokoll

über die Gründung des Kunstvereins Blauburg e. V.

Am 25. Oktober 20… fanden sich im Nebenzimmer der Gaststätte „Blauer Reiter" in Blauburg die in der Anwesenheitsliste aufgeführten 20 Personen ein, um über die Gründung eines Kunstvereins Blauburg zu beschließen. Die Anwesenheitsliste ist wesentlicher Bestandteil dieses Protokolls.

Herr Anton Asam eröffnete die Versammlung. Er begrüßte die Erschienenen und erläuterte den Zweck der Versammlung. Herr Asam erklärte sich bereit, die Versammlungsleitung zu übernehmen und bat Frau Bea Beckmann, sich als Schriftführerin zur Verfügung zu stellen. Beide wurden von der Versammlung einstimmig durch Zuruf gewählt. Der Versammlungsleiter schlug sodann folgende Tagesordnung vor:

1. Aussprache über die Vereinssatzung und deren Feststellung
2. Wahl der Vorstandsmitglieder
3. Wahl des Kunstbeirats
4. Festsetzung des Mitgliedsbeitrags
5. Beschlüsse über Organisationsfragen
6. Verschiedenes.

Diese Tagesordnung wurde stillschweigend gebilligt. Der Versammlungsleiter erläuterte daraufhin die Satzung, die allen Anwesenden bereits bekannt war, und eröffnete die Aussprache hierüber.

Die Anwesenden fassten sodann einstimmig durch Handzeichen folgenden

Beschluss:

den „Kunstverein Blauburg e. V." zu gründen und ihm die vorliegende Satzung, die wesentlicher Bestandteil dieses Protokolls ist, zu geben.

Sämtliche Anwesenden erklärten, dem Verein als Mitglieder beitreten zu wollen und unterzeichneten die Satzung.

Auf Vorschlag des Versammlungsleiters wurde sodann durch Zuruf RA Justus als Wahlleiter berufen, um die Wahl des ersten Vereinsvorstands durchzuführen. Er schlug vor, Herrn Anton Asam als Ersten Vorsitzenden, Frau Christa Corinth als Zweite Vorsitzende und Frau Dora Donner als Dritte Vorsitzende zu wählen, und zwar in offener Abstimmung. Gegen dieses Verfahren erhob sich kein Widerspruch. Es wurden einstimmig – jeweils bei Stimmenthaltung des Betroffenen – gewählt:

1. Herr Anton Asam als 1. Vorsitzender,
2. Frau Christa Corinth als 2. Vorsitzende,
3. Frau Dora Donner als 3. Vorsitzende.

Die Gewählten nahmen die Wahl an. RA Justus legte die Versammlungsleitung nieder, die nun wieder Herr Asam übernahm. Auf seinen Vorschlag wurden – jeweils einstimmig bei Stimmenthaltung des Betroffenen – in den Kunstbeirat gewählt:

Eberhard Ernst

Fritz Fuhr

Gerda Groß

Henny Hartfeld.

Die Gewählten nahmen die Wahl an. Sodann wurde über die Höhe des festzusetzenden Mitgliedsbeitrags diskutiert und auf Antrag von Henny Hartfeld folgender

Beschluss

gefasst:

Der Jahresmitgliedsbeitrag wird ab 1. Januar des folgenden Jahres auf 120 EUR festgesetzt, für Schüler und Studenten auf 60 EUR. Für den Rest des laufenden Jahres beträgt er 24 EUR, für Schüler und Studenten 12 EUR.

Dieser Beschluss wurde einstimmig gefasst. Auf Anregung von RA Justus fasste die Versammlung sodann ebenfalls einstimmig noch folgenden

Beschluss:

Der 1. Vorsitzende wird ermächtigt, Änderungen und Ergänzungen der Satzung vorzunehmen, von denen das Registergericht die Eintragung in das Vereinsregister oder das Finanzamt für Körperschaften die Anerkennung als gemeinnützig abhängig macht, soweit diese Abänderungen sich nicht auf die Bestimmungen über den Zweck des Vereins, über bei Wahlen und Beschlüssen notwendige Mehrheiten und über den Anfall des Vereinsvermögens bei der Auflösung beziehen.

Nach einer allgemeinen Aussprache über mögliche erste Aktivitäten des Vereins schloss der Leiter die Versammlung um 22 Uhr, nachdem weitere Wortmeldungen nicht vorlagen.

Blauburg, den 25. Oktober 20...

Anton Asam Bea Beckmann

2. Einfache Vereinssatzung eines gemeinnützigen eingetragenen Vereins

§ 1 Name und Sitz

(1) Der Verein führt den Namen „Kunstverein Blauburg e. V.". Er soll in das Vereinsregister eingetragen werden.

(2) Sitz des Vereins ist Blauburg.

§ 2 Zweck

Zweck des Vereins ist die Förderung und Pflege der bildenden Kunst. Er veranstaltet hierzu Ausstellungen, Vorträge und Diskussionen und führt alle ihm zur Erreichung des Vereinszwecks geeignet erscheinenden Maßnahmen durch.

§ 3 Gemeinnützigkeit

Der Verein verfolgt ausschließlich und unmittelbar gemeinnützige Zwecke im Sinne des Abschnitts „Steuerbegünstigte Zwecke" der Abgabenordnung. Der Verein ist selbstlos tätig; er verfolgt nicht in erster Linie eigenwirtschaftliche Zwecke. Mittel des Vereins dürfen nur für die satzungsmäßigen Zwecke verwendet werden. Die Mitglieder erhalten keine Zuwendungen aus Mitteln des Vereins. Es darf keine Person durch Ausgaben, die dem Zweck des Vereins fremd sind, oder durch unverhältnismäßig hohe Vergütungen begünstigt werden.

§ 4 Geschäftsjahr

Geschäftsjahr des Vereins ist das Kalenderjahr. Das erste Rumpfgeschäftsjahr endet am 31. Dezember 20. . .

§ 5 Mitgliedschaft

(1) Mitglied des Vereins kann jede natürliche Person und jede juristische Person des privaten oder öffentlichen Rechts werden.

(2) Über den schriftlichen Antrag entscheidet der Vorstand. Die Mitgliedschaft wird erworben durch Aushändigung einer Mitgliedskarte.

(3) Die Mitgliedschaft endet

a) mit dem Tod des Mitglieds,
b) durch schriftliche Austrittserklärung, gerichtet an ein Vorstandsmitglied; sie ist nur zum Schluss eines Kalenderjahrs unter Einhaltung einer Kündigungsfrist von 3 Monaten zulässig,

c) durch Ausschluss aus dem Verein
d) Streichung von der Mitgliederliste,

(4) Ein Mitglied, das in erheblichem Maß gegen die Vereinsinteressen verstoßen hat, kann durch Beschluss des Vorstands aus dem Verein ausgeschlossen werden. Vor dem Ausschluss ist das betroffene Mitglied persönlich oder schriftlich zu hören. Die Entscheidung über den Ausschluss ist schriftlich zu begründen und dem Mitglied mit Einschreiben gegen Rückschein zuzustellen. Es kann innerhalb einer Frist von einem Monat ab Zugang schriftlich Berufung beim Vorstand einlegen. Über die Berufung entscheidet die Mitgliederversammlung. Macht das Mitglied vom Recht der Berufung innerhalb der Frist keinen Gebrauch, unterwirft es sich dem Ausschließungsbeschluss.

(5) Ein Mitglied kann von der Mitgliederliste gestrichen werden, wenn es mit der Zahlung seines Mitgliedsbeitrages trotz Mahnung länger als drei Monate im Rückstand ist. In der Mahnung ist auf die Streichung hinzuweisen. Die Streichung kann auch erfolgen, wenn das Mitglied unbekannt verzogen ist.

§ 6 Organe

Die Organe des Vereins sind:

1. Der Vorstand
2. Der Kunstbeirat
3. Die Mitgliederversammlung.

§ 7 Der Vorstand

(1) Der Vorstand des Vereins besteht aus dem 1. Vorsitzenden, dem 2. Vorsitzenden und dem 3. Vorsitzenden. Der Verein wird gerichtlich und außergerichtlich durch zwei Vorstandsmitglieder vertreten.

(2) Der Vorstand wird von der Mitgliederversammlung auf die Dauer von 2 Jahren gewählt. Er bleibt solange im Amt, bis eine Neuwahl erfolgt. Scheidet ein Mitglied des Vorstands während der Amtsperiode aus, wählt der Vorstand ein Ersatzmitglied für den Rest der Amtsdauer des ausgeschiedenen Vorstandsmitglieds.

(3) Der Vorstand kann sich eine Geschäftsordnung geben.

§ 8 Der Kunstbeirat

Die Mitgliederversammlung wählt auf die Dauer von 2 Jahren einen Kunstbeirat. Er hat die Aufgabe, die Arbeit des Vorstands zu unterstützen und insbesondere in künstlerischen und kunstpolitischen Fragen zu beraten. Er besteht aus mindestens vier und höchstens sechs Mitgliedern.

§ 9 Die Mitgliederversammlung

(1) Die Mitgliederversammlung ist jährlich vom 1. Vorsitzenden unter Einhaltung einer Einladungsfrist von 2 Wochen durch persönliche Einladung mittels Brief an die letztbekannte Anschrift der Vereinsmitglieder einzuberufen. Dabei ist die vom Vorstand festgesetzte Tagesordnung mitzuteilen.

(2) Die Mitgliederversammlung hat insbesondere folgende Aufgaben:

a) Genehmigung des Haushaltsplans für das kommende Geschäftsjahr,
b) Entgegennahme des Rechenschaftsberichts des Vorstands und dessen Entlastung,
c) Wahl des Vorstands und des Kunstbeirats,
d) Festsetzung der Höhe des Mitgliedsbeitrags.
e) Beschlüsse über Satzungsänderung und Vereinsauflösung.
f) Beschlüsse über die Berufung eines Mitglieds gegen seinen Ausschluss durch den Vorstand.

(3) Der Vorstand hat unverzüglich eine Mitgliederversammlung einzuberufen, wenn das Vereinsinteresse es erfordert oder wenn mindestens 1/3 der Mitglieder die Einberufung schriftlich und unter Angabe des Zwecks und der Gründe fordern.

(4) Über die Beschlüsse der Mitgliederversammlung ist ein Protokoll aufzunehmen, das vom Versammlungsleiter und dem Protokollführer zu unterzeichnen ist.

§ 10 Mitgliedsbeiträge

Die Mitgliedsbeiträge sind Jahresbeiträge und jeweils am 1. Januar eines Jahres im Voraus fällig. Über die Höhe des Jahresbeitrags entscheidet die Mitgliederversammlung. Sie kann den Beitrag für Schüler und Studenten bis zu 50 % ermäßigen. Näheres regelt die Beitragsordnung, welche durch die Mitgliederversammlung erlassen wird.

§ 11 Auflösung des Vereins und Anfall des Vereinsvermögens

Bei Auflösung des Vereins oder bei Wegfall seines bisherigen steuerbegünstigten Zweckes fällt das Vermögen des Vereins an die Stadt Blauburg, die es unmittelbar und ausschließlich zur Förderung der bildenden Künste zu verwenden hat.

Festgestellt am 25. Oktober 20. . . Unterschriften

3. Checkliste für notwendigen Satzungsinhalt und die Anmeldung eines eingetragenen Vereins

I. § 57 Abs. 1 BGB:

1. Vereinsname
2. (Ist der Name frei?)
3. Sitz des Vereins
4. Bestimmung, dass der Verein eingetragen werden soll
5. Zweck des Vereins

II. § 58 Ziff. 1 bis 4 BGB:

1. Eintritt der Mitglieder (Form)
2. Austritt der Mitglieder (Form)
3. Beitragspflicht
4. Vorstand gem. § 26 BGB
5. Voraussetzungen der Berufung der Mitgliederversammlung
6. Form der Berufung der Mitgliederversammlung
7. Beurkundung der Beschlüsses

III. § 59 BGB:

1. Sieben Unterschriften
2. Tag der Errichtung der Satzung
3. Anmeldung:
   a) Vorstand in vertretungsberechtigter Zahl
   b) Satzungsurschrift
   c) Satzungsabschrift
   d) Abschrift der Urkunde über die Vorstandsbestellung (Wahl)

4. Mustersatzung eines gemeinnützigen Vereins (Anlage 1 zu § 60 AO)

Die Mustersatzung (= Anlage 1 zu § 60 AO) muss zwingend von Vereinen übernommen werden, um als steuerbegünstigter Verein anerkannt zu werden. Es handelt sich nur um die Bereiche, welche aus Sicht der Finanzverwaltung aus steuerliche Sicht erforderlich sind.

§ 1

Der – Die –... (Körperschaft) mit Sitz in... verfolgt ausschließlich und unmittelbar – gemeinnützige – mildtätige – kirchliche – Zwecke (nicht verfolgte Zwecke streichen) im Sinne des Abschnitts „Steuerbegünstigte Zwecke" der Abgabenordnung.
Zweck der Körperschaft ist... (z. B. die Förderung von Wissenschaft und Forschung, Jugend- und Altenhilfe, Erziehung, Volks- und Berufsbildung, Kunst und Kultur, Landschaftspflege, Umweltschutz, des öffentlichen Gesundheitswesens, des Sports, Unterstützung hilfsbedürftiger Personen).
Der Satzungszweck wird verwirklicht insbesondere durch... (z. B. Durchführung wissenschaftlicher Veranstaltungen und Forschungsvorhaben, Vergabe von Forschungsaufträgen, Unterhaltung einer Schule, einer Erziehungsberatungsstelle, Pflege von Kunstsammlungen, Pflege des Liedgutes und des Chorgesanges, Errichtung von Naturschutzgebieten, Unterhaltung eines Kindergartens, Kinder-, Jugendheimes, Unterhaltung eines Altenheimes, eines Erholungsheimes, Bekämpfung des Drogenmissbrauchs, des Lärms, Förderung sportlicher Übungen und Leistungen).

§ 2

Die Körperschaft ist selbstlos tätig; sie verfolgt nicht in erster Linie eigenwirtschaftliche Zwecke.

§ 3

Mittel der Körperschaft dürfen nur für die satzungsmäßigen Zwecke verwendet werden. Die Mitglieder erhalten keine Zuwendungen aus Mitteln der Körperschaft.

§ 4

Es darf keine Person durch Ausgaben, die dem Zweck der Körperschaft fremd sind, oder durch unverhältnismäßig hohe Vergütungen begünstigt werden.

§ 5

Bei Auflösung der Körperschaft oder bei Wegfall steuerbegünstigter Zwecke fällt das Vermögen der Körperschaft

1. an – den – die – das –... (Bezeichnung einer juristischen Person des öffentlichen Rechts oder einer anderen steuerbegünstigten Körperschaft), – der – die – das – es unmittelbar und ausschließlich für gemeinnützige, mildtätige oder kirchliche Zwecke zu verwenden hat.

   oder

3. an eine juristische Person des öffentlichen Rechts oder eine andere steuerbegünstigte Körperschaft zwecks Verwendung für ... (Angabe eines bestimmten gemeinnützigen, mildtätigen oder kirchlichen Zwecks, z. B. Förderung von Wissenschaft und Forschung, Erziehung, Volks- und Berufsbildung, der Unterstützung von Personen, die im Sinne von § 53 der Abgabenordnung wegen... bedürftig sind, Unterhaltung des Gotteshauses in...)."

5. Anmeldung eines Vereins zur Eintragung in das Vereinsregister

An das

Amtsgericht Blauburg

– Registergericht –

Wir, die unterzeichnenden Vorstandsmitglieder des am 25.10.20.. in Blauburg gegründeten Vereins „Kunstverein Blauburg" in vertretungsberechtigter Zahl melden hiermit zur Eintragung in das Vereinsregister des Amtsgerichts Blauburg an:

1. den Verein,
2. die Mitglieder des Vorstandes:
   1. Vorsitzender Anton Asam, Bildhauer, Lehmbruckstraße 2, PLZ Blauburg, geb. am ...
   2. Vorsitzende Christa Corinth, Galeristin, Korintenweg 5, PLZ Grünstadt, geb. am ...
   3. Vorsitzende Dora Donner, Lehrerin, Bergwiese 2, PLZ Wolkenkuckucksheim, geb. am ...

Nach § 7 Abs. 1 Satz 2 der Satzung wird der Verein gerichtlich und außergerichtlich durch 2 Vorstandsmitglieder vertreten.

Falls in der Satzung vorgesehen: Nach § ... Abs ... der Satzung wird die Vertretung des Vorstands mit Wirkung gegen Dritte in der Weise beschränkt, dass er über Grundstücke und grundstücksgleiche Rechte nur mit Zustimmung der Mitgliederversammlung verfügen darf/oder: dass er zu Rechtsgeschäften mit einem Wert von mehr als 5000 EUR (fünftausend EUR) der Zustimmung des Kunstbeirats bedarf.

Wir überreichen als Anlagen:

- Urschrift und 2 Abschriften der Satzung, eine davon für die Verwaltungsbehörde,
- eine Abschrift des Protokolls der Gründungsversammlung, aus der sich auch die Wahl der Vorstandsmitglieder ergibt.

Der Verein hat zurzeit 20 Mitglieder.

Die Geschäftsstelle des Vereins befindet sich derzeit in der Lehmbruckstr. 2, PLZ Blauburg.

Christa Corinth   Dora Donner

Beglaubigungsvermerk eines Notars.

6. Anmeldung einer Änderung des Vorstands

Anmeldung einer Änderung des Vorstands und der Satzung zum Vereinsregister

An das

Amtsgericht Blauburg

– Registergericht –

Als alleinvertretungsberechtigtes Vorstandsmitglied des Kunstvereins Blauburg e. V. melde ich zur Eintragung in das Vereinsregister an, dass die Mitgliederversammlung vom ... in Blauburg folgende Änderungen beschlossen:

1. Zum 1. Vorsitzenden wurde Karl de Kooning, Kunstmaler, geb. am. . ., PLZ Seetal, Katzenbuckel 1 gewählt.
2. Es wurde § 7 Abs. 1 S. 2 der Satzung geändert: Der Verein wird künftig gerichtlich und außergerichtlich durch jedes Vorstandsmitglied allein vertreten.

Anliegend überreiche ich Urschrift und Abschrift eines Auszugs aus dem Versammlungsprotokoll vom . . .

Ich versichere, dass die Versammlung satzungsgemäß einberufen wurde und die gefassten Beschlüsse ordnungsgemäß zustande gekommen sind.

Karl de Kooning

Beglaubigungsvermerk eines Notars

7. Schreiben des BMF vom 7.11.2013 betr. die Verwendung der verbindlichen Muster für Zuwendungsbestätigung (BStBl. I 1333)

Im Einvernehmen mit den obersten Finanzbehörden der Länder sind die in der Anlage beigefügten Muster für Zuwendungen an inländische Zuwendungsempfänger zu verwenden.

Für die Verwendung der aktualisierten Muster für Zuwendungsbestätigungen gilt Folgendes:

1. Die in der Anlage beigefügten Muster für Zuwendungsbestätigungen sind verbindliche Muster (vgl. § 50 Absatz 1 EStDV). Die Zuwendungsbestätigungen können weiterhin vom jeweiligen Zuwendungsempfänger anhand dieser Muster selbst hergestellt werden. In einer auf einen bestimmten Zuwendungsempfänger zugeschnittenen Zuwendungsbestätigung müssen nur die Angaben aus den veröffentlichten Mustern übernommen werden, die im Einzelfall einschlägig sind. Die in den Mustern vorgesehenen Hinweise zu den haftungsrechtlichen Folgen der Ausstellung einer unrichtigen Zuwendungsbestätigung und zur steuerlichen Anerkennung der Zuwendungsbestätigung sind stets in die Zuwendungsbestätigungen zu übernehmen.

2. Die Wortwahl und die Reihenfolge der vorgegebenen Textpassagen in den Mustern sind beizubehalten, Umformulierungen sind unzulässig. Auf der Zuwendungsbestätigung dürfen weder Danksagungen an den Zuwendenden noch Werbung für die Ziele der begünstigten Einrichtung angebracht werden. Entsprechende Texte sind jedoch auf der Rückseite zulässig. Die Zuwendungsbestätigung darf die Größe einer DIN A 4 - Seite nicht überschreiten.

3. Gegen optische Hervorhebungen von Textpassagen beispielsweise durch Einrahmungen und/oder vorangestellte Ankreuzkästchen bestehen keine Bedenken. Ebenso ist es zulässig, den Namen des Zuwendenden und dessen Adresse so untereinander anzuordnen, dass die gleichzeitige Nutzung als Anschriftenfeld möglich ist. Fortlaufende alphanumerische Zeichen mit einer oder mehreren Reihen, die zur Identifizierung der Zuwendungsbestätigung geeignet sind, können vergeben werden; die Verwendung eines Briefpapiers mit einem Logo, Emblem oder Wasserzeichen der Einrichtung ist zulässig.

4. Es bestehen keine Bedenken, wenn der Zuwendungsempfänger in seinen Zuwendungsbestätigungen alle ihn betreffenden steuerbegünstigten Zwecke nennt. Aus steuerlichen Gründen bedarf es keiner Kenntlichmachung, für welchen konkreten steuerbegünstigten Zweck die Zuwendung erfolgt bzw. verwendet wird.

5. Der zugewendete Betrag ist sowohl in Ziffern als auch in Buchstaben zu benennen. Für die Benennung in Buchstaben ist es nicht zwingend erforderlich, dass der zugewendete Betrag in einem Wort genannt wird; ausreichend ist die Buchstabenbenennung der jeweiligen Ziffern. So kann z. B. ein Betrag in Höhe von 1.322 Euro als „eintausenddreihundertzweiundzwanzig" oder „eins – drei – zwei – zwei" bezeichnet werden. In diesen Fällen sind allerdings die Leerräume vor der Nennung der ersten Ziffer und hinter der letzten Ziffer in geeigneter Weise (z. B. durch „X") zu entwerten.

6. Handelt es sich um eine Sachspende, so sind in die Zuwendungsbestätigung genaue Angaben über den zugewendeten Gegenstand aufzunehmen (z. B. Alter, Zustand, historischer Kaufpreis, usw.). Für die Sachspende zutreffende Sätze sind in den entsprechenden Mustern anzukreuzen.

Sachspende aus dem Betriebsvermögen:

Stammt die Sachzuwendung nach den Angaben des Zuwendenden aus dessen Betriebsvermögen, **bemisst sich die Zuwendungshöhe nach dem Wert, der bei der Entnahme angesetzt wurde und nach der Umsatzsteuer, die auf die Entnahme entfällt (§ 10 b Absatz 3 Satz 2 EStG)**. In diesen Fällen braucht der Zuwendungsempfänger keine zusätzlichen Unterlagen in seine Buchführung aufzunehmen, ebenso sind Angaben über die Unterlagen, die zur Wertermittlung gedient haben, nicht erforderlich. Der Entnahmewert ist grundsätzlich der Teilwert. Der Entnahmewert kann auch der Buchwert sein, wenn das Wirtschaftsgut unmittelbar nach der Entnahme für steuerbegünstigte Zwecke gespendet wird (sog. Buchwertprivileg § 6 Absatz 1 Nummer 4 Satz 4 und 5 EStG).

Sachspende aus dem Privatvermögen:

Handelt es sich um eine Sachspende aus dem Privatvermögen des Zuwendenden, ist der gemeine Wert des gespendeten Wirtschaftsguts maßgebend, wenn dessen Veräußerung im Zeitpunkt der Zuwendung keinen Besteuerungstatbestand erfüllen würde (§ 10 b Absatz 3 Satz 3 EStG). Ansonsten sind die fortgeführten Anschaffungs- oder Herstellungskosten als Wert der Zuwendung auszuweisen. Dies gilt insbesondere bei Veräußerungstatbeständen, die unter § 17 oder § 23 EStG fallen (z. B. Zuwendung einer mindestens 1%igen Beteiligung an einer Kapitalgesellschaft (§ 17 EStG), einer

Immobilie, die sich weniger als zehn Jahre im Eigentum des Spenders befindet (§ 23 Absatz 1 Satz 1 Nummer 1 EStG), eines anderen Wirtschaftsguts im Sinne des § 23 Absatz 1 Satz 1 Nummer 2 EStG mit einer Eigentumsdauer von nicht mehr als einem Jahr). Der Zuwendungsempfänger hat anzugeben, welche Unterlagen er zur Ermittlung des angesetzten Wertes herangezogen hat. In Betracht kommt in diesem Zusammenhang z. B. ein Gutachten über den aktuellen Wert der zugewendeten Sache oder der sich aus der ursprünglichen Rechnung ergebende historische Kaufpreis unter Berücksichtigung einer Absetzung für Abnutzung. Diese Unterlagen hat der Zuwendungsempfänger zusammen mit der Zuwendungsbestätigung in seine Buchführung aufzunehmen.

7. Die Zeile:

„Es handelt sich um den Verzicht auf die Erstattung von Aufwendungen Ja _ Nein _"

ist stets in die Zuwendungsbestätigungen über Geldzuwendungen/Mitgliedsbeiträge zu übernehmen und entsprechend anzukreuzen. Dies gilt auch für Sammelbestätigungen und in den Fällen, in denen ein Zuwendungsempfänger grundsätzlich keine Zuwendungsbestätigungen für die Erstattung von Aufwendungen ausstellt.

8. Werden Zuwendungen an eine juristische Person des öffentlichen Rechts von dieser an andere juristische Personen des öffentlichen Rechts weitergeleitet und werden von diesen die steuerbegünstigten Zwecke verwirklicht, so hat der „Erstempfänger" die in den amtlichen Vordrucken enthaltene Bestätigung wie folgt zu fassen:
Die Zuwendung wird entsprechend den Angaben des Zuwendenden an ....[Name des Letztempfängers verbunden mit dem Hinweis auf dessen öffentlich-rechtliche Organisationsform] weitergeleitet.

9. Erfolgt der Nachweis in Form der Sammelbestätigung, so ist der bescheinigte Gesamtbetrag auf der zugehörigen Anlage in sämtliche Einzelzuwendungen aufzuschlüsseln. Es bestehen keine Bedenken, auf der Anlage zur Sammelbestätigung entweder den Namen des Zuwendenden oder ein fortlaufendes alphanumerisches Zeichen anzubringen, um eine sichere Identifikation zu gewährleisten.

10. Für maschinell erstellte Zuwendungsbestätigungen ist R 10 b.1 Absatz 4 EStR zu beachten.

11. Nach § 50 Absatz 4 EStDV hat die steuerbegünstigte Körperschaft ein Doppel der Zuwendungsbestätigung aufzubewahren. Es ist in diesem Zusammenhang zulässig, das Doppel in elektronischer Form zu speichern. Die

Grundsätze ordnungsmäßiger DV-gestützter Buchführungssysteme (BMF-Schreiben vom 7.11.1995, BStBl 1995 I S. 738) sind zu beachten.

12. Für Zuwendungen nach dem 31.12.1999 ist das Durchlaufspendenverfahren keine zwingende Voraussetzung mehr für die steuerliche Begünstigung von Spenden. Seit 1.1.2000 sind alle steuerbegünstigten Körperschaften im Sinne des § 5 Absatz 1 Nummer 9 KStG zum unmittelbaren Empfang und zur Bestätigung von Zuwendungen berechtigt. Dennoch dürfen juristische Personen des öffentlichen Rechts oder öffentliche Dienststellen auch weiterhin als Durchlaufstelle auftreten und Zuwendungsbestätigungen ausstellen (vgl. R 10 b.1 Absatz 2 EStR). Sie unterliegen dann aber auch – wie bisher – der Haftung nach § 10 b Absatz 4 EStG. Dach- und Spitzenorganisationen können für die ihnen angeschlossenen Vereine dagegen nicht mehr als Durchlaufstelle fungieren.

13. Mit dem Gesetz zur Stärkung des Ehrenamtes vom 21.3.2013 (BGBl 2013 I S. 556) wurde mit § 60 a AO die Feststellung der satzungsmäßigen Voraussetzungen eingeführt. Nach § 60 a AO wird die Einhaltung der satzungsmäßigen Voraussetzungen gesondert vom FA festgestellt. Dieses Verfahren löst die so genannte vorläufige Bescheinigung ab. Übergangsweise bleiben die bislang ausgestellten vorläufigen Bescheinigungen weiterhin gültig und die betroffenen Körperschaften sind übergangsweise weiterhin zur Ausstellung von Zuwendungsbestätigungen berechtigt. Diese Körperschaften haben in ihren Zuwendungsbestätigungen anzugeben, dass sie durch vorläufige Bescheinigung den steuerbegünstigten Zwecken dienend anerkannt worden sind. Die Bestätigung ist wie folgt zu fassen:

Wir sind wegen Förderung (Angabe des begünstigten Zwecks / der begünstigten Zwecke) durch vorläufige Bescheinigung des Finanzamtes(Name), StNr. (Angabe) vom (Datum) ab (Datum) als steuerbegünstigten Zwecken dienend anerkannt.

Außerdem sind die Hinweise zu den haftungsrechtlichen Folgen der Ausstellung einer unrichtigen Zuwendungsbestätigung und zur steuerlichen Anerkennung der Zuwendungsbestätigung folgendermaßen zu fassen:

Wer vorsätzlich oder grob fahrlässig eine unrichtige Zuwendungsbestätigung erstellt oder veranlasst, dass Zuwendungen nicht zu den in der Zuwendungsbestätigung angegebenen steuerbegünstigten Zwecken verwendet werden, haftet für die entgangene Steuer (§ 10 b Absatz 4 EStG, § 9 Absatz 3 KStG, § 9 Nummer 5 GewStG).

Diese Bestätigung wird nicht als Nachweis für die steuerliche Berücksichtigung der Zuwendung anerkannt, wenn das Datum der vorläufigen Bescheinigung länger als drei Jahre seit Ausstellung der Bestätigung zurückliegt (BMF vom 15.12.1994, BStBl 1994 I S. 884).

In Fällen, in denen juristische Personen des öffentlichen Rechts oder Stiftungen des öffentlichen Rechts Zuwendungen an Körperschaften im Sinne des § 5 Absatz 1 Nummer 9 KStG weiterleiten, ist ebenfalls anzugeben, ob die Empfängerkörperschaft durch vorläufige Bescheinigung als steuerbegünstigten Zwecken dienend anerkannt worden ist. Diese Angabe ist hierbei in den Zuwendungsbestätigungen folgendermaßen zu fassen:

Entsprechend den Angaben des Zuwendenden an (Name) weitergeleitet, die/der vom FA (Name) StNr. (Angabe) mit vorläufiger Bescheinigung (gültig ab: Datum) vom (Datum) als steuerbegünstigten Zwecken dienend anerkannt ist.

Die Hinweise zu den haftungsrechtlichen Folgen der Ausstellung einer unrichtigen Zuwendungsbestätigung und zur steuerlichen Anerkennung der Zuwendungsbestätigung sind dann folgendermaßen zu fassen:

Wer vorsätzlich oder grob fahrlässig eine unrichtige Zuwendungsbestätigung erstellt oder veranlasst, dass Zuwendungen nicht zu den in der Zuwendungsbestätigung angegebenen steuerbegünstigten Zwecken verwendet werden, haftet für die entgangene Steuer (§ 10 b Absatz 4 EStG, § 9 Absatz 3 KStG, § 9 Nummer 5 GewStG).

Nur in den Fällen der Weiterleitung an steuerbegünstigte Körperschaften im Sinne von § 5 Absatz 1 Nummer 9 KStG:

Diese Bestätigung wird nicht als Nachweis für die steuerliche Berücksichtigung der Zuwendung anerkannt, wenn das Datum der vorläufigen Bescheinigung länger als drei Jahre seit Ausstellung der Bestätigung zurückliegt.

14. Ist der Körperschaft, Personenvereinigung oder Vermögensmasse bisher weder ein Freistellungsbescheid noch eine Anlage zum Körperschaftsteuerbescheid erteilt worden und sieht der Feststellungsbescheid nach § 60 a AO die Steuerbefreiung erst für den nächsten Veranlagungszeitraum vor (§ 60 Absatz 2 AO), sind Zuwendungen erst ab diesem Zeitpunkt nach § 10 b EStG abziehbar. Zuwendungen, die vor Beginn der Steuerbefreiung nach § 5 Absatz 1 Nummer 9 KStG erfolgen, sind steuerlich nicht nach § 10 b EStG begünstigt, da die Körperschaft, Personenvereinigung oder Vermögensmasse in die-

sem Zeitraum nicht die Voraussetzungen des § 10 b Absatz 1 Satz 2 Nummer 2 EStG erfüllt. Zuwendungsbestätigungen, die für Zeiträume vor der Steuerbefreiung ausgestellt werden, sind daher unrichtig und können - bei Vorliegen der Voraussetzungen des § 10 b Absatz 4 EStG - eine Haftung des Ausstellers auslösen.

15. Die neuen Muster für Zuwendungsbestätigungen werden als ausfüllbare Formulare unter https://www.formulare-bfinv.de zur Verfügung stehen.

16. Für den Abzug steuerbegünstigter Zuwendungen an nicht im Inland ansässige Empfänger wird auf das BMF-Schreiben vom 16.5.2011, IV C 4 – S 2223/07/0005 :008, 2011/0381377 (BStBl 2011 I S. 559), hingewiesen.

Das BMF-Schreiben vom 30.8.2012, IV C 4 – S 2223/07/0018 :005, 2012/0306063 (BStBl 2012 I S. 884), wird hiermit aufgehoben.

Es wird seitens der Finanzverwaltung nicht beanstandet, wenn bis zum 31.12.2013 die bisherigen Muster für Zuwendungsbestätigungen verwendet werden.

8. Amtliches Muster einer Zuwendungsbestätigung: Geldzuwendung/Mitgliedsbeitrag an einen gemeinnützigen Verein

Aussteller (Bezeichnung und Anschrift der steuerbegünstigten Einrichtung)

Bestätigung über Geldzuwendungen/Mitgliedsbeitrag

im Sinne des § 10b des Einkommensteuergesetzes an eine der in § 5 Abs. 1 Nr. 9 des Körperschaftsteuergesetzes bezeichneten Körperschaften, Personenvereinigungen oder Vermögensmassen

Name und Anschrift des Zuwendenden

Betrag der Zuwendung - in Ziffern -	- in Buchstaben -	Tag der Zuwendung:

Es handelt sich um den Verzicht auf Erstattung von Aufwendungen Ja ☐ Nein ☐

☐ Wir sind wegen Förderung (Angabe des begünstigten Zwecks / der begünstigten Zwecke)

nach dem Freistellungsbescheid bzw. nach der Anlage zum Körperschaftsteuerbescheid des Finanzamtes StNr. vom für den letzten Veranlagungszeitraum nach § 5 Abs. 1 Nr. 9 des Körperschaftsteuergesetzes von der Körperschaftsteuer und nach § 3 Nr. 6 des Gewerbesteuergesetzes von der Gewerbesteuer befreit.

☐ Die Einhaltung der satzungsmäßigen Voraussetzungen nach den §§ 51, 59, 60 und 61 AO wurde vom Finanzamt StNr. mit Bescheid vom nach § 60a AO gesondert festgestellt. Wir fördern nach unserer Satzung (Angabe des begünstigten Zwecks / der begünstigten Zwecke)

Es wird bestätigt, dass die Zuwendung nur zur Förderung (Angabe des begünstigten Zwecks / der begünstigten Zwecke)

verwendet wird.

Nur für steuerbegünstigte Einrichtungen, bei denen die Mitgliedsbeiträge steuerlich nicht abziehbar sind

☐ Es wird bestätigt, dass es sich nicht um einen Mitgliedsbeitrag handelt, dessen Abzug nach § 10b Abs. 1 des Einkommensteuergesetzes ausgeschlossen ist.

(Ort, Datum und Unterschrift des Zuwendungsempfängers)

Hinweis:
Wer vorsätzlich oder grob fahrlässig eine unrichtige Zuwendungsbestätigung erstellt oder veranlasst, dass Zuwendungen nicht zu den in der Zuwendungsbestätigung angegebenen steuerbegünstigten Zwecken verwendet werden, haftet für die entgangene Steuer (§ 10b Abs. 4 EStG, § 9 Abs. 3 KStG, § 9 Nr. 5 GewStG).

Diese Bestätigung wird nicht als Nachweis für die steuerliche Berücksichtigung der Zuwendung anerkannt, wenn das Datum des Freistellungsbescheides länger als 5 Jahre bzw. das Datum der Feststellung der Einhaltung der satzungsmäßigen Voraussetzungen nach § 60a Abs. 1 AO länger als 3 Jahre seit Ausstellung des Bescheides zurückliegt (§ 63 Abs. 5 AO).

9. Amtliches Muster einer Zuwendungsbestätigung: Sachzuwendung an einen gemeinnützigen Verein

Aussteller (Bezeichnung und Anschrift der steuerbegünstigten Einrichtung)

Bestätigung über Sachzuwendungen

im Sinne des § 10b des Einkommensteuergesetzes an eine der in § 5 Abs. 1 Nr. 9 des Körperschaftsteuergesetzes bezeichneten Körperschaften, Personenvereinigungen oder Vermögensmassen

Name und Anschrift des Zuwendenden:

Wert der Zuwendung - in Ziffern -	- in Buchstaben -	Tag der Zuwendung:

Genaue Bezeichnung der Sachzuwendung mit Alter, Zustand, Kaufpreis usw.

☐ Die Sachzuwendung stammt nach den Angaben des Zuwendenden aus dem Betriebsvermögen. Die Zuwendung wurde nach dem Wert der Entnahme (ggf. mit dem niedrigeren gemeinen Wert) und nach der Umsatzsteuer, die auf die Entnahme entfällt, bewertet.

☐ Die Sachzuwendung stammt nach den Angaben des Zuwendenden aus dem Privatvermögen.

☐ Der Zuwendende hat trotz Aufforderung keine Angaben zur Herkunft der Sachzuwendung gemacht.

☐ Geeignete Unterlagen, die zur Wertermittlung gedient haben, z. B. Rechnung, Gutachten, liegen vor.

☐ Wir sind wegen Förderung (Angabe des begünstigten Zwecks / der begünstigten Zwecke)

nach dem Freistellungsbescheid bzw. nach der Anlage zum Körperschaftsteuerbescheid des Finanzamtes

, StNr. , vom für den letzten

Veranlagungszeitraum nach § 5 Abs. 1 Nr. 9 des Körperschaftsteuergesetzes von der

Körperschaftsteuer und nach § 3 Nr. 6 des Gewerbesteuergesetzes von der Gewerbesteuer befreit.

☐ Die Einhaltung der satzungsmäßigen Voraussetzungen nach den §§ 51, 59, 60 und 61 AO wurde vom Finanzamt

, StNr. mit Bescheid vom nach § 60a AO

gesondert festgestellt. Wir fördern nach unserer Satzung (Angabe des begünstigten Zwecks / der begünstigsten Zwecke)

Es wird bestätigt, dass die Zuwendung nur zur Förderung (Angabe des begünstigten Zwecks / der begünstigten Zwecke)
verwendet wird.

(Ort, Datum und Unterschrift des Zuwendungsempfängers)

Hinweis:
Wer vorsätzlich oder grob fahrlässig eine unrichtige Zuwendungsbestätigung erstellt oder veranlasst, dass Zuwendungen nicht zu den in der Zuwendungsbestätigung angegebenen steuerbegünstigten Zwecken verwendet werden, haftet für die entgangene Steuer (§ 10b Abs. 4 EStG, § 9 Abs. 3 KStG, § 9 Nr. 5 GewStG).

Diese Bestätigung wird nicht als Nachweis für die steuerliche Berücksichtigung der Zuwendung anerkannt, wenn das Datum des Freistellungsbescheides länger als 5 Jahre bzw. das Datum der Feststellung der Einhaltung der satzungsmäßigen Voraussetzungen nach § 60a Abs. 1 AO länger als 3 Jahre seit Ausstellung des Bescheides zurückliegt (§ 63 Abs. 5 AO).

10. Amtliches Muster einer Zuwendungsbestätigung: Geldzuwendung/Mitgliedsbeitrag an eine politische Partei

Bezeichnung und Anschrift der Partei

Bestätigung über Geldzuwendungen/Mitgliedsbeitrag

im Sinne des § 34g, § 10b des Einkommensteuergesetzes an politische Parteien im Sinne des Parteiengesetzes

Name und Anschrift des Zuwendenden

Betrag der Zuwendung - in Ziffern -	- in Buchstaben -	Tag der Zuwendung:

Es handelt sich um den Verzicht auf Erstattung von Aufwendungen Ja ☐ Nein ☐

Es wird bestätigt, dass diese Zuwendung ausschließlich für die satzungsgemäßen Zwecke verwendet wird.

(Ort, Datum,Unterschrift(en) und Funktion(en))

Hinweis:
Wer vorsätzlich oder grob fahrlässig eine unrichtige Zuwendungsbestätigung erstellt oder veranlasst, dass Zuwendungen nicht zu den in der Zuwendungsbestätigung angegebenen steuerbegünstigten Zwecken verwendet werden, haftet für die entgangene Steuer (§ 34g Satz 3, § 10b Abs. 4 EStG).

11. Amtliches Muster einer Zuwendungsbestätigung: Sachzuwendung an eine politische Partei

Bezeichnung und Anschrift der Partei

Bestätigung über Sachzuwendungen

im Sinne des § 34g, § 10b des Einkommensteuergesetzes an politische Parteien im Sinne des Parteiengesetzes

Name und Anschrift des Zuwendenden

Wert der Zuwendung - in Ziffern -	- in Buchstaben -	Tag der Zuwendung:

Genaue Bezeichnung der Sachzuwendung mit Alter, Zustand, Kaufpreis usw.

- ☐ Die Sachzuwendung stammt nach den Angaben des Zuwendenden aus dem Betriebsvermögen. Die Zuwendung wurde nach dem Wert der Entnahme (ggf. mit dem niedrigeren gemeinen Wert) und nach der Umsatzsteuer, die auf die Entnahme entfällt, bewertet.
- ☐ Die Sachzuwendung stammt nach den Angaben des Zuwendenden aus dem Privatvermögen.
- ☐ Der Zuwendende hat trotz Aufforderung keine Angaben zur Herkunft der Sachzuwendung gemacht.
- ☐ Geeignete Unterlagen, die zur Wertermittlung gedient haben, z. B. Rechnung, Gutachten, liegen vor.

Es wird bestätigt, dass diese Zuwendung ausschließlich für die satzungsgemäßen Zwecke verwendet wird.

(Ort, Datum, Unterschrift(en) und Funktion(en))

Hinweis:
Wer vorsätzlich oder grob fahrlässig eine unrichtige Zuwendungsbestätigung erstellt oder veranlasst, dass Zuwendungen nicht zu den in der Zuwendungsbestätigung angegebenen steuerbegünstigten Zwecken verwendet werden, haftet für die entgangene Steuer (§ 34g Satz 3, § 10b Abs. 4 EStG).

12. Amtliches Muster einer Zuwendungsbestätigung: Geldzuwendung/Mitgliedsbeitrag an eine unabhängige Wählervereinigung

Bezeichnung und Anschrift der unabhängigen Wählervereinigung

Bestätigung über Geldzuwendungen/Mitgliedsbeitrag
im Sinne des § 34g des Einkommensteuergesetzes an unabhängige Wählervereinigungen

Name und Anschrift des Zuwendenden

Betrag der Zuwendung - in Ziffern -	- in Buchstaben -	Tag der Zuwendung:

Es handelt sich um den Verzicht auf Erstattung von Aufwendungen Ja ☐ Nein ☐

Wir sind ein ☐ rechtsfähiger ☐ nichtrechtsfähiger Verein ohne Parteicharakter

Der Zweck unseres Vereins ist ausschließlich darauf gerichtet, durch Teilnahme mit eigenen Wahlvorschlägen bei der politischen Willensbildung mitzuwirken, und zwar an Wahlen auf

☐ Bundesebene ☐ Landesebene ☐ Kommunalebene

Wir bestätigen, dass wir die Zuwendung nur für diesen Zweck verwenden werden.

☐ Wir sind mit mindestens einem Mandat im Parlament/Rat vertreten.

☐ Wir haben der Wahlbehörde / dem Wahlorgan der am
angezeigt, dass wir uns an der (folgenden Wahl)
am mit eigenen Wahlvorschlägen beteiligen werden.

☐ An der letzten (Wahl) am
haben wir uns mit eigenen Wahlvorschlägen beteiligt.

☐ An der letzten oder einer früheren Wahl haben wir uns nicht mit eigenen Wahlvorschlägen beteiligt und eine Beteiligung der zuständigen Wahlbehörde / dem zuständigen Wahlorgan auch nicht angezeigt.

☐ Wir sind beim Finanzamt StNr erfasst.

☐ Wir sind steuerlich nicht erfasst.

(Ort, Datum, Unterschrift(en) und Funktion(en))

Hinweis:
Wer vorsätzlich oder grob fahrlässig eine unrichtige Zuwendungsbestätigung erstellt oder veranlasst, dass Zuwendungen nicht zu den in der Zuwendungsbestätigung angegebenen steuerbegünstigten Zwecken verwendet werden, haftet für die entgangene Steuer (§ 34g Satz 3, § 10b Abs. 4 EStG).

13. Amtliches Muster einer Zuwendungsbestätigung: Sachzuwendung an eine unabhängige Wählervereinigung

Bezeichnung und Anschrift der unabhängigen Wählervereinigung

Bestätigung über Sachzuwendungen

im Sinne des § 34g des Einkommensteuergesetzes an unabhängige Wählervereinigungen

Name und Anschrift des Zuwendenden

Wert der Zuwendung - in Ziffern -	- in Buchstaben -	Tag der Zuwendung:

Genaue Bezeichnung der Sachzuwendung mit Alter, Zustand, Kaufpreis usw.

☐ Die Sachzuwendung stammt nach den Angaben des Zuwendenden aus dem Betriebsvermögen. Die Zuwendung wurde nach dem Wert der Entnahme (ggf. mit dem niedrigeren gemeinen Wert) und nach der Umsatzsteuer, die auf die Entnahme entfällt, bewertet.

☐ Die Sachzuwendung stammt nach den Angaben des Zuwendenden aus dem Privatvermögen.

☐ Der Zuwendende hat trotz Aufforderung keine Angaben zur Herkunft der Sachzuwendung gemacht.

☐ Geeignete Unterlagen, die zur Wertermittlung gedient haben, z. B. Rechnung, Gutachten, liegen vor.

Wir sind ein ☐ rechtsfähiger ☐ nichtrechtsfähiger Verein ohne Parteicharakter

Der Zweck unseres Vereins ist ausschließlich darauf gerichtet, durch Teilnahme mit eigenen Wahlvorschlägen bei der politischen Willensbildung mitzuwirken, und zwar an Wahlen auf

☐ Bundesebene ☐ Landesebene ☐ Kommunalebene

Wir bestätigen, dass wir die Zuwendung nur für diesen Zweck verwenden werden.

☐ Wir sind mit mindestens einem Mandat im Parlament/Rat vertreten.

☐ Wir haben der Wahlbehörde / dem Wahlorgan der am
angezeigt, dass wir uns an der (folgenden Wahl)
am mit eigenen Wahlvorschlägen beteiligen werden.

☐ An der letzten (Wahl) am
haben wir uns mit eigenen Wahlvorschlägen beteiligt.

☐ An der letzten oder einer früheren Wahl haben wir uns nicht mit eigenen Wahlvorschlägen beteiligt und eine Beteiligung der zuständigen Wahlbehörde / dem zuständigen Wahlorgan auch nicht angezeigt.

☐ Wir sind beim Finanzamt StNr erfasst.

☐ Wir sind steuerlich nicht erfasst.

(Ort, Datum, Unterschrift(en) und Funktion(en))

Hinweis:
Wer vorsätzlich oder grob fahrlässig eine unrichtige Zuwendungsbestätigung erstellt oder veranlasst, dass Zuwendungen nicht zu den in der Zuwendungsbestätigung angegebenen steuerbegünstigten Zwecken verwendet werden, haftet für die entgangene Steuer (§ 34g Satz 3, § 10b Abs. 4 EStG).

14. Amtliches Muster einer Sammelbestätigung: Geldzuwendung/Mitgliedsbeitrag an einen gemeinnützigen Verein

Aussteller (Bezeichnung und Anschrift der steuerbegünstigten Einrichtung)

Sammelbestätigung über Geldzuwendungen/Mitgliedsbeiträge

im Sinne des § 10b des Einkommensteuergesetzes an eine der in § 5 Abs. 1 Nr. 9 des Körperschaftsteuergesetzes bezeichneten Körperschaften, Personenvereinigungen oder Vermögensmassen

Name und Anschrift des Zuwendenden:

Gesamtbetrag der Zuwendung - in Ziffern -	- in Buchstaben -	Zeitraum der Sammelbestätigung:
0,00 €		-

☐ Wir sind wegen Förderung (Angabe des begünstigten Zwecks / der begünstigten Zwecke)

nach dem Freistellungsbescheid bzw. nach der Anlage zum Körperschaftsteuerbescheid des Finanzamtes , StNr. , vom für den letzten Veranlagungszeitraum nach § 5 Abs. 1 Nr. 9 des Körperschaftsteuergesetzes von der Körperschaftsteuer und nach § 3 Nr. 6 des Gewerbesteuergesetzes von der Gewerbesteuer befreit.

☐ Die Einhaltung der satzungsmäßigen Voraussetzungen nach den §§ 51, 59, 60 und 61 AO wurde vom Finanzamt , StNr. mit Bescheid vom nach § 60a AO gesondert festgestellt. Wir fördern nach unserer Satzung (Angabe des begünstigten Zwecks / der begünstigten Zwecke)

Es wird bestätigt, dass die Zuwendung nur zur Förderung (Angabe des begünstigten Zwecks / der begünstigten Zwecke)

verwendet wird.

Nur für steuerbegünstigte Einrichtungen, bei denen die Mitgliedsbeiträge steuerlich nicht abziehbar sind

☐ Es wird bestätigt, dass es sich nicht um einen Mitgliedsbeitrag handelt, dessen Abzug nach § 10b Abs. 1 des Einkommensteuergesetzes ausgeschlossen ist.

Es wird bestätigt, dass über die in der Gesamtsumme enthaltenen Zuwendungen keine weiteren Bestätigungen, weder formelle Zuwendungsbestätigungen noch Beitragsquittungen oder Ähnliches ausgestellt wurden und werden.

Ob es sich um den Verzicht auf Erstattung von Aufwendungen handelt, ist der Anlage zur Sammelbestätigung zu entnehmen.

(Ort, Datum und Unterschrift des Zuwendungsempfängers)

Hinweis:
Wer vorsätzlich oder grob fahrlässig eine unrichtige Zuwendungsbestätigung erstellt oder veranlasst, dass Zuwendungen nicht zu den in der Zuwendungsbestätigung angegebenen steuerbegünstigten Zwecken verwendet werden, haftet für die entgangene Steuer (§ 10b Abs. 4 EStG, § 9 Abs. 3 KStG, § 9 Nr. 5 GewStG).

Diese Bestätigung wird nicht als Nachweis für die steuerliche Berücksichtigung der Zuwendung anerkannt, wenn das Datum des Freistellungsbescheides länger als 5 Jahre bzw. das Datum der Feststellung der Einhaltung der satzungsmäßigen Voraussetzungen nach § 60a Abs. 1 AO länger als 3 Jahre seit Ausstellung des Bescheides zurückliegt (§ 63 Abs. 5 AO).

Anlage zur Sammelbestätigung

Datum der Zuwendung	Art der Zuwendung (Geldzuwendung/ Mitgliedsbeitrag)	Verzicht auf die Erstattung von Aufwendungen (ja/nein)	Betrag

Gesamtsumme **0,00** €

Anmerkungen

1 BGH, Urt. v. 2.7.2007, II ZR 111/05.
2 BVerfGE 50, 290, 352 unter Hinweis auf BVerfGE 38, 281, 302 f.
3 BVerfGE 13, 174, 175.
4 BGH, Urt. v. 22.4.1996, II ZR 65/95.
5 BVerfG (Kammer), NJW 1993, 1972 = NZA 1993, 655.
6 NJW 2001, 1056; K. Schmidt, NJW 2001, 993 ff., 1002 f.
7 OLG Schleswig, NVwZ-RR 1996, 103; vgl. auch OLG Stuttgart, NJW-RR 2004, 619.
8 RGZ 60, 94.
9 RGZ 143, 212.
10 Ausnahmen können sich jedoch aus der Satzung ergeben.
11 BGBl. 2006 I S. 2230.
12 AG Grevenbroich, NJW-RR 2001, 967.
13 Nach § 73 BGB muss der eingetragene Verein mindestens drei Mitglieder haben (für die Gründung jedoch mindestens sieben).
14 BGHZ 45, 395, 397.
15 BGHZ 22, 240, 245.
16 LSG Berlin-Brandenburg, Urt. v. 11.3.2016, L 1 KR 377/14.
17 Vgl. OLG Hamburg, Recht 1908 Nr. 2452.
18 BGHZ 142, 315 = NJW 1999, 3483 (für die GbR).
19 OLG Celle, Beschl. v. 20.12.2010, 20 W 17/10.
20 Röcken, Vereinssatzungen, Rn. 95.
21 BFH, Urt. v. 5.8.1992, X R 165/88.
22 Vereinfacht nach der Satzung des „Studienstiftung des deutschen Volkes e. V." in der Fassung vom 30.6.2014.
23 BAG, BB 1965, 1028.
24 OLG Stuttgart, OLGZ 1986, 257.
25 Siehe auch S. 109 f.
26 BGHZ 17, 385, 387.
27 BGH, Beschl. v. 21.1.2016, V ZB 19/15.
28 BGH, Beschl. v. 21.1.2016, V ZB 19/15.
29 BGH, WM 1993, 175 (zur Vor-GmbH).
30 BGH, NJW 1981, 1373, 1375 = BGHZ 80, 129 ff.
31 BGH, NJW 1997, 1507, 1508 (unter teilweiser Aufgabe von BGHZ 80, 129, 144 = NJW 1981, 1373 und gänzlicher Aufgabe von BGHZ 91, 148 152 = NJW 1984, 2164 und BGHZ 65, 378 383 = NJW 1976, 419) mit krit. Anm. von Altmeppen, NJW 1997, 1509 f. – die Frage, ob Außenhaftung (so: BAG, NJW 1997, 3165 und BSG, NZA 1996, 1001) oder Innenhaftung anzunehmen ist, hat der BGH im letztgenannten Sinn entschieden (NJW 2002, 824).
32 BGH, NJW 1998, 1645 unter Hinweis auf BGHZ 91, 148, 151 = NJW 1984, 2164.
33 BGHZ 47, 172, 179 f. Die rechtsdogmatische Einordnung dieses Vorgangs ist im Einzelnen umstritten, zum Theorienstreit muss auf die Rechtsliteratur, insbesondere die Großkommentare zum BGB verwiesen werden.
34 BVerwG, Beschl. v. 7.7.2015, 1 B 18/15.
35 BGHZ 25, 134, 144; MünchKommBGB/Reuter, 7. Aufl. 2015, Vor § 21 Rn. 2.
36 BGH, NJW 2008, 69.
37 EuGH (Kammer), NJW 2002, 205.
38 Dies gilt nach § 12 BerHG für die Stadtstaaten Bremen und Hamburg nur eingeschränkt.

39 BGHZ 45, 395, 397. Zur Abgrenzung Ideal-/wirtschaftlicher Verein vgl. auch OLG Düsseldorf, NJW-RR 1998, 683 (anbietende Tätigkeit im Außenmarkt als gewerblicher Vermieter ist wirtschaftliche Tätigkeit, auch wenn sie der Mittelbeschaffung für einen ideellen Versorgungszweck dient).
40 KG Berlin, Beschl. v. 3.6.2016, 22 W 122/15.
41 KG Berlin, Beschl. v. 16.2.2016, 22 W 71/15.
42 BGH (Wettbewerbssenat), NJW 1983, 596 ff. für den Idealverein ADAC und die von ihm gegründete und betriebene, zu 100% beherrschte ADAC-Rechtsschutzversicherungs-AG.
43 KG Berlin, Beschl. v. 16.2.2016, 22 W 71/15; KG Berlin, Beschl. v. 16.2.2016, 22 W 88/14; KG Berlin, Beschl. v. 23.6.2014, 12 W 66/12; KG Berlin, Beschl. v. 7.3.2012, 25 W 95/11.
44 BayObLGZ 1983, 45, 48 = Der Betrieb 1983, 767; höchst fragwürdig VG Stuttgart, NVwZ 2000, 612 (Scientology).
45 OLG Schleswig, NJWE-MietR 1997, 40.
46 KG Berlin, Beschl. v. 11.2.2016, 22 W 88/14; KG Berlin, Beschl. v. 11.2.2016, 22 W 71/15; KG Berlin, Beschl. v. 11.4.2016, 22 W 40/15.
47 OLG Brandenburg, Beschl. v. 8.7.2014, 7 W 124/13; OLG Brandenburg, Beschl. v. 4.8.2014, 7 W 83/14; OLG Brandenburg, Beschl. v. 28.10.2014, 7 W 10/14.
48 BVerfGE 13, 174, 175.
49 BGH, Beschl. v. 21.1.2016, V ZB 19/15.
50 So auch BGHZ 50, 325, 329 = NJW 1968, 1830 in einem obiter dictum für eine als nicht rechtsfähiger Verein organisierte Gewerkschaft.
51 BGH, Beschl. v. 5.2.2013, VIII ZR 276/12.
52 BVerfGE 13, 174, 175.
53 BGHZ 47, 172, 177.
54 BVerfGE 30, 227, 241.
55 BGH, NJW 1993, 459 – Columbus (für die Namensfähigkeit einer Vor-GmbH); BGH, Urt. v. 16.12.2004, I ZR 69/02– literaturhaus.de.
56 OLG Brandenburg, Beschl. v. 25.2.2011, 7 Wx 26/10.
57 Das OLG Düsseldorf NJW 2003, 262 hat jedoch die Bezeichnung „Akademie" für ein Unternehmen, das Weiterbildung in den Bereichen „Musik, Medien, Events und Kultur" anbietet, für nicht wettbewerbswidrig und irreführend angesehen, nur weil es keine öffentlich-rechtliche oder behördliche Ausbildungsstätte ist und auch keine „akademischen Strukturen" hat.
58 BayObLG, MDR 1990, 824.
59 BayObLG, NJW-RR 1993, 184.
60 OLG Brandenburg, Beschl. v. 25.9.2003, 8 Wx 18/03.
61 OLG Frankfurt, Beschl. v. 3.5.2011, 20 W 533/10; KG Berlin, Urt. v. 16.3.1999, 5 U 7934/97.
62 BGH, Urt. v. 10.4.1970, I ZR 121/68.
63 OLG Hamburg, Beschl. v. 4.1.1972, 2 W 113/71.
64 LG Berlin, Beschl. v. 10.6.1998, 84 T 372/98.
65 BGH, NJW 1986, 1033; ebenso: OLG Hamm, OLGZ 1980, 326.
66 OLG München, Beschl. v. 21.6.2011, 31 Wx 168/11.
67 OLG Nürnberg, Beschl. v. 11.11.2015, 12 W 2249/15.
68 Vgl. hierzu BVerfG (Kammer), NJW 1991, 2626.
69 BGH, Urt. v. 24.9.2007, II ZR 91/06.
70 OLG München, NJW-RR 1998, 966.
71 BGH, NJW 2008, 69, ferner auch BayObLG, NJW-RR 1997, 289 = FGPrax 1996, 232 mit der Einschränkung, es sei denn, es werde nachgewiesen, dass der Beschluss nicht auf diesem Mangel beruhen könne, ein Nachweis, der nur schwer zu führen ist.
72 Zu Fragen der Berufung der Mitgliederversammlung siehe ferner S. 146 ff.
73 BVerwG, Beschl. v. 7.7.2015, 1 B 18/15.

74 BayObLGZ 1969, 33; 1992, 16.
75 BayObLG, FGPrax 1999, 71.
76 BGH, Urt. v. 2.7.2007, II ZR 111/05.
77 BGH, NJW 1981, 744.
78 AG Düsseldorf, Urt. v. 27.1.2009, 52 C 10352/08.
79 KG Berlin, Beschl. v. 30.1.2012, 25 W 78/11.
80 OLG Hamm, OLGZ 1965, 65, 66 (grundsätzlich); vgl. auch OLG Stuttgart, OLGZ 1986, 257.
81 OLG Zweibrücken, Beschl. v. 4.3.2013, 3 W 149/12; OLG Hamburg, Beschl. v. 6.5. 2013, 2 W 35/13; OLG Hamm, Beschl. v. 24.9.2015, 27 W 104/15.
82 OLG Celle, Beschl. v. 23.8.2011, 20 W 15/11.
83 BGHZ 83, 35 (grundsätzlich); BGH, NJW 1987, 2430.
84 OLG Zweibrücken, Beschl. v. 27.6.2013, 3 W 19/13.
85 LG Duisburg, Urt. v. 5.3.2015, 8 O 211/14.
86 BGHZ 47, 172, 175 ff.
87 BGH, NJW 1995, 583, entschieden für einen Sportverband.
88 BGHZ 144, 146, 149 f. für den Fall der Mitgliedschaft in einem eingetragenen Tierzuchtverein, der das Zuchtbuch und das Körbuch führt.
89 Fußballspieler in Bundesliga-Vereinen des Deutschen Fußballbundes (DFB) werden aus steuerrechtlichen Gründen nicht Mitglieder des Vereins, in dessen Diensten sie stehen, die mit ihnen abgeschlossenen Lizenzspielerverträge werden rechtlich als Arbeitsverträge qualifiziert. Das LAG Hamm hat mit Urteil vom 20.9.1984, 8 (7) Sa. 2106/83, die darin enthaltenen Vertragsstrafenklauseln, soweit sie relativ geringfügige Sanktionen androhen, rechtlich als Betriebsbußen qualifiziert.
90 BGH, NJW 1991, 485.
91 Zur Abgrenzung von anderen Gremien zur Konfliktlösung siehe S. 89; zu fachlichen Anforderungen an Mitglieder von echten Schiedsgerichten siehe BGH, NJW 1992, 575.
92 BGHZ 88, 314 = NJW 1984, 1355.
93 AEAO zu § 61 Nr. 2.
94 Siehe Anhang I.4.
95 BFH, Urt. v. 29.8.1984, NJW 1985, 454.
96 OFD Frankfurt v. 27.5.2014, S 0177 A - 6 - St 53.
97 BGHZ 110, 323, 328 = NJW 1990, 2877.
98 BGHZ 101, 193 = NJW 1987, 2503 (entschieden für eine politische Partei in der Rechtsform eines e. V.).
99 So OLG München, NJW 1996, 263 unter Bezugnahme auf BGH, NJW 1993, 1594, 1995 zu den damaligen Vorschriften des Haustürwiderrufsgesetzes; a. M. noch OLG Karlsruhe, NJW 1991, 433.
100 BFH, Urt. v. 13.8.1997, I R 19/96.
101 BGH, NJW 1999, 1326.
102 BGH, NJW 1985, 1214 und 1216.
105 BGHZ 101, 193 = NJW 1987, 2503.
104 KG Berlin, NJW-RR 1999, 1486; allg. Meinung.
105 BGH, NJW-RR 2003, 830.
106 BGHZ 47, 172.
107 § 310 Abs. 4 S. 1 BGB: das dort ausgenommene Gesellschaftsrecht umfasst nach allgemeiner Meinung auch das Vereinsrecht des BGB.
108 BGH, Urt. v. 24.9.2007, II ZR 91/06.
109 AG Grevenbroich, NJW 1991, 2646, verfassungsrechtlich gebilligt durch BVerfG (Kammer), NJW 1991, 2626.
110 Entsprechend der verfassungsrechtlichen Regelung beim Kirchenaustritt: BVerfGE 44, 54 ff., 59 ff.
111 BGH, Urt. v. 29.7.2014, II ZR 242/13.

112 Zur Gewerkschaft: Das AG Ettenheim, NJW 1985, 979 hat in einem sehr sorgfältig begründeten Urteil eine Kündigungsfrist von sechs Monaten zum Jahresschluss wegen Verstoßes gegen Art. 9 Abs. 3 GG für nichtig gehalten. Der BGH hält jedenfalls eine Kündigungsfrist von mehr als sechs Monaten für eine Gewerkschaft für zu lang (MDR 1981, 291). Zum Arbeitgeberverband: LAG Saarland vom 22.10.2003, 2(1) Sa 43/03; BAG vom 1.12.2004, 4 AZR 55/04.
113 Reuter, NJW 1987, 2401.
114 BGH, NJW 1995, 583.
115 BayObLGZ 1986, 528.
116 AG Düsseldorf, Urt. v. 27.1.2009, 52 C 10352/08
117 BGHZ 9, 157, 178; 16, 318, 323; 97, 28, 33.
118 Anders: KG Berlin, Beschl. v. 3.3.2014, -12 W 73/13 m. Anm. Röcken ZStV 2014, 149–150.
119 BGH, NJW 1981, 744.
120 OLG München, OLG-Report München 1992, 27.
121 BGHZ 55, 381, 391; 90, 92, 94.
122 OLG Frankfurt, Urt. v. 16.9.2011, 10 U 247/10.
123 lateinisch für „nicht zweimal in derselben (Sache)".
124 BGHZ 47, 172, 174 f.
125 BayObLG, DNotZ 1989, 311.
126 BGH, Urt. v. 30.5.1983, NJW 1984, 918, 919 (grundsätzlich).
127 BGH, NJW 1989, 40.
128 BGH, NJW 1984, 918, 919 (wie Fn. 93); lehrreich auch BGH, NJW 1994, 43 m. w. N. Diese Grundsätze sind zusammengefasst und bekräftigt in BGH, NJW 1997, 3368.
129 BGH, NJW 1988, 552, 554.
130 BVerfG (Kammer), NJW 1988, 3260.
131 OLG Köln, NJW 1998, 3721.
132 Vgl. OVG Magdeburg, NJW 1998, 3070 und OLG Naumburg, NJW 1998, 3060 zu Rechtsstreitigkeiten zur Besetzung von Vorständen Jüdischer Gemeinden.
133 OLG Brandenburg, Urt. v. 11.9.2012, 11 U 80/09.
134 OLG Düsseldorf, Beschl. v. 28.5.2013, 3 Wx 43/13.
135 OLG Stuttgart, NJW-RR 2004, 249.
136 OLG München, Beschl. v. 11.5.2015, 31 Wx 123/15.
137 OLG Jena, Beschl. v. 17.12.2014, 3 W 198/14.
138 BGHZ 99, 119.
139 BGHZ 106, 67 (grundsätzlich).
140 OLG Köln, Beschl. v. 31.7.1985, 2 Wx 9/85.
141 BGHZ 44, 245, 248 ff. (zur Hauptversammlung der AG).
142 BGHZ 47, 172, 177.
143 BayObLG, NJW-RR 1997, 289 = FGPrax 1996, 232.
144 BGH, Urt. v. 2.7.2007, II ZR 111/05.
145 OLG Hamm, Urt. v. 24.6.2013, 8 U 125/12.
146 OLG Saarland, Urt. v. 2.4.2008, 1 U 450/07; OLG Brandenburg, Urt. v. 3.7.2012, 11 U 174/07.
147 BGHZ 41, 282, 287 für eine AG.
148 BGH, NJW 1993, 191, 192 = BHGZ 119, 379 (grundsätzlich).
149 Wird der Verein wirtschaftlich tätig (Beschäftigung eines Arbeitnehmers), haftet der ehrenamtlich tätige Geschäftsführer eines Vereins wie ein GmbH-Geschäftsführer: BFH, NJW 1998, 3374.
150 LG Lübeck, Urt. 5.2.2014, 3 Ns 89/13.
151 BGHZ 69, 250 ff. (grundsätzlich).
152 KG Berlin, Beschl. v. 7.9.2010, 1 W 198/10.
153 BGHZ 113, 237, 246.

154 Gesetz zur Stärkung des Ehrenamts (Ehrenamtsstärkungsgesetz) vom 21.3.2013, BGBl. I S. 556.
155 BGH, NJW-RR 1988, 745, 746 rechte Sp. ff. (mit nicht mehr zeitgemäßen Beträgen); vgl. auch Sauter/Schweyer/Waldner Rn. 288, Reichert/Dauernheim/Schimke Rn. 1217 ff.
156 BAG, NJW 1996, 614.
157 BAG, NJW 1997, 3261.
158 OLG München, Beschl. v. 6.4.2010, 31 Wx 170/09.
159 OLG München, Beschl. v. 6.4.2010, 31 Wx 170/09.
160 OLG Frankfurt, Beschl. v. 19.3.2015, 20 W 327/14.
161 BayObLGZ 1988, 410.
162 BGHZ 49, 19, 21 (grundsätzlich).
163 Hierzu BGH, NJW 1990, 2877.
164 BGH, NJW 1972, 334; BGHZ 77, 74, 78 f.; BGHZ 101, 215, 218 für die Haftung von Chefärzten städtischer Krankenhäuser, also Organhaftung außerhalb des vereinsrechtlichen Bereichs.
165 LSG Berlin-Brandenburg, Urt. v. 11.3.2016, L 1 KR 377/14.
166 BGH, NJW-RR 2003, 1265.
167 Vgl. BGHZ 47, 25; 65, 378.
168 BGH, NJW 2003, 1445, 1446 f.; zust. K. Schmidt, NJW 2003, 1897 ff.
169 BGH, NJW 2003, 1445, 1446 f.
170 Vgl. Gunst, BB 2001, 1537 ff.
171 OLG Nürnberg, Beschl. v. 13.11.2015, 12 W 1845/15.
172 BGH, NJW 1986, 1604.
173 BGHZ 74, 212.
174 Schmitt/Hörtnagl/Stratz, Rn. 1 zu § 99 UmwG.
175 Schmitt/Hörtnagl/Stratz, Rn. 12 ff. zu § 3 UmwG mit deutlicher Kritik.
176 Katschinski, S. 77.
177 BGHZ 76, 231, 235 = NJW 1980, 1470 (für Prospekthaftungsansprüche einer Publikums-KG).
178 Hessen: § 13 OrtsGG; Baden-Württemberg: § 31 LFGG.
179 BayObLGZ 1984, 1.
180 OLG Jena, Beschl. v. 16.3.2015, 3 W 579/14.
181 BayObLGZ 1991, 53.
182 Röcken, ZStV 2014, 25–29.
183 OFD Karlsruhe, 28.2.2012, S 7360 Karte 1.
184 Die neuen Muster sind in BStBl. I 2008 S. 4 veröffentlicht.
185 Die Differenzierung zwischen verschieden hoch geförderten Zuwendungen ist mit Wirkung ab dem 1.1.2007 entfallen.
186 Jetzt R 10b.1 Abs. 4 EStR 2008.

Sachverzeichnis

G

N

O

P

R

S

W

Z

Finanzen und Vermögen

Geld gezielt einsetzen

Verbraucherschutz

Wagener/Geissl
Produkthaftung
Deutschland · USA von A–Z
450 Stichwörter für den internationalen Geschäftsverkehr und den Verbraucherschutz.
Rechtsberater
2. Aufl. 2010. 197 S.
€ 15,90. dtv 50632

Die wichtigsten Rechtstermini der deutschen und englischen Fachsprache zum Produkthaftungsrecht.

Geldanlage und Banken

BankR · Bankrecht
Textausgabe **Toptitel**
44. Aufl. 2017. 1736 S. **Neu**
€ 21,90. dtv 5021
Neu im April 2017

Enthält zusätzlich das neu erlassene ZahlungskontenG und die Zahlungskonto-IdentitätsprüfungsVO sowie KreditwesenG, PfandbriefG, EU-BankenaufsichtsVO, SolvabilitätsVO, GeldwäscheG, ScheckG, WechselG, AGB Banken/Sparkassen, SEPA-Lastschriftverfahren u.a.

KapMR · Kapitalmarktrecht
Textausgabe **Toptitel**
4. Aufl. 2017. 994 S. **Neu**
€ 15,90. dtv 5783
Neu im April 2017

Enthält zusätzlich die EU-MarktmissbrauchsVO sowie das Kapitalanlagegesetzbuch (KAGB) mit Verordnungen; außerdem alle weiteren kapitalmarktrechtlichen Gesetze und Verordnungen, die bisher in Band 5021 BankR abgedruckt waren.

Schäfer
Financial Dictionary
Fachwörterbuch Finanzen, Banken, Börse.
Englisch–Deutsch/
Deutsch–Englisch.
Wirtschaftsberater
4. Aufl. 2004. 895 S.
€ 22,–. dtv 50886

Das bewährte Nachschlagewerk für Studium und Praxis.

Bestmann
Börsen- und Finanzlexikon
Rund 4000 Begriffe für Studium und Praxis.
Wirtschaftsberater
6. Aufl. 2013. 814 S.
€ 24,90. dtv 5803
Auch als **ebook** erhältlich.

Diwald
Anleihen verstehen
Grundlagen verzinslicher Wertpapiere und weiterführende Produkte
Wirtschaftsberater
1. Aufl. 2012. 509 S.
€ 24,90. dtv 50931
Auch als **ebook** erhältlich.

Das Buch erklärt anhand zahlreicher Beispiele Anleihemärkte und die Geldanlage in Anleihen mit deren Aufbau, Funktionsweise und Preisbildung.

Uszczapowski
Optionen und Futures verstehen
Grundlagen und neue Entwicklungen.
Wirtschaftsberater **Toptitel**
7. Aufl. 2012. 412 S.
€ 16,90. dtv 5808
Auch als **ebook** erhältlich.

Der Band bietet einen schnellen und leichten Zugang.

Pilz
Aktien
Grundlagen, Bewertung, Strategien.
Wirtschaftsberater
1. Aufl. 2007. 217 S.
€ 9,50. dtv 50853

Einführung in die Grundlagen der Aktienanlage, Aktien für die Altersvorsorge, Anlagestrategien und Analysemethoden, Branchen und Märkte.

Bergdolt
Meine Rechte als Anleger
Rechte, Pflichten, Haftung und Ansprüche bei Vermögensverlusten.
Rechtsberater
1. Aufl. 2010. 119 S.
€ 14,90. dtv 50704

Schnelle Antworten und Hilfestellung bei Anlageverlusten unter Berücksichtigung der aktuellen Rechtsprechung. Mit zahlreichen Beispielen und praktischen Tipps.

Vereine und Stiftungen

Pfeffer/Röcken
Vereine gründen und erfolgreich führen
Satzung · Versammlung · Haftung · Gemeinnützigkeit.
Rechtsberater **Toptitel**
13. Aufl. 2017. 290 S. **Neu**
€ 14,90. dtv 50789
Neu im April 2017
Auch als **ebook** erhältlich.

Alles, was Sie wissen müssen, wenn Sie einen Verein gründen oder leiten, wenn Sie einem Verein beitreten oder sich darin betätigen wollen. Mit zahlreichen Mustern.

Menges
Gemeinnützige Einrichtungen
Nonprofit-Organisationen gründen, führen und optimieren: Vereine, Stiftungen, gemeinnützige GmbH & Co.
Rechtsberater
2. Aufl. 2013. 395 S.
€ 19,90. dtv 50727

Sauer/Luger
Vereine und Steuern
Rechnungslegung · Besteuerungsverfahren · Gemeinnützigkeit · Spenden · Ehrenamt.
Rechtsberater
6. Aufl. 2010. 347 S.
€ 12,90. dtv 5264

Umfang der Steuerpflicht · Steuerabzugspflichten · Rechnungslegung · ABC der Satzungszwecke und ihre steuerliche Behandlung · Besteuerungsverfahren · Spendenabzug · Mitglieder · Ehrenamtliche Tätigkeit · Gemeinnützigkeit · Wirtschaftliche Geschäftsbetriebe · Praxis-ABC · Gesetzesanhang.

Hof/Bianchini-Hartmann/Richter
Stiftungen
Errichtung · Gestaltung · Geschäftstätigkeit · Steuern.
Rechtsberater
2. Aufl. 2010. 552 S.
€ 19,90. dtv 5621

Das Buch erschließt jedem Interessierten die Möglichkeiten und Vorteile einer attraktiven Rechtsform.

Fabisch
Fundraising
Spenden, Sponsoring und mehr ...
Wirtschaftsberater **Toptitel**
3. Aufl. 2013. 425 S.
€ 19,90. dtv 50933
Auch als **ebook** erhältlich.

Vom Spendenbrief bis zum Sponsoringkonzept, von Stiftungsgeldern bis zur Bindung von Spendern, Mitgliedern und Ehrenamtlichen. Mit vielen Fallbeispielen, Checklisten und Arbeitsbögen.

Sauter
Ratgeber zum Spenden sammeln
Ein Leitfaden für engagierte Bürger.
Rechtsberater
1. Aufl. 2010. 113 S.
€ 10,90. dtv 50693

Der Band gibt Ideen, wie sinnvoll gespendet werden kann, und beantwortet vor allem steuerrechtliche Fragen und Fragen der Spendenverwaltung.

Betriebs- und Volkswirtschaft, Wirtschaftsrecht

Fragen und Antworten für das Management

Rechtliche Grundlagen

HGB · Handelsgesetzbuch
Textausgabe **Toptitel**
60. Aufl. 2016. 377 S.
€ 6,90. dtv 5002

Mit PublizitätsG, Wechsel- und ScheckG.

HandelsR · Handelsrecht
Textausgabe
6. Aufl. 2014. 619 S.
€ 16,90. dtv 5599

U.a. mit HGB (ohne Seehandelsr), BGB (Auszug), UN-Kaufrecht, Publizitätsgesetz, Allg. Geschäftsbedingungen der Banken, Allg. Deutsche Spediteurbedingungen sowie FamFG (Auszug) und HandelsregisterVO.

GenR · Genossenschaftsrecht
Textausgabe
5. Aufl. 2013. 234 S.
€ 12,90. dtv 5584

U.a. mit GenossenschaftsG, GenossenschaftsregisterVO, UmwandlungsG (Auszug), LandwirtschaftsanpassungsG und Wohnungsgenossenschafts-VermögensG.

GesR · Gesellschaftsrecht
Textausgabe **Toptitel**
15. Aufl. 2016. 947 S.
€ 14,90. dtv 5585

U.a. mit AktienG, GmbH-Gesetz, GenossenschaftsG, Handelsgesetzbuch (Auszug), PartnerschaftsgesellschaftsG, EWIV-VO mit EWIV-AusführungsG, Wertpapiererwerbs- und ÜbernahmeG, Deutschem Corporate Governance Kodex sowie den wichtigsten Vorschriften aus den Bereichen Rechnungslegung, Umwandlungs-, Mitbestimmungs- und Verfahrensrecht.

AktG, GmbHG · Aktiengesetz, GmbH-Gesetz
Textausgabe **Toptitel**
46. Aufl. 2016. 471 S.
€ 7,90. dtv 5010

Mit UmwandlungsG, Wertpapiererwerbs- und ÜbernahmeG, Mitbestimmungsgesetzen, Deutschem Corporate Governance Kodex und SpruchverfahrensG.

WettbR · Wettbewerbsrecht MarkenR/KartellR
Textausgabe **Toptitel**
37. Aufl. 2016. 582 S.
€ 12,90. dtv 5009

Gesetz gegen den unlauteren Wettbewerb, PreisangabenVO, MarkenG, MarkenVO, GemeinschaftsmarkenVO, Gesetz gegen Wettbewerbsbeschränkungen sowie die wichtigsten wettbewerbsrechtlichen Vorschriften der Europäischen Union. Berücksichtigt bereits das Zweite UWG-ÄndG vom 2.12.2015, u. a. mit den neuen §§ zum Rechtsbruch und zu Aggressiven geschäftlichen Handlungen.

PatR · Patent- und Designrecht
Textausgabe **Toptitel**
13. Aufl. 2016. 801 S.
€ 12,90. dtv 5563

Deutsches und europäisches Patentrecht, Arbeitnehmererfindungsrecht, Gebrauchsmusterrecht, Designrecht und Internationale Verträge.

UrhR · Urheber- und Verlagsrecht
Textausgabe **Neu**
16. Aufl. 2017. Rd. 600 S.
ca. € 14,90. dtv 5538
Neu im April 2017

UrheberrechtsG, VerlagsG, Recht der urheberrechtlichen Verwertungsgesellschaften, Internationales Urheberrecht, Recht der Europäischen Union. Eingearbeitet wurde bereits die orphan-works-Novelle zu verwaisten und vergriffenen Werken. **Mit VGG 2016.**

Wilmer
Ideen schützen lassen?
Patente • Marken • Design • Werbung • Social Media • Copyright • Domains • Software
Rechtsberater **Neu**
2. Aufl. 2017. Rd. 700 S.
ca. € 16,90. dtv 50741
In Vorbereitung für Mitte 2017

Dieser Rechtsratgeber veranschaulicht, ob und wie Rechte an Werken und Ideen geschützt werden und im Konfliktfall auch durchgesetzt werden können. Mit zahlreichen Abbildungen, Beispielen, Mustern und Übersichten.

Schulze
Meine Rechte als Urheber
Urheber- und Verlagsrechte schützen und durchsetzen.
Rechtsberater
6. Aufl. 2009. 394 S.
€ 15,90. dtv 5291

Der Rechtsberater erklärt verständlich, was urheberrechtlich geschützt ist, was Geschmacksmusterschutz genießt, wo Wettbewerbsschutz in Betracht kommt, wie Rechte durchgesetzt werden können, worauf ein Werknutzer achten muss und was er ohne Zustimmung der Rechtsinhaber darf.

GewO · Gewerbeordnung
Textausgabe **Toptitel**
39. Aufl. 2015. 630 S.
€ 11,90. dtv 5004

Mit sämtlichen DurchführungsVOen, HandwerksO, GaststättenG, ArbeitsschutzG, ArbeitsstättenVO, Bundes-ImmissionsschutzG, ArbeitszeitG, SchwarzarbeitsG u.a.

InsO · Insolvenzordnung
Textausgabe **Toptitel**
17. Aufl. 2014. 244 S.
€ 9,90. dtv 5583

Insolvenzordnung, Einführungsgesetz zur InsO, EU-InsolvenzverfahrenVO, Insolvenzrechtliche VergütungsVO, Internet-BekanntmachungsVO, VerbraucherinsolvenzformularVO, Anfechtungsgesetz, InsolvenzstatistikG, SGB III (Auszug) und StGB (Auszug).

Haarmeyer/Wipperfürth
Guter Rat bei Insolvenz
Problemlösungen für Schuldner und Gläubiger.
Rechtsberater
4. Aufl. 2015. 186 S.
€ 14,90. dtv 50773
Auch als **ebook** erhältlich.

Was Schuldner und Gläubiger tun können, wie man Krisen frühzeitig erkennt und abwendet, wie man im Insolvenzverfahren Risiken vermeidet und seine Rechte wahrt.

Stahlschmidt/Hiebert
Privatinsolvenz in Frage und Antwort
Tipps für Verbraucher und Unternehmer.
Rechtsberater
2. Aufl. 2015. 114 S.
€ 11,90. dtv 50777
Auch als **ebook** erhältlich.

Kommentierte Muster helfen in der Praxis.

Starthilfen für Unternehmer

Bonnemeier
Praxisratgeber Existenzgründung
Erfolgreich starten und auf Kurs bleiben.
Wirtschaftsberater **Toptitel**
4. Aufl. 2014. 706 S.
€ 19,90. dtv 50939
Auch als **ebook** erhältlich.

Konkrete Handlungsempfehlungen für alle Phasen der Existenzgründung.

Schaub/Reiserer
Ich mache mich selbstständig
Hürden nehmen · Chancen nutzen.
Rechtsberater
6. Aufl. 2008. 563 S.
€ 17,–. dtv 5236

Ein Überblick über die öffentlich-rechtlichen und privatrechtlichen Rahmenbedingungen.

Weißer
Endlich selbstständig!
Ratgeber für die erfolgreiche Existenzgründung.
Rechtsberater
1. Aufl. 2010. 250 S.
€ 16,90. dtv 50701

Der Ratgeber klärt zuverlässig alle Fragen, die sich die Existenzgründer stellen und erläutert zudem, welche finanziellen Möglichkeiten und Hilfen es gibt und wie man diese optimal nutzt. Mit zahlreichen Beispielen aus der Praxis.

Wörle
Selbstständig ohne Meisterbrief
Was Handwerkskammern gern verschweigen.
Rechtsberater
1. Aufl. 2009. 298 S.
€ 16,90. dtv 50673

Alles über den Eintrag in die Handwerksrolle ohne Brief sowie legale Tätigkeitsmöglichkeiten.

Waldner/Wölfel
So gründe und führe ich eine GmbH
Vorteile nutzen · Risiken vermeiden.
Rechtsberater **Toptitel**
10. Aufl. 2017. Rd. 255 S. **Neu**
ca. € 16,90. dtv 50778
Neu im Mai 2017
Auch als **ebook** erhältlich.

Haftungsbeschränkung, Gründungsvoraussetzungen, Vertragsgestaltung, Geschäftsführer, Gesellschafterversammlung, Liquidation, Steuer- und Kostenrecht.

Kühn
GmbH-Geschäftsführer
Pflichten, Anstellung, Haftung, Haftungsvermeidung, Abberufung und Kündigung.
Rechtsberater **Toptitel**
3. Aufl. 2016. 235 S.
€ 16,90. dtv 50785
Auch als **ebook** erhältlich.

Das notwendige rechtliche Wissen für den Geschäftsführer vom Anstellungsvertrag über Haftungsvermeidung bis zur Abberufung. Mit vielen Beispielen, Tipps und Mustern

Weisbach/Sonne-Neubacher
Unternehmensethik in der Praxis
Vorgaben und Richtlinien sinnvoll und zielführend umsetzen.
Wirtschaftsberater
1. Aufl. 2009. 221 S.
€ 14,90. dtv 50922

Ethisch orientierte Führung ist ohne wirksame Handlungsvorgaben nicht möglich. Wie es gelingt, Vorgaben und Richtlinien sinnvoll, zielführend und frei von Widersprüchen zu gestalten, zeigt der neue Wirtschaftsberater.

Sattler
Unternehmerisch denken lernen
Das Denken in Strategie, Liquidität, Erfolg und Risiko.
Wirtschaftsberater
2. Aufl. 2003. 217 S.
€ 10,–. dtv 50819

Ottersbach
Der Businessplan
Praxisbeispiele für Unternehmensgründer und Unternehmer.
Wirtschaftsberater
2. Aufl. 2012. 278 S.
€ 14,90. dtv 50875
Auch als **ebook** erhältlich.

Funktion, Inhalt und Darstellungsform eines Businessplans werden anhand zahlreicher Beispiele erläutert.

Jossé
Balanced Scorecard
Ziele und Strategien messbar umsetzen.
Wirtschaftsberater
1. Aufl. 2005. 329 S.
€ 12,50. dtv 50870

Das Konzept, das unternehmerische Vision nicht nur in Strategien transferiert, sondern auch konkrete Ziele und Maßnahmen schlüssig abzuleiten hilft.

Girlich/Maier/Steindl
Steuerwissen für Existenzgründer
Praktische Tipps zu Steuern, Recht und Sozialversicherung.
Wirtschaftsberater
5. Aufl. 2009. 349 S.
€ 19,90. dtv 50831

Die Autoren zeigen Gefahren und Tücken des komplizierten Steuerrechts auf und helfen mit verständlichen Anregungen, Beispielen und Checklisten, häufige Fehler in der Startphase zu vermeiden.

Buchhaltung, Rechnungswesen, Controlling

Herrling/Mathes
Der Buchführungsratgeber
Grundlagen und Beispiele.
Wirtschaftsberater **Toptitel**
7. Aufl. 2016. 382 S.
€ 17,90. dtv 50953
Auch als **ebook** erhältlich.

Dieser Band vermittelt die Grundlagen in anschaulicher Form, anhand konkreter Beispiele werden auch komplexe Buchungen verständlich erklärt.

Jossé
Basiswissen Kostenrechnung
Kostenarten, Kostenstellen, Kostenträger, Kostenmanagement.
Wirtschaftsberater **Toptitel**
6. Aufl. 2011. 245 S.
€ 11,90. dtv 50811
Auch als **ebook** erhältlich.

Buchhaltung, Rechnungswesen, Controlling.
Die bewährten Systeme der Kostenrechnung.

Schultz
Basiswissen Rechnungswesen
Buchführung, Bilanzierung, Kostenrechnung, Controlling.
Wirtschaftsberater **Toptitel**
7. Aufl. 2014. 316 S.
€ 12,90. dtv 50938
Auch als **ebook** erhältlich.

Grundlagen der Unternehmensführung. Dieser Überblick über das gesamte betriebliche Rechnungswesen zeigt mit Beispielen und Übersichten die Verzahnung von Buchführung, Bilanzierung, Kostenrechnung und Controlling.

Scheffler
Lexikon der Rechnungslegung
Buchführung, Finanzierung, Jahres- und Konzernabschluss nach HGB und IFRS.
Wirtschaftsberater **Toptitel**
4. Aufl. 2015. 590 S.
€ 19,90. dtv 50948
Auch als **ebook** erhältlich.

Dieses Lexikon ist Nachschlagewerk und Ratgeber für alle Fragen zur Darstellung und Beurteilung der Vermögens-, Finanz- und Ertragslage von Unternehmen und Konzernen.

Tanski
Internationale Rechnungslegungsstandards
IFRS/IAS Schritt für Schritt.
Wirtschaftsberater
3. Aufl. 2010. 399 S.
€ 19,90. dtv 50852

Viele Beispiele und grafische Übersichten machen das Verständnis der IAS (International Accounting Standards) leicht und zeigen die markanten Unterschiede zur HGB-Bilanzierung.

Scheffler
Bilanzen richtig lesen
Rechnungslegung nach HGB und IAS/IFRS.
Wirtschaftsberater **Toptitel**
10. Aufl. 2016. 303 S.
€ 14,90. dtv 50954
Auch als **ebook** erhältlich.

Bilanz, Bewertung, Gewinn- und Verlustrechnung, Bilanzanalyse, Bilanzpolitik.

Beimler/Girlich
Ratgeber Betriebsprüfung
Wirtschaftsberater
1. Aufl. 2011. 260 S.
€ 16,90, dtv 50909
Auch als **ebook** erhältlich.

Außenprüfungen von Finanzamt und Sozialverwaltung – Tipps für die Praxis.

Schultz
Controlling
Das Basiswissen für die Praxis.
Wirtschaftsberater **Toptitel**
2. Aufl. 2015. 299 S.
€ 14,90. dtv 50943
Auch als **ebook** erhältlich.

Von der Informationsversorgung über operative Planungs- und Kontrollinstrumente bis hin zu Analyse- und Prognosemethoden stellt das Buch die ganze Palette der Verfahren vor.

Horváth & Partners
Das Controllingkonzept
Gestaltung eines wirkungsvollen Controllingsystems.
Wirtschaftsberater **Toptitel**
8. Aufl. 2016. 399 S.
€ 19,90. dtv 50949
Auch als **ebook** erhältlich.

Wie setzt man Controlling in die Praxis um? Arbeitsschritte und Fallbeispiele.

Management und Marketing

Rittershofer
Wirtschafts-Lexikon
Über 4000 Stichwörter für Studium und Praxis.
Wirtschaftsberater **Toptitel**
4. Aufl. 2009. 1103 S.
€ 24,90. dtv 50844

Schneck
Lexikon der Betriebswirtschaft
3500 grundlegende und aktuelle Begriffe für Studium und Beruf.
Wirtschaftsberater **Toptitel**
9. Aufl. 2015. 1055 S.
€ 19,90. dtv 50942
Auch als **ebook** erhältlich.

3500 Stichwörter und mehr als 200 Abbildungen erklären kompetent, präzise und verständlich das Wichtigste aus • Personal- und Unternehmensführung • Investition und Finanzierung • Marketing und Produktion • Beschaffung und Logistik • Kostenrechnung und Controlling • Rechnungslegung und Wirtschaftsprüfung • Steuern • Informationsmanagement.

Schultz
Basiswissen Betriebswirtschaft
Management, Finanzen, Produktion, Marketing.
Wirtschaftsberater **Toptitel**
5. Aufl. 2014. 356 S.
€ 12,90. dtv 50941
Auch als **ebook** erhältlich.

Das Buch bietet einen Überblick über die gesamte Betriebswirtschaft und ist gleichermaßen Nachschlagewerk wie Handbuch für Studium und Praxis.

Becker
Das Marketingkonzept
Zielstrebig zum Markterfolg!
Wirtschaftsberater
4. Aufl. 2010. 252 S.
€ 9,90. dtv 50806

Die notwendigen Schritte für schlüssige Marketingkonzepte, systematisch und mit Fallbeispielen.

Röthlingshöfer
Mundpropaganda-Marketing
Was Unternehmen wirklich erfolgreich macht.
Wirtschaftsberater
1. Aufl. 2008. 217 S.
€ 10,–. dtv 50914

Alles über die Grundlagen, das aktuelle Wissen mit Erfolgsbeispielen, Checklisten und praxisnahen Tipps.

Grafberger/Hörner
Texten für das Internet
Kunden erfolgreich gewinnen mit Website und Suchmaschinen.
Wirtschaftsberater
2. Aufl. 2013. 230 S.
€ 16,90. dtv 50934
Auch als **ebook** erhältlich.

Gute Texte müssen sowohl Leser begeistern und zum Kauf motivieren als auch die Platzierung in Suchmaschinen verbessern. Dieser neue Band zeigt, worauf es beim Web-Auftritt ankommt und wie man es schafft, bei Google möglichst weit oben zu stehen.

Wissmeier
Marketing mit kleinem Budget
Der Praxisratgeber für Selbstständige, kleine und mittlere Unternehmen.
Wirtschaftsberater
1. Aufl. 2010. 145 S.
€ 12,90. dtv 50908

Marktinformationen, Marktstrategien, Marketing-Instrumente, Marketing-Mix, Marketingbudget, Marketingplan, Erfolgskontrolle, Erfolgsfaktoren.

Kleine-Doepke/Standop/Wirth
Management-Basiswissen
Konzepte und Methoden zur Unternehmenssteuerung.
Wirtschaftsberater
3. Aufl. 2006. 323 S.
€ 14,–. dtv 5861

Füser
Modernes Management
Business Reengineering, Benchmarking, Wertorientiertes Management und viele andere Methoden.
Wirtschaftsberater
4. Aufl. 2007. 266 S.
€ 12,–. dtv 50809

Becker
Lexikon des Personalmanagements
Über 1000 Begriffe zu Instrumenten, Methoden und rechtlichen Grundlagen betrieblicher Personalarbeit.
Wirtschaftsberater
2. Aufl. 2002. 677 S.
€ 19,–. dtv 5872

Röthlingshöfer
Werbung mit kleinem Budget
Der Ratgeber für Existenzgründer und Unternehmen.
Wirtschaftsberater
3. Aufl. 2014. 283 S.
14,90. dtv 50940

Ganz ohne Werbedeutsch zeigt der Ratgeber, was man für erfolgreiche Werbung braucht.

Bruhn
Kundenorientierung
Bausteine für ein exzellentes Customer Relationship Management (CRM).
Wirtschaftsberater **Toptitel**
5. Aufl. 2016. 394 S.
€ 14,90. dtv 50950
Auch als **ebook** erhältlich.

Dieses Buch stellt in systematischer und kompakter Form die Zusammenhänge und die Elemente der Kundenorientierung dar.

Bruhn
Servicequalität
Konzepte und Instrumente für die perfekte Dienstleistung.
Wirtschaftsberater
1. Aufl. 2013. 326 S.
€ 16,90. dtv 50932
Auch als **ebook** erhältlich.

Bausteine eines Qualitätsmanagements, Analyse, Planung, Umsetzung und Kontrolle

Schelle
Projekte zum Erfolg führen
Projektmanagement systematisch und kompakt.
Wirtschaftsberater Toptitel
7. Aufl. 2014. 410 S.
€ 14,90. dtv 50937
Auch als **ebook** erhältlich.

Systematisches Projektmanagement führt zu hoher Termin- und Kostentreue und zum sicheren Erreichen des geplanten Ergebnisses. Hier hilft dieser Ratgeber.

Hoffmann/Schoper/ Fitzsimons
Internationales Projektmanagement
Interkulturelle Zusammenarbeit in der Praxis.
Wirtschaftsberater
1. Aufl. 2004. 375 S.
€ 14,–. dtv 50883

Kommunikation und Information, Führung im Projekt, Entscheidungsfindung, Konflikt-, Risiko- und Lieferantenmanagement, Projektorganisation und -steuerung u.v.m.

Hofstede/Hofstede
Lokales Denken, globales Handeln
Interkulturelle Zusammenarbeit und globales Management.
Wirtschaftsberater Toptitel
5. Aufl. 2011. 571 S.
€ 19,90. dtv 50807
Auch als **ebook** erhältlich.

Wertvolle Hinweise in diesem Standardwerk helfen, andere besser zu verstehen und selbst besser verstanden zu werden.

Kastin
Marktforschung mit einfachen Mitteln
Daten und Informationen beschaffen, auswerten und interpretieren.
Wirtschaftsberater
3. Aufl. 2008. 437 S.
€ 19,90. dtv 5846

Haberzettl/Schinwald
Erfolgreiches Change Management
Wie Sie Mitarbeiter an Veränderungen beteiligen.
Wirtschaftsberater
1. Aufl. 2011. 284 S.
€ 16,90. dtv 50905
Auch als **ebook** erhältlich.

Bölke
Presserecht für Journalisten
Freiheit und Grenzen der Wort- und Bildberichterstattung.
Rechtsberater
1. Aufl. 2005. 265 S.
€ 12,50. dtv 50627

Klein
Kulturmarketing
Das Marketingkonzept für Kulturbetriebe.
Wirtschaftsberater **Toptitel**
3. Aufl. 2011. 543 S.
€ 19,90. dtv 50848
Auch als **ebook** erhältlich.
Viele praktische Beispiele stellen den Aufbau eines Kultur-Marketing-Konzepts dar und beschreiben seine Umsetzung.

Volkswirtschaft kompakt

Wagner
Volkswirtschaft für jedermann
Die marktwirtschaftliche Demokratie in Finanzkrisen und Globalisierung.
Wirtschaftsberater
3. Aufl. 2009. 335 S.
€ 13,90. dtv 5822
Dieser Wirtschaftsberater beleuchtet leicht verständlich und anhand neuer Daten die Hintergründe, vor denen sich aktuelle Entwicklungen unserer Volkswirtschaft abspielen.

Hohlstein/Pflugmann/ Sperber/Sprink
Lexikon der Volkswirtschaft
Über 2200 Begriffe für Studium und Beruf.
Wirtschaftsberater
3. Aufl. 2009. 846 S.
€ 22,90. dtv 5898
Kompetent, präzise und verständlich das Wichtigste aus Geld- und Fiskalpolitik, Ordnungs- und Wettbewerbspolitik, Steuer- und Arbeitsmarktpolitik, Außenwirtschafts- und Entwicklungspolitik, Sozialpolitik und empirischer Wirtschaftsforschung.

Sinn/Sinn
Kaltstart
Volkswirtschaftliche Aspekte der deutschen Vereinigung.
Wirtschaftsberater
1. Aufl. 1993. 332 S.
€ 6,54. dtv 5856